민수기의 이해
(The Book of Numbers)

민수기의 이해

2017년 8월 10일 초 판 1쇄 인쇄
2017년 8월 16일 초 판 1쇄 발행

저 자 • 양 창 삼
발행인 • 조 경 혜
발행처 • 도서출판 그리심
07030 서울시 동작구 사당로2길 72 인정 인정 B동 (B01)

등록번호 • 제 7-258호(1998. 4. 23)
출 판 사 • 전화 523-7589 팩스 523-7590
홈페이지 • http://grisim.biz
전자우편 • grisimcho@hanmail.net

값: 표지 뒷면에

ISBN 978-89-5799-388-0 93230

양 창 삼

서울대학교 정치학과(학사, 석사)

서울대학교 대학원(경영학석사)

웨스턴일리노이대학교(MBA)

연세대학교 대학원(경영학박사)

총신대학교 대학원(M.Div., Th.M.)

한양대학교 경상대학 학장

한양대학교 산업경영대학원 원장

연변과기대 부총장, 챈슬러

현) 한양대학교 경상대학 경영학부 명예교수 · 목사

머 리 말

민수기(民數記, the Book of Numbers)는 '백성의 수를 센 기록,' 곧 인구조사 기록이란 말이다. 이 명칭은 시내 산에서 실시된 제1차 인구조사와 모압 평지에서 실시된 제2차 인구조사에 바탕을 두고 있다. 그렇다고 민수기는 인구조사만 다루고 있지 않다. 이스라엘 백성이 광야 생활을 할 때 체험한 내용들, 특히 광야 생활의 어려움으로 인한 이스라엘의 불만, 가나안 정탐보고에 대한 부정적 의식, 모세와 아론 등 리더십에 대한 저항, 발람을 통해 이스라엘을 저주하고자 한 발락의 모습 등이 적나라하게 담겨있다. 이 모든 과정을 통해 우리로 하여금 어려운 환경에서 어떻게 신앙생활을 해야 하는가를 가르치고 있다.

유대인들은 민수기를 두 가지로 불렀다. 하나는 제일 첫 글자인 '와예다벨' (wayedhabber), 곧 '그리고 그가 말했다' 이다. 다른 하나는 민수기 초두에 나타난 다섯째 글자, '베미드발' (bemidhbar), 곧 '광야에서' 이다. 미쉬나나 탈무드에서는 '호메쉬 하피쿠딤' , 즉 '계수하는 오경' 이라 했다. 70인 역에서는 '아리트모이' (arithmoi), 즉 '계수' 라 했고 라틴어 성경에서는

70인 역을 따랐다.

민수기는 이스라엘 백성이 시내 산에서 출발하여 광야의 방랑생활을 보여주며 이스라엘 자손이 약속의 땅 가나안에 가까이 가기까지의 여정을 보여주고 있다. 시내 산에서 요단강 접경 모압 평지까지의 여정을 말해주고 있으므로 레위기와 신명기 사이에 있는 것이 순서에 맞다. 민수기는 이스라엘이 38년간의 광야생활에서 여러 모양으로 실패한 것과 이에 대해 하나님이 어떻게 간섭하셨는가를 보여주고 있다. 이러한 실패와 구원의 기록은 하나님이 그의 전능하심과 구원의 섭리를 통해서 자신의 구원사역을 이루고야 만다는 것을 보여주고 있다.

민수기의 교훈은 한 마디로 하나님과 자기 백성의 관계이다. 하나님은 자기 백성을 친히 간섭하시고 구원하시며 배교에 빠지지 않도록 경계하신다. 우리는 험난한 인생의 광야 길에서 항상 하나님이 주신 말씀에 주목하고 끝까지 순종하는 삶을 살아야 한다. 이런 의미에서 민수기는 과거의 책이 아니라 오늘을 살아가는 우리의 책이며 미래를 살아갈 후손들의 귀감이 되는 책임에 틀림없다.

지금까지 나는 성경의 여러 책을 연구하고 펴내는 작업을 해왔다. 이번에 오경에 집중하여 민수기를 내놓게 되었다. 성경 중 어려운 부분을 연구한다는 것은 결코 쉬운 일이 아니다. 그러나 한 절 한 절 새롭게 맞아 기쁨으로 보석을 캐는 일은 연구자만이 가질 수 있는 행복이 아닐 수 없다. 그 기쁨과 행복을 주신 하나님께 감사할 뿐이다.

민수기를 읽으면서 지금도 잊히지 않는 구절들이 있다. "여호와는 네게 복을 주시고 너를 지키시기를 원하며 여호와는 그의 얼굴을 네게 비추사 은혜 베푸시기를 원하며 여호와는 그 얼굴을 네게로 향하여 드사 평강 주시기를 원하노라(민 6:24-26)." 백성들을 축복하라는 말이다. 언약궤를 앞세우고 갈 때 모세는 기도했다. "여호와여 일어나사 주의 대적들을 흩으시고 주를 미워하는 자가 주 앞에서 도망하게 하소서(민 10:35)." 이것은 그가 주님을 얼마나 의지했는가를 보여준다. 백성들이 가나안 정탐보고에 부정적으로 반응하자 여호수와와 갈렙은 옷을 찢으며 호소한다. "여호와를 거역하지는 말라 또 그 땅 백성을 두려워하지 말라 그들은 우리의 먹이라 그들의 보호자는 그들에게서 떠났고 여호와는 우리와 함께 하시느니라(민 14:9)." 이집트에서 나온 어른들 가운데 그 두 사람만이 가나안 땅을 밟게 된다. 민수기는 하나님을 전적으로 의지하고 그의 거룩함을 보여주는 자에 대한 약속이 담겨 있다. 약속의 땅에 들어갈 약속이다. 그 약속은 지금도 유효하다. 민수기를 통해 신실하신 하나님을 만나기 바란다.

양 창 삼

차 례

민수기의 이해

The Book of Numbers

제1장

시내 산에서의 첫 번째 인구 조사

요약

1. 병적 조사를 위해 선발된 자들(1-16절)

1) 출애굽한 제2년 2월 1일 이스라엘의 남자 수를 가족과 종족에 따라 계수하다.

2) 20세 이상 싸울 수 있는 자로 그 군대대로 계수할 것.

3) 다음은 조사를 위해 선발된 우두머리.

르우벤(스데울의 아들 엘리술),

시므온(수리삿대의 아들 슬루미엘)

유다(암미나답의 아들 나손),

잇사갈(수알의 아들 느다넬),

스블론(헬론의 아들 엘리압)

요셉(에브라임 지파에서는 암미훗의 아들 엘리사마. 므낫세 지파에서는 브다술의 아들 가말리엘),

베냐민(기드오니의 아들 아비단),

단(암미삿대의 아들 아히에셀),

아셀(오그란의 아들 바기엘), 갓(드우엘의 아들 엘리아삽),

납달리(에난의 아들 아히라)

2. 지파별로 계수된 수(17-46절)

1) 두령들은 회중에서 부름 받은 자요 각 지파의 족장, 이스라엘 천만

인의 두령.

2) 모세와 아론이 시내 광야에서 12족장 대표와 함께 계수한 수
르우벤(46,500명), 시므온(59,300명), 유다(74,600명), 잇사갈(54,400명), 스블론(57,400명) 요셉(에브라임 지파 40,500명, 므낫세 지파 32,200명), 베냐민(35,400명), 단(62,700명), 아셀(41,500명), 갓(45,650명), 납달리(53,400명) **총 603,550명**

3. 레위지파는 계수에서 제외되었다(47-54절)

1) 레위 지파는 그 계수에 들지 않고 그들로 증거(법)막과 그 모든 기구, 부속품을 책임관리, 운반, 봉사토록 하다.
2) 장막을 세우고 걷는 일은 레위인만이 하며 외인이 가까이 오면 죽일 것.
3) 이스라엘 자손은 막을 치되 군대대로 각 그 진과 기 곁에 치고 레위인은 증거막 사면에 진을 쳐 회중에 진노가 임하지 않게 한다.

---

1. 병적 조사를 위해 선발된 자들(1-16절)

"이스라엘 자손이 애굽 땅에서 나온 후 둘째 해 둘째 달 첫째 날에 여호와께서 시내 광야 회막에서 모세에게 말씀하여 이르시되(1절)."

이스라엘 백성이 이집트를 떠난 지 2년째가 되는 해 2월 1일, 하나님께서 시내 광야 성막(聖幕)에서 모세에게 말씀하셨다. 태양력으로는 4월 15일이다. 그 날은 이집트를 떠난 지 12개월하고도 15일이 지났고, 성막이 세워진지 꼭 한 달이 되던 때였다. 기독교에서 예수님이 이 땅에 오신 해를 기점으로 B.C.와 A.D.로 나누는 것처럼 이스라엘은 이집트를 탈출한 해를 기점으로 연수를 헤아린다.

당시 이스라엘은 시내 광야에 있었다. 이스라엘은 율법을 받은 후 약 1년 뒤에도 시내 산 근처에 머물러 있었다. 이스라엘은 이집트를 떠난 후 3월 1일에 시내 산에 도착했고(출 19:1), 제2년 2월 20일까지 머물렀다(출 10:11). 여기서 광야(desert)는 문자적으로 '미드바(midbar)' 로 양떼를 치는 장소를 뜻한다. 완전한 사막이 아니라 약간의 잡초와 관목이 있었던 것으로 보인다.

시내 광야에 성막(聖幕)이 세워졌다. 성막(tabernacle)은 '미쉬칸(mishkan)' 으로 '거하심,' 곧 '임재하심' 의 장소(dwelling place)를 뜻한다. 구름기둥과 불기둥으로 자기 백성 사이에 영원히 거하심을 뜻한다(출 40:34-38). "말씀이 육신이 되어 우리 가운데 거하시매(요 1:14)" 에서 '거하시매' 의 원어는 '장막을 치고 거한다.' 는 뜻이다. 그리스도의 성육신은 하나님께서 우리와 함께 거하신다(임마누엘)는 사실을 절정으로 보여준다.

성막은 회막(會幕)이라고도 한다. 회막(Tent of Meeting)은 문자적으로 '오헬 모에드(ohel moed),' 곧 '만남의 장막' 이다. 하나님이 인간에게 계시하는 곳이자 인간이 하나님께 예배하는 곳이다. 하나님은 이곳에서 모세에게 말씀하셨으며 이스라엘은 회막 앞에서 하나님께 희생제물을 드렸다.

이 회막에서 여호와께서 모세에게 말씀하셨다. 하나님께서 말씀하시는 것으로 민수기가 시작하는 것이다. '여호와(Yhvh, Yahweh)' 는 '나는 스스로 있는 자' 라는 뜻이다. 전에도 계시고 지금도 계시며 장래에도 계시는 영원하고도 완전한 생명을 가지신 분(계 1:4)이시다. 민수기는 여호와께서 모세에게, 그리고 모세를 통해 이스라엘에게 말씀하시는 형식으로 메시지를 전하신다는 것을 강조하고 있다. 하나님께서 모세를 선지자로 사용하신 것이다.

"너희는 이스라엘 자손의 모든 회중 각 남자의 수를 그들의 종족과 조상의 가문에 따라 그 명수대로 계수할지니(2절)."

인구조사를 명하시는 내용이다. 이번 인구조사는 남자를 대상으로 한 군사적 목적의 병적 조사다. 이집트에서 나온 후 두 번째 인구조사다. 첫 번째는 성막 건축에 충당할 세금을 걷기 위해 조사가 실시되었다(출 30:12-16). 그리고 두 번째인 이 조사는 군사적인 목적으로 시행되었다. 민수기를 보면 군사적 목적을 위해서 두 번 조사를 실시했다. 민수기 1장은 그 첫 번째 조사를 소개하고 있고, 민수기 26장에는 두 번째 조사를 소개하고 있다. 민수기의 인구조사 이외에도 다윗이 행한 인구조사(삼하 24:1-9, 대상 21:1), 솔로몬이 행한 인구조사(대하 2:17), 바벨론 포로 귀환 때의 인구조사(스 2:1-70), 그리고 로마 시저 아우구스투스 명령으로 실시된 인구조사(눅 2:1) 등이 성경에 기록되어 있다.

'너희' 는 모세와 아론을 지칭한다. 3절에 '너와 아론은' 이라 하셨기 때문이다. 두 사람이 이 일을 주도하라는 말씀이다. 군사적 목적의 두 번째 조사에는 아론의 아들 엘르아살이 아론의 역할을 대신했다. '그들의 종족(clans)과 조상의 가문(families)에 따라' 는 '지파에 따라' 라는 말이다. 지파별로 그 수를 조사하라는 것이다. '그 명수대로 계수 한다' 는 것은 각자의 출생계통을 따라(by name) 한 사람씩(one by one) 그 수를 헤아린다는 말이다.

"이스라엘 중 이십 세 이상으로 싸움에 나갈 만한 모든 자를 너와 아론은 그 진영별로 계수하되(3절)." 조사 대상은 20세 이상의 남자로 싸움에 나갈 수 있는 모든 자들이다. '그 진영별로(by their divisions) 계수하되' 는 가나안 행진을 위해 질서정연한 군사조직이 필요하고 진영 별 배열이 요구된다는 말이다. 이스라엘은 이제 군사적 진영 중심으로 나아간다는 것을 보여주는 말이다. 이 인구조사에서는 군사적 의무가 없는 레위 지파는 계수에서 제외된다.

"각 지파의 각 조상의 가문의 우두머리 한 사람씩을 너희와 함께 하게 하라(4절)." 인구조사를 할 때 각 지파에서 대표 한 사람씩 뽑아 이 일을 함께 진행하라는 말이다. 그들의 도움을 받으라는 것이다. '각 지파의 각 조상의 가문의 우두머리' 는 모세의 장인 이드로의 조언에 따라 재판의 편의를 위해 각 지파 별로 뽑은 인물들일 가능성이 높다(출 18:21-26).

"너희와 함께 설 사람들의 이름은 이러하니 르우벤 지파에서는 스데울의 아들 엘리술이요 시므온 지파에서는 수리삿대의 아들 슬루미엘이요 유다 지파에서는 암미나답의 아들 나손이요 잇사갈 지파에서는 수알의 아들 느다넬이요 스불론 지파에서는 헬론의 아들 엘리압이요 요셉의 자손들 중 에브라임 지파에서는 암미훗의 아들 엘리사마요 므낫세 지파에서는 브다술의 아들 가말리엘이요 베냐민 지파에서는 기드오니의 아들 아비단이요 단 지파에서는 암미삿대의 아들 아히에셀이요 아셀 지파에서는 오그란의 아들 바기엘이요 갓 지파에서는 드우엘의 아들 엘리아삽이요 납달리 지파에서는 에난의 아들 아히라이니라 하시니(5-15절)."

'너희와 함께 설 사람들' 은 인구조사에 있어서 '너를 도울(assist you) 사람들' 을 말한다. 5-15절 사이에 각 지파 우두머리, 곧 지도자의 이름들이 열거되었다. 이 이름의 대부분은 하나님의 이름을 사용해 지은 것이다. 예를 들어 엘리술(Elizur)은 '나의 하나님은 반석이시다' 는 뜻을 가지고 있고, 슬루미엘(Shelumiel)은 '하나님은 나의 구원' 이라는 뜻을 가지고 있다. 여기에 나타난 이름들은 7장에서 다시 나타난다. 모두 12지파지만 요셉의 자손들에는 두 지파, 곧 에브라임 지파와 므낫세 지파가 있다. 레위 지파는 빠져 있다. 레위인은 전투하는 자들이 아니라 성막을 옮기고 세우고 보호하는 임무를 맡았기 때문이다. 이외에도 여자, 아이들, 외국인, 노인 등이 조사에서 제외되었다.

"그들은 회중에서 부름을 받은 자요 그 조상 지파의 지휘관으로서 이스라엘 종족들의 우두머리라(16절)." 이들은 회중에서 부름을 받은 자, 곧 이스라엘 백성 가운데서 선출된(appointed) 각 지파의 지도자들이다. 또한 이들이 각 지파의 지휘관(leader) 역할을 맡을 것이다.

2. 지파별로 계수된 수(17-46절)

"모세와 아론이 지명된 이 사람들을 데리고 둘째 달 첫째 날에 온 회중을 모으니 그들이 각 종족과 조상의 가문에 따라 이십 세 이상인 남자의 이름을 자기 계통별로 신고하매 여호와께서 모세에게 명령하신 대로 그가 시내 광야에서 그들을 계수하였더라(17, 18, 19절)."

모세와 아론과 각 지파 지도자들은 둘째 달 첫째 날 20세 이상의 이스라엘 모든 남자들을 소집하여 자기 계통별, 곧 자기 소속 지파와 집안별로 등록하게 하였다. 그 날은 이스라엘이 출애굽한 날로부터 12개월 15일 되는 날이다. '온 회중을 모은(called the whole community together)' 데는 여러 목적이 있다. 첫째는 이스라엘을 군대 조직화함으로써 가나안에 입성 과정에 있을 싸움에 보다 완벽히 대비하고(전투 대비), 둘째는 하나님께서 아브라함 등 이스라엘 족장들에게 하신 약속을 회중들 앞에서 다시금 확인시키며(언약 확인), 셋째는 모든 지파와 가족들이 회막과 밀접한 관계를 갖게 하고(하나님과의 관계를 바르게 함), 끝으로 이스라엘의 모든 지파와 가족들이 하나님 안에서 하나 됨을 확인하기 위함이다. 이 모든 일은 하나님께서 모세에게 명령하신 대로 시내 광야에서 실시되었다. 군사적 목적으로 한 인구조사에서 시내 광야에서의 조사는 제1차이고, 제2차는 모압 평지에서 있었다(민 26:1-65).

"이스라엘의 장자 르우벤의 아들들에게서 난 자를 그들의 종족과 조상의 가문에 따라 이십 세 이상으로 싸움에 나갈 만한 각 남자를 그 명수대로 다 계수하니 르우벤 지파에서 계수된 자는 사만 육천오백 명이었더라(20, 21절)." 20세 이상으로 전쟁에 참여할 수 있는 사람들이 이번 조사의 대상이었다. 이에 해당하는 르우벤(Reuben) 지파의 장정 수는 46,500명이었다. 르우벤은 레아의 소생으로 야곱의 장자였다. 그러나 서모 빌하와 간통한 죄로 인해 장자의 권리와 유업을 잃었다.

"시므온의 아들들에게서 난 자를 그들의 종족과 조상의 가문에 따라 이십 세 이상으로 싸움에 나갈 만한 각 남자를 그 명수대로 다 계수하니 시므온 지파에서 계수된 자는 오만 구천삼백 명이었더라(22, 23절)." 시므온(Simeon) 지파에서는 59,300명이 계수되었다. 그러나 제2차 조사에서는 22,200명으로 37,100명이나 감소함으로써 12지파 중 가장 큰 감소를 보였다.

"갓의 아들들에게서 난 자를 그들의 종족과 조상의 가문에 따라 이십 세 이상으로 싸움에 나갈만한 자를 그 명수대로 다 계수하니 갓 지파에서 계수된 자는 사만 오천육백오십 명이었더라(24, 25절)." 갓 (Gad) 지파에서는 45,650명이 계수되었다. 이 숫자는 이스라엘 지파 중 여덟 번째에 속한다. 그런데 제2차에서는 열 번째를 차지했다. 계수된 수가 5,150명이나 줄었다. 이것은 갓 지파가 광야생활에서 극심한 질병에 시달린 것으로 보고 있다.

"유다의 아들들에게서 난 자를 그들의 종족과 조상의 가문에 따라 이십 세 이상으로 싸움에 나갈 만 한 자를 그 명수대로 다 계수하니 유다 지파에서 계수된 자는 칠만 사천육백 명이었더라(26, 27절)." 유다(Judah) 지파에서 계수된 수가 74,600명으로, 전체 지파에서 제일 많은 수를 차지했다. 제2차에서는 76,500명으로 1,900명이 증가했다. 이것은 유다 지파가 다른 지파와는 달리 광야에서 질병이나 하나님을 반역한 죄에 그리 많이 연관되지 않았고, 이스라엘 모든 지파 가운데 지도적 위치에 있었음을 보여준다. 유다는 야곱과 레아 사이에서 태어났으며 장자의 지파가 되었고 가나안 정복을 이끌었다. 이 지파에서 다윗 왕이 세워짐으로써 유다 왕국에 주도적 역할을 맡았다.

"잇사갈의 아들들에게서 난 자를 그들의 종족과 조상의 가문에 따라 이십 세 이상으로 싸움에 나갈만한 자를 그 명수대로 다 계수하니 잇사갈 지파에서 계수된 자는 오만 사천사백 명이었더라(28, 29절)." 잇사갈(Issachar) 지파에서는 54,400명이 계수되었다. 이스라엘 전체 지파에서 다섯 번째로 많은 수다. 제2차에서는 1차보다 9,900명이나 더 많고 규모로 세 번째를 차지했다. 이 지파도 광야에서 저지른 죄악 가운데 그리 많이 연루되지 않은 것으로 보인다. 잇사갈은 레아에게서 난 야곱의 다섯 번째 아들이다.

"스불론의 아들들에게서 난 자를 그들의 종족과 조상의 가문에 따라 이십 세 이상으로 싸움에 나갈 만한 자를 그 명수대로 다 계수하니 스불론 지파에서 계수된 자는 오만 칠천사백 명이었더라(30, 31절)." 스불론(Zebulun) 지파에서 계수된 수는 57,400명이었다. 이 지파는 제1차와 제2차 계수에서 모두 네 번째로 규모가 큰 지파로 꼽혔다. 2차 때는 1차 때보다 3,100명이 늘어났다. 스불론은 레아에게서 난 야곱의 여섯 번째 아들이다.

"요셉의 아들 에브라임의 아들들에게서 난 자를 그들의 종족과 조상의 가문에 따라 이십 세 이상으로 싸움에 나갈 만한 자를 그 명수대로 다 계수하니 에브라임 지파에서 계수된 자는 사만 오백 명이었더라(32, 33절)." 에브라임(Ephraim) 지파에서 40,500명이 계수되었다. 레위 자손은 이 인구조사에서 제외되었기 때문에 요셉의 두 아들 므낫세와 에브라임의 가계를 따라 요셉의 자손을 둘로 계산하여 열두 지파로 한다. 요셉에게는 두 배의 분깃이 주어진 것이다. 에브라임은 요셉의 차남으로 장남 므낫세보다 더 많은 축복을 야곱으로부터 받았다. 에브라임 지파의 계수된 수도 므낫세 지파에 비해 8,000명이나 더 많다. 에브라임 지파는 항상 유다 지파와 주도권을 놓고 맞섰다. 이 지파는 기드온, 입다, 다윗 및 르호보암에 대적하는 데도 앞장섰다. 성경에는 에브라임이라는 이름이 북왕국을 지칭하는 명칭으로 사용되었는데, 이런 데는 바로 이런 배경이 있다.

"므낫세의 아들들에게서 난 자를 그들의 종족과 조상의 가문에 따라 이십 세 이상으로 싸움에 나갈 만한 자를 그 명수대로 다 계수하니 므낫세 지파에서 계수된 자는 삼만 이천이백 명이었더라(34, 35절)." 므낫세

(Manasseh) 지파에서 계수된 수는 32,200명이었다. 이 지파는 요셉의 장남 므낫세의 후손들로 레위 지파를 대신해 12지파에 들어간 지파다. 제1차 계수에서는 가장 적은 규모였지만 제2차 계수에서는 여섯 번째 규모로 불어났다. 이것은 이 지파가 광야에서 저지른 죄악들에 가장 적게 연관되었음을 보여준다.

"베냐민의 아들들에게서 난 자를 그들의 종족과 조상의 가문에 따라 이십 세 이상으로 싸움에 나갈 만한 자를 그 명수대로 다 계수하니 베냐민 지파에서 계수된 자는 삼만 오천사백 명이었더라(36, 37절)." 베냐민(Benjamin) 지파에서는 35,400명이 계수되었다. 베냐민은 야곱과 라헬 사이에 출생한 야곱의 막내 아들이자 요셉의 친동생이다. 이스라엘의 초대 왕 사울과 이방인의 사도 바울이 이 지파의 인물이다. 이 지파는 훗날 소돔족에 의해 거의 전멸되고 말았다(삿 19-21장).

"단의 아들들에게서 난 자를 그들의 종족과 조상의 가문에 따라 이십 세 이상으로 싸움에 나갈 만한 자를 그 명수대로 다 계수하니 단 지파에서 계수된 자는 육만 이천칠백 명이었더라(38, 39절)." 단(Dan) 지파에서 계수된 수는 62,700명이었다. 단 지파는 제1,2차 계수에서 두 번째 큰 규모였다. 단은 야곱의 다섯 번째 아들로 라헬의 몸종 빌하의 소생이다. 단 지파는 이스라엘 민족 중 가장 먼저 우상숭배에 빠졌다. 요한계시록에 따르면 약속된 14만4천의 반열에 설 수 있는 사람이 단 지파에서는 하나도 없다고 기록되어 있다(계 7:1-8).

"아셀의 아들들에게서 난 자를 그들의 종족과 조상의 가문에 따라 이십 세 이상으로 싸움에 나갈 만한 자를 그 명수대로 다 계수하니 아셀 지파에서 계수된 자는 사만 천오백 명이었더라(40, 41절)." 아셀(Asher) 지파에서 계수된 수는 41,500명이었다. 제1차 계수에서는 모든 지파 가운데 아홉 번째의 규모였으나 제2차 계수 때는 다섯 번째 규모로 커졌다. 이것은 "아셀에게서 나는 먹을 것은 기름진 것이라 그가 왕의 수라상을 차리리로다(창 49:20)"

라 한 야곱의 축복을 기억나게 한다. 아셀은 레아의 몸종 실바에게 난 야곱의 여덟 번째 아들이다.

"납달리의 아들들에게서 난 자를 그들의 종족과 조상의 가문에 따라 이십 세 이상으로 싸움에 나갈 만한 자를 그 명수대로 다 계수하니 납달리 지파에서 계수된 자는 오만 삼천사백 명이었더라(42, 43절)." 납달리(Naphtali) 지파에서는 53,400명이 계수되었다. 그러나 제2차 조사에서는 45,400명으로 8,000명이나 감소했다.

"이 계수함을 받은 자는 모세와 아론과 각기 이스라엘 조상의 가문을 대표한 열두 지휘관이 계수하였더라 이같이 이스라엘 자손이 그 조상의 가문을 따라 이십 세 이상으로 싸움에 나갈 만한 이스라엘 자손이 다 계수되었으니 계수된 자의 총계는 육십만 삼천오백오십 명이었더라(44, 45, 46절)." 계수된 수는 모두 603,550명이었다. 군인의 총수가 60만이 넘는다. 이 수는 첫 번째 인구조사(출 38:26) 당시 603,550명과 정확히 일치한다. 40년 뒤 행한 세 번째 인구조사(민 26:51)에서는 601,730명과 비슷하다. 그러나 각 지파마다 차이가 나기도 한다. 시므온 지파는 크게 줄어든 반면 므낫세 지파는 증가했다. 이 수는 여자와 어린이, 레위인, 외국인이 제외된 수다. 이들을 합하면 약2백만 명이 넘을 것으로 보고 있다.

3. 레위지파는 계수에서 제외되었다(47-54절)

"그러나 레위인은 그들의 조상의 지파대로 그 계수에 들지 아니하였으니 이는 여호와께서 모세에게 말씀하여 이르시되 너는 레위 지파만은 계수하지 말며 그들을 이스라엘 자손 계수 중에 넣지 말고(47, 48, 49절)." 레위인은 이번 인구조사에서 제외되었다. 하나님께서 모세에게 그렇게 하라고 말씀하셨고, 조사의 목적이 전투력을 계수하는 데 있었기 때문이다. 레위 지파는 한 사람도 징집 명단에 포함시키지 않았다.

“그들에게 증거의 성막과 그 모든 기구와 그 모든 부속품을 관리하게 하라 그들은 그 성막과 그 모든 기구를 운반하며 거기서 봉사하며 성막 주위에 진을 칠지며(50절).” 레위지파로 하여금 성막과 그 모든 비품을 관리하게 했다. 또한 성막과 그 모든 기구를 운반하고 성막 주변에 살면서 봉사하도록 했다. 레위인은 전투하는 사람들이 아니라 성막을 세우고, 옮기며, 보호하는 직무를 맡은 사람들이다. 나아가 여호와께 예배를 드리고 여러 의식을 주관한다. 성막관리 등 종교적 직무를 도맡아 수행하는 것이다. 그리하여 이스라엘의 다른 지파들은 하나님의 주신 능력과 은혜 안에서 그들에게 맡겨진 군사관련 임무를 충실히 감당할 수 있었다. ‘증거의 성막(tabernacle of the Testimony)’은 장막 안에 증거궤가 있기 때문에 이렇게 불렀다. 돌판에 새겨진 십계명을 증거판이라 했고, 이 돌판을 법궤 안에 넣은 후 증거궤라 불렀다.

“성막을 운반할 때에는 레위인이 그것을 걷고 성막을 세울 때에는 레위인이 그것을 세울 것이요 외인이 가까이 오면 죽일지며(51절).” 성막을 다른 곳으로 옮길 때에는 레위인들이 그것을 걷고 세워야 한다. 그 외에 다른 사람이 이 성막에 접근하면 처형하도록 했다. 그만큼 성막관리가 철저하다는 말이다. 여기서 외인은 레위 지파에 속하지 않은 사람을 가리킨다. 이 두려운 말씀은 하나님이 성막에 실제로 임재 해 계신다는 것을 말해준다. 하나님이 시내 산에 나타나셨을 때도 하나님은 백성들이 접근하지 말도록 지시하셨다(출 19:11-13). 신약에서도 하나님 앞에 나올 때는 두려워하는 마음으로 나오도록 하였다(마 5:23-26, 고전 11:27-32).

“이스라엘 자손은 막사를 치되 그 진영별로 각각 그 진영과 군기 곁에 칠 것이나 레위인은 증거의 성막 사방에 진을 쳐서 이스라엘 자손의 회중에게 진노가 임하지 않게 할 것이라 레위인은 증거의 성막에 대한 책임을 지킬지니라 하셨음이라(52, 53절).” 레위인은 성막 주위, 성막 사면에 진을 친다. 레위지파가 성막을 보호하는 책임이 있기 때문이다. 일반백성이 준비 없이 접근해 하나님의 진노가 이스라엘 백성에게 임하는 것을 방지해야 한다. 한 마디로 울타리 역할을 하는 것이다.

"이스라엘 자손이 그대로 행하되 여호와께서 모세에게 명령하신 대로 행하였더라(54절)." 이스라엘 백성은 여호와께서 모세에게 명령하신 것을 그대로 준수했다. '여호와께서 명령하신 대로 행하였다' 는 것은 매우 의미 있는 일이다. 훗날 광야의 여정에서 나타난 이스라엘의 여러 불순종 행위를 비추어볼 때 더욱 그러하다.

제2장

이스라엘 각 지파의 진 배치와 행군 순서

요약

1. 진을 치되 회막을 향하여 사면으로 치라(1-2절)
2. 제1대, 동쪽에 진칠 자: 유다 진영의 군기에 속한 자(3-9절)
   유다 진영, 잇사갈, 스블론. 총 186,400명
3. 제2대, 남쪽에 진칠 자: 르우벤 진영의 군기에 속한 자(10-16절)
   르우벤 진영, 시므온, 갓. 총 151,450명
4. 진영의 중앙, 레위의 진영(17절)
   레위인의 진과 회막
5. 제3대, 서쪽에 진칠 자: 에브라임 진영의 군기에 속한 자(18-24절)
   에브라임 진영, 므낫세, 베냐민. 총 108,100명
6. 후대, 북쪽에 진칠 자: 단 진영의 군기에 속한 자(25-31절)
   단 진영, 아셀, 납답리. 총 157,600명
7. 종합(32-34절)
   1) 레위 지파를 제외한 총수: 603,550명
   2) 각기 가족과 종족을 따르며, 그 기를 따라 진 치기도하고 행진하기도 하다.

1. 진을 치되 회막을 향하여 사방으로 치라(1-2절)

"여호와께서 모세와 아론에게 말씀하여 이르시되 이스라엘 자손은 각각 자기의 진영의 군기와 자기의 조상의 가문의 기호 곁에 진을 치되 회막을 향하여 사방으로 치라(1, 2절)."

하나님께서 모세와 아론에게 말씀하셨다. "이스라엘 자손이 진을 칠 때에는, 회막(Tent of Meeting)을 중심으로 하여 그 둘레에 진을 치되(camp), 각기 자기가 속한 부대기가 있는 곳에다 자기 가문의 깃발을 함께 세우고 진을 쳐야 한다." 하나님께서 이렇게 각 지파의 자리를 정해준 것은 회막 중심으로 살도록 하신 것이다. 하나님이 정해주신 것이므로 자리를 놓고 서로 싸울 필요가 없다.

세 지파를 묶어 한 진영을 이루도록 했다. 모두 4진영이다. 각 진영은 대체로 혈통을 기준으로 편성되었다. 중앙에는 레위 지파가 따로 회막을 중심으로 자리하였다. 진영마다 군기가 있고, 조상의 가문에 따라 서로 다른 기호(banners of his family)를 가지고 있었다. 각 지파는 자기가 속한 진영의 군기와 가문의 기호(기) 곁에 진을 쳤다.

민수기 2장은 각 지파들이 회막 사면에 진을 치는 것과 행군하는 순서를 기록하고 있다. 각 지파는 족장의 명칭을 따라 군대라 표현된다. 여기서 이스라엘 백성은 약속의 땅을 향해 나아가는 하나님의 군대임을 알 수 있다.

2. 제1대, 동쪽에 진칠 자: 유다 진영의 군기에 속한 자(3-9절)

"동방 해 돋는 쪽에(on the east, toward the sunrise) 진칠 자는 그 진영별로 유다의 진영의 군기에 속한 자라 유다 자손의 지휘관은 암미나답의 아들 나손이요 그의 군대로 계수된 자가 칠만 사천육백 명이며(3, 4절)."

레아의 후손인 유다, 잇사갈, 스불론 지파가 한 진영(camp)을 이루어 성

(진을 치고 있을 때 각 지파의 위치)

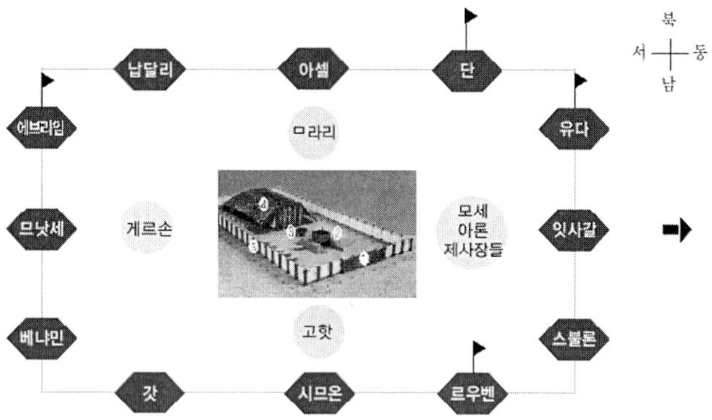

막 동쪽에 자리했다. 이들은 유다 진영의 깃발 아래에 소속된 부대들이다. 이 진영의 리더는 유다지파다. 유다 지파가 가장 뛰어난 자리를 차지하게 된 것은 유다가 형이므로 일차적으로 불만이 없었을 것이다. 유다는 형제들의 머리로써 길을 인도한다. 유다 자손으로 계수된 군대 수(his division numbers)가 74,600명으로 그 수가 가장 많기 때문이라는 주장도 하는데 이보다는 메시야가 그 지파의 후손으로 오실 것이기 때문이라는 보는 것이 영적으로 보다 타당한 해석이 될 것이다. 유다 지파의 지휘관은 나손이다. 인구조사 때 이 지파의 우두머리였다.

"그 곁에 진칠 자는 잇사갈 지파라 잇사갈 자손의 지휘관은 수알의 아들 느다넬이요 그의 군대로 계수된 자가 오만 사천사백 명이라(5, 6절)." 유다 지파 곁에 잇사갈 지파가 자리했다. 이 지파의 군대 수는 54,400명이고 느다엘이 지휘를 맡았다.

"그리고 스불론 지파라 스불론 자손의 지휘관은 헬론의 아들 엘리압이요 그의 군대로 계수된 자가 오만 칠천사백 명이니(7, 8절)." 잇사갈 지파의 옆으로 스불론 지파가 자리했다. 군대 수는 57,400명이고 이 지파의 지휘관은 엘리압이었다.

"유다 진영에 속한 군대로 계수된 군인의 총계는 십팔만 육천사백 명이라 그들은 제일대로 행진할지니라(9절)." 유다 진영은 이 세 지파로 구성되었고, 모두 186,400명이었다. 이 진영은 제1대, 곧 첫 번째로 행진하였다. 행군할 때에는 유다 진영이 첫 번째로 출발한다는(set out first) 말이다.

3. 제2대, 남쪽에 진칠 자: 르우벤 진영의 군기에 속한 자(10-16절)

"남쪽에는(on the south) 르우벤 군대 진영의 군기가 있을 것이라 르우벤 자손의 지휘관은 스데울의 아들 엘리술이요 그의 군대로 계수된 자가 사만 육천오백 명이며(10, 11절)." 성막 남쪽에는 르우벤, 시므온, 갓 지파가 자리했다. 르우벤과 시므온은 레아의 후손이고, 갓은 레아의 여종 실바의 후손이다. 이 세 지파 중 중심 지파는 르우벤 지파이다. 그래서 르우벤 진영(camp of Reuben)이라 한다. 르우벤 진영의 깃발 아래 소속된 부대들이다. 르우벤 지파의 군대 수는 46,500명이고 지휘관은 엘리술이었다.

"그 곁에 진칠 자는 시므온 지파라 시므온 자손의 지휘관은 수리삿대의 아들 슬루미엘이요 그의 군대로 계수된 자가 오만 구천삼백 명이며(12, 13절)." 르우벤 지파 옆에 스므온 지파가 자리했다. 그 군대 수는 59,300명이고 지휘관은 슬루미엘이었다.

"또 갓 지파라 갓 자손의 지휘관은 르우엘의 아들 엘리아삽이요 그의 군대로 계수된 자가 사만 오천육백오십 명이니(14, 15절)." 스므온 지파 옆에 갓 지파가 자리했다. 계수된 군대 수는 45,650명이고 지파의 지휘관은 엘리아삽이었다.

"르우벤 진영에 속하여 계수된 군인의 총계는 십오만 천사백오십 명이라 그들은 제이대로 행진할지니라(16절)." 르우벤 진영에 속한 세 지파 모두의 군인 수는 모두 151,450명으로 행군할 때에는 이 진영이 제2대, 곧 두 번째로 출발한다(set out second).

4. 진영의 중앙, 레위의 진영(17절)

"그 다음에 회막이 레위인의 진영과 함께 모든 진영의 중앙에 있어 행진하되 그들의 진 친 순서대로 각 사람은 자기의 위치에서 자기들의 기를 따라 앞으로 행진할지니라(17절)."

제 1진과 2진이 출발한 다음 회막이 레위 사람의 진영과 함께 출발하되, 모든 군대의 가운데 서서 나아간다. 각 부대는 진을 칠 때와 같은 순서로 출발한다. 또한 각기 자기의 부대기를 앞세우고 제자리를 지켜야 한다.

레위 지파는 성막을 가지고 행렬 중앙에서 행군한다(set out in the middle of the camps). 행군할 때에는 진을 치는 순서대로 각 지파가 기를 앞세우고 자기 위치에서 행군한다. 레위 지파는 다른 지파들 사이에 온다. 모든 진영의 중앙에서 행진하는 것이다. 진 중앙에 회막이 자리 잡은 것은 하나님이 이스라엘 가운데 임재해 계시는 것을 상징한다. 전에는 진영 밖에 있었지만(출 33:7) 이제는 중앙에 있다. 이것은 이스라엘이 하나님을 중심으로 살아야 한다는 것을 말해준다.

레위 지파는 레아의 후손이다. 게르손 자손, 므라리 자손, 그리고 고핫 자손이 레위인의 진에 속한다. 이들은 성막을 중심으로 자리한다. 레위인의 진은 르우벤의 진 뒤에서 진행한다. 그런데 민수기 10:17-21에는 성막을 메고 운반하는 게르손 자손과 므라리 자손이 유다 자손 다음에 자리하고 있다. 이것은 성막을 설치하고 머물러 있을 때와 행진할 때의 대형이 달라진 데 그 원인이 있다. 게르손과 므라리 자손이 회막 재료를 가지고 르우벤 진 앞에서, 고핫 자손은 회막 기구를 가지고 르우벤 진 뒤에서 진행한다. 게르손과 므라리 자손이 도착해 회막을 치면 그 다음에 고핫 자손이 도착해 회막 기구를 들여놓는 것이다. 10장은 고핫 자손이 도착하기 전에 성막을 설치하기 위해 의도된 배열임을 보여준다.

5. 제3대, 서쪽에 진칠 자: 에브라임 진영의 군기에 속한 자(18-24절)

"서쪽에는 에브라임의 군대의 진영의 군기가 있을 것이라 에브라임 자손의 지휘관은 암미훗의 아들 엘리사마요 그의 군대로 계수된 자가 사만 오백 명이며(18, 19절)." 성막 서쪽에 진을 칠 세 지파는 에브라임 지파, 므낫세 지파, 베냐민 지파로 에브라임 진영(camp of Ephraim)의 깃발 아래 소속된 부대들(divisions)이다. 세 지파 모두 라헬의 자손이다. 40,500명의 병력을 가진 에브라임 지파는 엘리사마가 이끈다.

"그 곁에는 므낫세 지파가 있을 것이라 므낫세 자손의 지휘관은 브다술의 아들 가말리엘이요 그의 군대로 계수된 자가 삼만 이천이백 명이며(20, 21절)." 그 옆에는 가말리엘이 이끄는 32,200명의 병력을 가진 므낫세 지파가 자리한다.

"또 베냐민 지파라 베냐민 자손의 지휘관은 기드오니의 아들 아비단이요 그의 군대로 계수된 자가 삼만 오천사백 명이니(22, 23절)." 그 옆에는 아비단이 이끄는 35,400명의 병력을 가진 베냐민 지파가 자리한다.

"에브라임 진영에 속하여 계수된 군인의 총계는 십만 팔천백 명이라 그들은 제삼대로 행진할지니라(24절)." 이와 같이 에브라임 진영에 진을 칠 전체 병력은 108,100명이다. 이들이 제3대, 곧 세 번째로 출발한다(set out third).

6. 후대, 북쪽에 진칠 자: 단 진영의 군기에 속한 자(25-31절)

"북쪽에는 단 군대 진영의 군기가 있을 것이라 단 자손의 지휘관은 암미삿대의 아들 아히에셀이요 그의 군대로 계수된 자가 육만 이천칠백 명이며(25, 26절)." 성막 북쪽에 진을 칠 세 지파는 단 지파, 아셀 지파, 그리고 납달리 지파다. 단과 납달리는 라헬의 여종 빌하의 소생이고, 아셀은 레아의 여종 실바의 소생이다. 이 세 지파는 단 진영(camp of Dan)의 깃발 아래 소속된 부대들(divisions)로, 단 군대 진영의 군기 아래 함께 한다. 62,700명의 병력을 가진 단 지파는 아히에셀이 지휘한다.

"그 곁에 진칠 자는 아셀 지파라 아셀 자손의 지휘관은 오그란의 아들 바기엘이요 그의 군대로 계수된 자가 사만 천오백 명이며(27, 28절)." 그 옆에는 바기엘이 이끄는 41,500명의 병력을 가진 아셀 지파가 자리한다.

"또 납달리 지파라 납달리 자손의 지휘관은 에난의 아들 아히라요 그의 군대로 계수된 자가 오만 삼천사백 명이니(29, 30절)." 그 옆에는 아히라가 이끄는 53,400명의 병력을 가진 납달리 지파가 자리한다.

"단의 진영에 속하여 계수함을 받은 군인의 총계는 십오만 칠천육백 명이라 그들은 기를 따라 후대로 행진할지니라 하시니라(31절)." 단 진영에 진을 칠 전체 병력은 157,600명으로 후대, 곧 제일 뒤에서 마지막으로 출발한다(set out last).

7. 종합(32-34절)

"이상은 이스라엘 자손이 그들의 조상의 가문을 따라 계수된 자니 모든 진영의 군인 곧 계수된 자의 총계는 육십만 삼천오백오십 명이며(32절)." 이상은 이스라엘 자손 가운데서 집안별로 병적부에 오른 사람들의 숫자이다. 이스라엘 백성 가운데 징집 명단에 등록된 총 인원은 603,550명이었다.

"레위인은 이스라엘 자손과 함께 계수되지 아니하였으니 여호와께서 모세에게 명령하심과 같았느니라(33절)." 그러나 여기에는 여호와께서 모세에게 명령하신 대로 레위인은 포함되지 않았다. 레위인을 병적부에 올리지 않았다는 말이다.

"이스라엘 자손이 여호와께서 모세에게 명령하신 대로 다 준행하여 각기 종족과 조상의 가문에 따르며 자기들의 기를 따라 진 치기도 하며 행진하기도 하였더라(34절).” 이스라엘 백성은 여호와께서 모세에게 명령하신 대로 각 지파별로, 가족별로, 자기들의 깃발 아래 진도 치고(encamped) 행군도 (set out) 하였다.

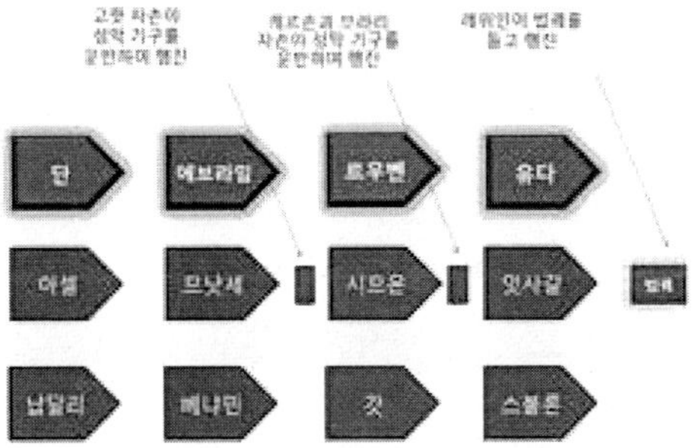

(행진할 때 각 지파의 위치)

제3장

아론의 아들들과 레위 지파의 임무

요약

1. 아론의 아들들(1-4절)

1) 기름을 받아 거룩히 구별되어 제사장 직분을 행함
2) 장자 나답과 아비후: 시내 광야에서 하나님께 다른 불을 드리다 하나님 앞에서 죽음. 무자
3) 엘르아살과 이다말: 아론 앞에서 제사장 직분 수행

2. 레위 지파의 임무(5-13절)

1) 레위인은 아론과 그 아들들에 돌리어 그들에게 시종. 회막 앞에서 시무. 회막의 모든 기구를 수직. 외인이 가까이 하면 죽일 것.
2) 이스라엘 자손 중 레위인을 택하여 첫 태에 처음 난자로 대신한다 (처음 난 자는 하나님의 것. 하나님이 이집트에서 그 처음 난 자를 다 죽이던 날에 이스라엘의 처음 난 자는 사람이나 짐승이나 거룩히 구별. 그러므로 레위인은 하나님의 것.)

3. 레위 지파의 계수(14-39절)

1) 종족과 가족을 따라 계수. 1개월 이상의 남자로 총 수는 22,000명
2) 게르손 자손: 립니, 시므이 등 7,500명. 장막 뒤 곧 서편에 진칠 것. 라엘의 아들 엘리아삽이 족장. 성막, 장막과 그 덮게, 회막문장, 뜰

의 휘장, 성막과 단 사면 뜰의 문장과 그 모든 것에 쓰는 줄을 맡음.

3) 고핫 자손: 아므람, 이스할, 헤브론, 웃시엘 등 8,600명. 성막 남편에 진 친다. 웃시엘의 아들 엘리사반이 족장. 증거궤, 상, 등대, 단들, 성소봉사기구, 휘장과 그에 쓰는 모든 것 맡음.

4) 므라리 자손: 말리, 무시 등 6,200명. 장막 북편에 진 치고 아비하일의 아들 수리엘이 족장. 성막 널판과 그 띠, 기둥, 받침과 그 모든 기구, 뜰 사면 기둥, 받침, 말뚝, 줄 등 그 모든 기구 책임짐.

5) 아론의 아들 엘르아살의 역할: 레위인 족장의 어른이 되고 그 성소 맡을 자를 통할한다. 등유, 향품, 소제물, 관유, 장막 전체와 그 안의 모든 것, 성소와 그 모든 기구에 대해 책임을 진다(민 4:16).

4. 이스라엘 자손 중 처음 난 남자들에 대한 계수(40-51절)

1) 1개월 이상으로 총 22,273명이나 하나님이 이스라엘 자손 중 처음 난 자 대신 레위인을 하나님께 돌린다. 이스라엘 자손의 처음 난 가축 대신 레위인의 가축을 하나님께 돌리어 하나님의 것으로 삼으심.

2) 이스라엘 자손 중 처음 난 남자 수가 레위인보다 273인 더 많으므로 더 한 자의 속전(성소 세겔대로 매 명에 5세겔씩 총 1,365세겔)을 아론과 그 아들들에게 준다.

---

1. 아론의 아들들(1-4절)

"여호와께서 시내 산에서 모세와 말씀하실 때에 아론과 모세가 낳은 자는 이러하니라(1절)." 여호와께서 시내 산에서 모세에게 말씀하실 당시 아론과 모세에게 아들들이 있었다. 이 단락에서 아론의 가족에 대한 이야기는 이렇다는 말씀이다. 레위기 8장을 보면 모세는 이스라엘의 첫째가는 대제사장으로서의 면모를 보여준다. 하지만 하나님은 아론을 제사장 가문의 두령으로 지목하셨다(출 4:14-18).

"아론의 아들들의 이름은 이러하니 장자는 나답이요 다음은 아비후와 엘르아살과 이다말이니(2절)." 그의 아들로 장남인 나답(Nadab), 그리고 아비후(Abihu), 엘르아살(Eleazar), 이다말(Ithamar)이 있었다.

"이는 아론의 아들들의 이름이며 그들은 기름 부음을 받고 거룩하게 구별되어 제사장 직분을 위임 받은 제사장들이라(3절)."

이들은 모두 아론의 아들들로서 제사장의 임무를 맡도록, 기름을 부어 제사장으로 거룩하게 구별된 사람들이다. 이들 모두 기름 부음을 받아 제사장으로 임명되었다. 아론의 가족은 레위 지파에 속해 있었다. 그들은 제사장으로서 다른 레위인보다 특별한 지위를 차지하고 거룩한 직무를 수행했다. '제사장 직분을 위임 받은 제사장' 이라는 한 것에서 '위임 받은(ordained)' 은 문자적으로 '아무 개의 손을 채우다' 는 뜻을 가지고 있다. 그 직분에로의 부름이 아니라 위임 받은 사람에 의해 그 직분이 설치되거나 채워지는 것을 말한다. 위임을 받아 제사장으로서의 직분을 수행한다. 그들은 제사장만이 드릴 수 있는 희생 제사를 드리고, 회막에 들어가 제단을 만질 수 있었다. 또한 하나님과 이스라엘을 중재하는 중보자 역할을 수행했다.

"나답과 아비후는 시내 광야에서 여호와 앞에 다른 불을 드리다가 여호와 앞에서 죽어 자식이 없었으며 엘르아살과 이다말이 그의 아버지 아론 앞에서 제사장의 직분을 행하였더라(4절)."

제사장은 이런 특권을 가지는 것에 그치는 것이 아니라 하나님의 말씀을 신실하게 지켜야 했다. 나답과 아비후는 시내 광야에서 여호와께서 명령하시지 않은 다른 불(unauthorized fire), 곧 하나님께 금지된 불로 드리다가 하나님 앞에서 죽었다. 하나님이 명령하지 않는 다른 불이란 하늘에서 내려온 불(레 9:24)이 아니고 그들이 피운 불을 말한다. 제사장은 분향할 때 제단에서 항상 타고 있는 그 불만 사용하도록 되어 있었다. 이 두 사람은 그들에게 주어지지 않은 다른 제사를 하나님 앞에서 잘못 드리다가 벌을 받았다(레 10:1-2). 이 두 사람에게는 자식도 없었다. 그래서 엘르아살과 이다말 두 사람만이 아버지 아론을 도와 제사장 직분을 수행했다. '그의 아버지 아론 앞에서' 란 말은 이 두 사람이 아론의 지도와 감독아래 직무를 수행했다는 말이다. 거룩하신 하나님 앞에 가까이 나아가기 위해서는 의와 순종이 있어야 한다.

2. 레위지파의 임무(5-13절)

1) 회막 봉사(5-10절)

"여호와께서 또 모세에게 말씀하여 이르시되 레위 지파는 나아가 제사장 아론 앞에 서서 그에게 시종하게 하라(5, 6절)." '레위 지파는 나아가' 에서 '나아가' 는 '레위 지파를 데려와' 라는 말이다. '나아오다' 는 희생, 곧 하나님께 헌물을 드리도록 '데려온다(bring)' 는 뜻을 가지고 있다. 레위인은 먼저 하나님께 드려진다는 의미다. 그들을 특별히 불러내어 제사장 아론 밑에 두고 그를 돕게 하도록 한 것이다.

"그들이 회막 앞에서 아론의 직무와 온 회중의 직무를 위하여 회막에서 시무하되 곧 회막의 모든 기구를 맡아 지키며 이스라엘 자손의 직무를 위하여 성막에서 시무할지니(7, 8절)."

레위 지파 내에서도 하는 일이 서로 분리되었다. 아론과 그 아들들은 제사장 직을 수행했고, 다른 레위인은 제사장을 도와 온 이스라엘을 위해 성막 봉사를 했다. 여기에서는 회막의 모든 기구, 곧 비품들을 관리하는 일과 성막에서의 시무, 곧 성막을 철거하고 운반하며 세우는 일을 맡았다는 것을 말해주고 있다. 이에 대해서는 4장에서 더 자세히 묘사되고 있다. 그 밖의 다른 직무에 관해 특별히 언급되지 않고 있다.

"너는 레위인을 아론과 그의 아들들에게 맡기라 그들은 이스라엘 자손 중에서 아론에게 온전히 맡겨진 자들이니라(9절)." 레위 지파 사람들을 아론과 그의 아들들에게 배속시키라는 말씀이다. 그들의 임무는 아론과 그의 아들들을 돕는 것이다. 그들은 이스라엘 백성 가운데서 뽑혀 전적으로 그의 성직을 보좌하는 사람들이다. 그들은 이스라엘 자손 가운데서 뽑혀, 아론에게 아주 맡겨진(given wholly) 사람들, 곧 '네투님(netunim, nathan)' 이다. 이와는 달리 이스라엘 자손이 아닌 자로서 성전에서 천한 직무를 수행하는 사람들(temple servants)이 있었다. 이들을 '네티님(nethinim)' 이라 한다. 네투님과 네티님은 구별된다.

"너는 아론과 그의 아들들을 세워 제사장 직무를 행하게 하라 외인이 가까이 하면 죽임을 당할 것이니라(10절)."

레위인은 회막을 지키는 일과 회막을 옮기고 세우는 일을 맡았다. 회막을 지키는 일에는 외인들이 회막에 접근할 경우 처형하는 일까지 포함되어 있다. 이렇게 철저히 하는 것은 한사람의 잘못으로 인해 이스라엘 전체에 하나님의 진노가 임하지 않도록 하기 위함이다(민 1:53). 이 절에서는 제사장들도 이와 같은 직무를 수행했음을 보여주고 있다.

'외인이 가까이 하면' 은 무슨 말일까? 아론과 그 자손들 외에는 아무도 제사장 직을 수행할 수 없다. 외인(stranger)은 아론과 그 아들들이 아닌 다른 모든 사람(anyone else), 곧 제사장이 아닌 다른 사람을 가리킨다. 어떤 사람으로부터도 제사장의 일이 침해 되어서는 안 된다. 성소에 가까이 하는 외인은 죽임을 당한다. 외인이 성소에 가까이하는 것을 막는 것은 하나님의 집 문지기로서 제사장의 중요한 의무다. 외인의 접근은 율법으로 금지되어 있고, 한 사람의 범죄로 인해 전체 백성이 벌을 받지 않도록 하기 위함이다.

2) 레위인은 내 것이라(11-13절)

"여호와께서 모세에게 말씀하여 이르시되 보라 내가 이스라엘 자손 중에서 레위인을 택하여 이스라엘 자손 중에 태를 열어 태어난 모든 자를 대신하게 하였은즉 레위인은 내 것이라(11, 12절).”

처음 난 모든 생물은, 모든 것이 하나님의 것이라는 뜻에서 그 모든 것을 대표해서 하나님께 드려졌다. 양이나 소의 처음 난 것은 하나님의 것으로 희생 제물로 드려야 했지만 이스라엘 백성의 첫 아들들은 하나님의 일을 해야 했다. 이스라엘의 처음 난 사내아이 모두(the first male offspring)는 성막에서 봉사하도록 구별되었다. 그러나 레위인이 그 일을 대신하고 다른 사람들은 속전을 냄으로써 이를 대신하였다. 그래서 레위인은 내 것이라(the Levites are mine) 하신 것이다.

출 4:22에는 이스라엘 민족 전체를 ‘하나님의 장자(my firstborn son)’로 보았다. 하지만 출애굽 이후 이집트에서 마지막 재앙 때 양의 피를 통해 구원받은 사실을 기억하여 특별히 가족의 장자를 하나님의 소유로 간주했다. 그러나 이제 하나님은 레위인을 택하셔서 장자를 대신하게 하셨다. 그 이유는 금송아지 사건 때 다른 지파보다 레위인이 하나님의 편에 서 하나님을 향해 신실함을 보였기 때문이다. 그 후 레위인은 이스라엘의 장자를 대신하게 되었다. 그래서 하나님은 레위인을 내 것이라 하셨다. 45절에서도 ‘레위인은 내 것이다(The Levites are to be mine)’ 는 말씀으로 다시 강조하고 있다.

“처음 태어난 자는 다 내 것임은 내가 애굽 땅에서 그 처음 태어난 자를 다 죽이던 날에 이스라엘의 처음 태어난 자는 사람이나 짐승을 다 거룩하게 구별하였음이니 그들은 내 것이 될 것임이니라 나는 여호와이니라(13절).”

출애굽 당시 첫 태생이 모두 죽을 때 이스라엘의 첫 태생은 죽음을 면하였다. 그 목숨은 하나님의 것이 되었다. ‘내 것이 될 것임이니라’ 는 꼭 미래 시제를 의미하는 것이 아니라 이스라엘을 구원하신 여호와께서 처음 태어난 자들을 자신의 것으로 삼으셨음을 강조한 것이다.

3. 레위 지파의 계수(14-39절)

1) 계수 명령과 조상(14-20절)

"여호와께서 시내 광야에서 모세에게 말씀하여 이르시되 레위 자손을 그들의 조상의 가문과 종족을 따라 계수하되 일 개월 이상 된 남자를 다 계수하라(14, 15절)."

레위 자손을 가족별, 가문별로 조사한다. 다른 지파의 경우 20세 이상으로 전쟁에 나갈만한 자가 계수의 조건이었다. 그러나 레위 지파의 경우 1개월 이상의 모든 남자가 해당된다. 하나님은 그들을 선별하여 하나님의 거룩한 곳에서 특별히 봉사하도록 하셨다. 레위인이 회막 봉사를 시작하는 나이는 25세 이상(민 8:24) 또는 30세 이상(민 4:3)이다. 실제 회막에서 봉사하는 수는 8,000명으로 전체 레위인의 수 22,000명에서 3분의 1밖에 되지 않는다. 하지만 하나님은 1세 이상의 남자 모두를 가족 구성원에 넣도록 하셨다.

"모세가 여호와의 말씀을 따라 그 명하신 대로 계수하니라 레위의 아들들의 이름은 이러하니 게르손과 고핫과 므라리요(16, 17절)." 모세는 하나님의 명령대로 레위 지파에 대해 인구조사를 실시했다. 레위의 아들은 게르손, 고핫, 므라리다. 레위 지파는 크게 세 가문으로 이뤄져 있다는 말이다.

"게르손의 아들들의 이름은 그들의 종족대로 이러하니 립니(Libni)와 시므이(Shimei)요 고핫의 아들들은 그들의 종족대로 이러하니 아므람(Amram)과 이스할(Izhar)과 헤브론(Hebron)과 웃시엘(Uzziel)이요 므라리의 아들들은 그들의 종족대로 말리(Mahli)와 무시(Mushi)이니 이는 그의 종족대로 된 레위인의 조상의 가문들이니라(18, 19, 20절)." 가문 별로 조사한 레위인의 집안들을 소개하고 있다. 게르손의 아들로 립니와 시므이가 있고 고핫의 아들로 아므람, 이스할, 헤브론, 웃시엘이 있으며, 므라리의 아들로는 말리와 무시가 있다.

2) 게르손 자손(21-26절)

"게르손에게서는 립니 종족과 시므이 종족이 났으니 이들이 곧 게르손의 조상의 가문들이라 계수된 자 곧 일 개 월 이상 된 남자의 수효 합계는 칠천오백 명이며(21, 22절)." 게르손에게서는 립니 자손 가족과 시므이 자손 가족이 나왔다. 이들은 게르손 자손의 가족들로 태어난 지 한 달이 넘은 남자는 모두 7,500명이었다. 립니는 라단(Ladan)으로 불리기도 한다(대상 23:7). 대상 6:29에는 므라리의 손자로 소개되고 있다.

"게르손 종족들은 성막 뒤 곧 서쪽에 진을 칠 것이요 라엘의 아들 엘리아삽은 게르손 사람의 조상의 가문의 지휘관이 될 것이며 게르손 자손이 회막에서 맡을 일은 성막과 장막과 그 덮개와 회막 휘장 문과 뜰의 휘장과 및 성막과 제단 사방에 있는 뜰의 휘장 문과 그 모든 것에 쓰는 줄들이니라(23-26절)."

게르손 자손의 가족들은 성막 뒤 서쪽에 진을 치며 이 가문의 지휘관은 엘리아삽(Eliasaph)이다. 엘리아삽은 '하나님은 더하게 하신다' 는 뜻을 가지고 있다. 게르손 자손이 회막에서 하는 일은 회막의 휘장과 덮개를 관리하는 것이다. 즉, 성막과 장막과 그 덮개와 회막 어귀에 치는 휘장과 뜰의 휘장과 성막과 그 가운데 제단을 둘러싼 뜰의 어귀에 치는 휘장과 이 모든 것에 쓰는 여러 가지 줄(밧줄)들을 보살피는 것이다. 성막에는 회막 출입구의 휘장, 뜰 입구의 휘장, 그리고 성소와 지성소 사이의 휘장 등 세 가지 막이 있다.

3) 고핫 자손(27-32절)

"고핫에게서는 아므람 종족과 이스할 종족과 헤브론 종족과 웃시엘 종족이 났으니 이들은 곧 고핫 종족들이라 계수된 자로서 출생 후 일 개월 이상 된 남자는 모두 팔천육백 명인데 성소를 맡을 것이며(27, 28절)." 고핫 집안은 아므람 가족과 이스할 가족과 헤브론 가족과 웃시엘 가족으로 이루어졌고, 이 집안에서 1개월 이상 된 남자의 수는 8,600명이다. 43-46절에 레위인의 총수를 22,273명이라 한 것과 조화 시키려면 8,300명이어야 한다. 모세와 아론은 아므람 가족으로(출 6:20) 고핫 자손 출신이다.

"고핫 자손의 종족들은 성막 남쪽에 진을 칠 것이요 웃시엘의 아들 엘리사반은 고핫 사람의 종족과 조상의 가문의 지휘관이 될 것이며 그들이 맡을 것은 증거궤와 상과 등잔대와 제단들과 성소에서 봉사하는 데 쓰는 기구들과 휘장과 그것에 쓰는 모든 것이며(29-31절)." 고핫 자손은 성막 남쪽에 진을 쳤다. 남쪽은 동쪽 다음가는 방위이다. 고핫자손이 두 번째 가족이지만 장자인 게르손보다 우선권이 주어졌다. 모세, 아론과 그 아들 제사장이 고핫 자손에 속하기 때문이기도 하지만 고핫 자손의 수가 더 많고 그들의 위치와 임무가 더 고귀했다. 모세도 고핫 자손이고 존경을 받지만 모세의 자손은 전혀 특권이 없어 다른 레위인과 같은 위치에 있었다. 고핫 자손의 지휘관은 엘리사반(Elizaphan)이다. 엘리사반은 '하나님께서 방어하셨다' 는 뜻을 가지고 있다.

고핫 자손이 해야 할 일은 법궤와 상과 등대와 단들과 그리고 성소에서 쓰이는 여러 가지 기구와 휘장을 맡아 관리하고 이와 관련된 여러 업무를 돕는 것이다. 고핫 자손에게는 가장 거룩한 것들을 다룰 수 있는 권리가 주어졌다. 여기에서 언급된 일들은 거룩해서 수레로 운반할 수 없고 어깨에 메어 운반했다(민 4:4-18, 7:9).

"제사장 아론의 아들 엘르아살은 레위인의 지휘관들의 어른이 되고 또 성소를 맡을 자를 통할할 것이니라(32절)." 아론의 아들 엘르아살이 두 형제의 죽음 이후 성소의 모든 일을 감독하며 레위인의 모든 지도자를 지휘하는 총지도자 역할을 맡았다. 여기서 엘르아살이 언급되는 것은 아론의 가족이 고핫 자손이기 때문이다. 그가 레위인의 어른으로서 감독의 위치에 있었음을 보여준다.

4) 므라리 자손(33-37절)

“므라리에게서는 말리 종족과 무시 종족이 났으니 이들은 곧 므라리 종족들이라 그 계수된 자 곧 일 개월 이상 된 남자는 모두 육천이백 명이며 아비하일의 아들 수리엘은 므라리 종족과 조상의 가문의 지휘관이 될 것이요 이 종족은 성막 북쪽에 진을 칠 것이며(33-35절).” 므라리 집안은 말리 가족과 무시 가족으로 이루어졌으며 이 집안에서 1개월 이상 된 남자의 수는 6,200명이었다. 그들은 성막 북쪽에 진을 치도록 되어 있었고, 지휘관은 수리엘(Zuriel)이었다. 수리엘은 ‘하나님은 나의 반석’이라는 뜻을 가지고 있다.

“므라리 자손이 맡을 것은 성막의 널판과 그 띠와 그 기둥과 그 받침과 그 모든 기구와 그것에 쓰는 모든 것이며 뜰 사방 기둥과 그 받침과 그 말뚝과 그 줄들이니라(36, 37절).” 므라리 자손들은 회막의 틀을 관리하는 직분을 맡았다. 즉, 성막 널빤지와 그 가로대와 기둥과 기둥 받침, 그리고 그것에 쓰이는 모든 기구와 성막 뜰의 기둥과 그 받침과 말뚝과 밧줄을 맡아 관리했다.

5) 모세와 아론의 진칠 장소와 레위인 남자 총수(38-39절)

“성막 앞 동쪽 곧 회막 앞 해 돋는 쪽에는 모세와 아론과 아론의 아들들이 진을 치고 이스라엘 자손의 직무를 위하여 성소의 직무를 수행할 것이며 외인이 가까이 하면 죽일지니라(38절).” 모세와 아론과 아론의 아들들은 성막 앞, 곧 회막 정면, 해 뜨는 동쪽(the east)에 진을 친다. 동쪽은 가장 영예로운 곳이다. 그들은 이스라엘을 대표로 이곳에 위치해 있으면서 성소의 직무를 맡았다. 이들 외에 성소에 접근하는 자는 누구든지 처형된다. 성막 봉사는 백성들로 하여금 하나님 앞으로 나오게 하는 하나님의 자비에 근거를 두고 있다. 그러나 규율은 매우 엄하다. 특히 봉사는 하나님의 방법으로 드려져야 한다. 이들 이외에 함부로 성소에 접근하는 것을 금하신 것은 당신에게 접근하는 것에 대해 특별히 제한을 두었음을 보여준다.

"모세와 아론이 여호와의 명령을 따라 레위인을 각 종족대로 계수한즉 일 개월 이상 된 남자는 모두 이만 이천 명이었더라(39절)." 하나님의 명령에 따라 모세와 아론이 레위 지파를 각 가족별로 태어난 지 한 달이 넘은 남자의 수를 계수하였다. 모두 22,000명이었다. 게르손 자손 7,500명, 고핫 자손 8,600명, 므라리 자손 6,200명이라 했는데, 이 수를 합하면 22,300명으로 300명이 부족하다. 이에 대해서는 민수기의 필사자가 고핫 자손의 수를 베낄 때 3을 의미하는 '쉐로쉬(S-l-S)' 에서 실수로 히브리 알파벳 라메드를 빠뜨려 6을 의미하는 '쉿쉬(S-S),' 곧 8,600명으로 잘못 베낀 때문이라 주장하기도 한다.

4. 이스라엘 자손 중 처음 난 남자들에 대한 계수(40-51절)

1) 처음 난 남자 계수(40-43절)

"여호와께서 또 모세에게 이르시되 이스라엘 자손의 처음 태어난 남자를 일 개월 이상으로 다 계수하여 그 명수를 기록하라(40절)." 하나님은 이스라엘 백성 중에서 난 지 한 달 이상 되는 장남을 모두 등록시키고 그 수를 세도록 하셨다.

"나는 여호와라 이스라엘 자손 중 모든 처음 태어난 자 대신에 레위인을 내게 돌리고 또 이스라엘 자손의 가축 중 모든 처음 태어난 것 대신에 레위인의 가축을 내게 돌리라(41절)." 나아가 이스라엘 백성의 모든 장자(all the firstborn) 대신 레위인을 구별하여 세우고 이스라엘 백성의 처음 난 모든 가축을 대신하여 레위인의 가축을 구별하여 하나님의 것으로 삼도록 하셨다.

“모세가 여호와께서 자기에게 명령하신 대로 이스라엘 자손 중 모든 처음 태어난 자를 계수하니 일 개월 이상으로 계수된 처음 태어난 남자의 총계는 이만 이천이백칠십삼 명이었더라(42, 43절).” 모세는 지시받은 대로 이스라엘 백성의 장자들을 모두 등록시켰다. 모두 22,273명이었다. 이는 전체 남자의 수 603,550명(민 2:32)에 비하면 27:1이 된다.

2) 처음 난 자와 속전(44-51절)

“여호와께서 모세에게 말씀하여 이르시되 이스라엘 자손 중 모든 처음 태어난 자 대신에 레위인을 취하고 또 그들의 가축 대신에 레위인의 가축을 취하라 레위인은 내 것이라 나는 여호와니라(44, 45절).” 하나님은 이스라엘 백성의 장남 대신 레위인을 내 것, 곧 하나님의 것으로 바치고 이스라엘 백성의 처음 난 모든 가축 대신 레위인의 가축을 내 것으로 바치도록 하셨다.

“이스라엘 자손의 처음 태어난 자가 레위인보다 이백칠십삼 명이 더 많은즉 속전으로 한 사람에 다섯 세겔씩 받되 성소의 세겔로 받으라 한 세겔은 이십 게라니라(46, 47절).”

이스라엘 백성의 장남이 레위인 전체 남자 수보다 273명이 더 많다. 그러므로 그 273명에 대한 속전(贖錢, money for the redemption), 곧 몸값으로 한 사람 앞에 성소의 세겔(sanctuary shekel)로 5세겔, 곧 은 57그램씩 거두어 그것을 아론과 그의 아들들에게 주도록 했다. 성소의 세겔은 성전에 표준 저울추가 비치되어 있음을 보여준다. 한 세겔은 무게를 나타내는 화폐 단위로 시대에 따라 그 수치가 약간씩 다르지만 당시는 14.55그램을 한 세겔로 삼았다. 게라(gerah) 역시 화폐 단위로 1게라는 약 0.73그램이다. 주전 6세기까지는 동전이 사용되지 않았기 때문에 은을 가치척도로 삼고 그 무게를 달아 통용했다. 출 30:11-16에서는 인구조사로 계수된 모든 사람이 반 세겔로 대속되도록 했는데 여기서는 장자에 국한해 말씀하고 있다.

“그 더한 자의 속전을 아론과 그의 아들들에게 줄 것이니라 모세가 레위인으로 대속한 이외의 사람에게서 속전을 받았으니 곧 이스라엘 자손의 처음 태어난 자에게서 받은 돈이 성소의 세겔로 천삼백육십오 세겔이라 모세가 이 속전을 여호와의 말씀대로 아론과 그의 아들들에게 주었으니 여호와께서 모세에게 명령하심과 같았느니라(48-51절).” 모세는 그 273명의 이스라엘 장남에게서 1,365세겔, 곧 은 약 15.6킬로그램을 몸값으로 거두어 하나님의 말씀대로 그것을 아론과 그의 아들들에게 주었다.

제4장

회막 봉사를 위한 레위 지파 각 자손에 대한 계수명령과 직무 내용

요약

1. 고핫 자손에 대한 계수 명령과 그들의 직무(1-20절)

1) 고핫 자손을 종족과 조상의 가문에 따라 30세 이상으로 50십 세까지 회막 일을 위해 집계할 것.

2) 아론과 그 아들들의 지휘아래 그 할 일과 멜 것을 하되 성물을 만지거나 성소에 들어와 보거나 하여 죽기를 면할 것.

3) 책임분야: 증거궤, 진설병상, 등대와 등잔, 불집게, 불똥그릇, 기름그릇, 금단, 단의 재, 불 옮기는 그릇, 고기갈고리, 부삽, 대야, 단 기구 등을 어깨에 멘 다음 운반하는 일.

2. 게르손 자손에 대한 계수명령과 직무(21-28절)

1) 게르손 자손을 종족과 조상의 가문에 따라 30세 이상으로 50십 세까지 회막 일을 위해 집계할 것.

2) 그 할 일과 멜 것은 아론과 그 아들들의 명령에 따른다. 아론의 아들 이다말이 직접 감독한다.

3) 책임분야: 성막앙장, 회막과 그 덮게, 회막 문장, 뜰의 휘장, 성막과 단 사면 뜰의 문장과 그 줄 등을 직접 포장하고 수레로 운반하는 일.

3. 므라리 자손에 대한 계수명령과 직무(29-33절)

1) 므라리 자손을 종족과 조상의 가문에 따라 30세 이상으로 50십 세 까지 회막 일을 위해 집계할 것.
2) 아론의 아들 이다말의 감독을 받는다.
3) 책임분야: 장막의 널판과 그 띠, 기둥, 받침, 뜰 사면 기둥, 받침, 말뚝, 줄과 기구 등을 직접 포장하고 수레로 운반하는 일.

4. 인구조사 결과(34-49절)

1) 30세-50세 회막 봉사자(레위인), 총 8,580명
2) 고핫 자손 2,750명, 게르손 자손 2,630명, 므라리 자손 3,200명

---

1. 고핫 자손에 대한 계수 명령과 그들의 직무(1-20절)

"또 여호와께서 모세와 아론에게 말씀하여 이르시되 레위 자손 중에서 고핫 자손을 그들의 종족과 조상의 가문에 따라 집계할지니 곧 삼십 세 이상으로 오십 세까지 회막의 일을 하기 위하여 그 역사에 참가할 만한 모든 자를 계수하라(1-3절)."

하나님은 모세와 아론으로 하여금 레위 지파의 고핫 집안 가운데 30세부터 50세까지 성막에서 일할 수 있는 남자가 몇 명이나 되는지 가족별로 조사하도록 했다. 3장에서의 계수 목적은 레위 족속으로 하여금 성막 봉사를 하도록 위함이었다. 4장은 실질적으로 봉사할 수 있는 자를 계수하는 데 목적이 있다. 민수기 8:24에 따르면 레위 지파로서 25세 이상의 남자이면 회막에서 일할 수 있다. 여기서는 30세 이상으로 되어 있는데, 이것은 직무상 차이가 있음을 보여준다. 5년간의 견습 과정을 거친 것으로 보인다.

“고핫 자손이 회막 안의 지성물에 대하여 할 일은 이러하니라 진영이 전진할 때에 아론과 그의 아들들이 들어가서 칸 막는 휘장을 걷어 증거궤를 덮고 그 위를 해달의 가죽으로 덮고 그 위에 순청색 보자기를 덮은 후에 그 채를 꿰고(4-6절).”

성막 봉사에 있어서 고핫 자손이 해야 할 직무를 기술하고 있다. 가장 오래된 직무기술서다. 고핫 자손이 할 일은 성막의 지성물(the most holy things), 곧 가장 거룩한 비품을 관리하는 것이다. 진영을 이동할 때에는 아론과 그의 아들들이 먼저 성막 안으로 들어가 휘장을 거둬서 법궤를 덮게 한다. 성막을 운반할 때 성막의 기구들은 거룩한 정도에 따라 각기 다른 천으로 포장된다.

증거궤는 휘장, 해달(바닷소, 족제비과의 물짐승) 가죽, 그리고 순청색 보자기(a cloth of solid blue) 순으로 세 번 덮는다. 순청색 보자기는 모두 한 자락으로 되어 있는 보랏빛 천이다. 가장 바깥쪽의 마지막 보자기는 반드시 순청색 천이어야 한다. 그 다음 채(운반 채, 막대기)를 법궤 고리에 꿰게 한다. 채를 꿴다는 것은 그 이전에는 채가 빠진 상태에 있었음을 보여준다. 출 25:15에 따르면 채는 언제나 꿰어져 있어야 한다. 여기서 채가 빼어진 상태에 있었던 것은 증거궤를 덮기 위한 것으로 판단된다.

여기서 주목해야 할 것은 이 작업을 아론과 그의 아들들이 들어가서 한다는 점이다. 고핫 자손은 그들이 맡은 성막 기구를 채로 꿰어 어깨에 멘 다음 운반하는 책임만을 가지고 있지 그들이 직접 포장하지는 않는다. 다른 지성물도 마찬가지다. 이처럼 직무가 구분되어 있으며 각자 역할이 다르다.

“진설병의 상에 청색 보자기를 펴고 대접들과 숟가락들과 주발들과 붓는 잔들을 그 위에 두고 또 항상 진설하는 떡을 그 위에 두고 홍색 보자기를 그 위에 펴고 그것을 해달의 가죽 덮개로 덮은 후에 그 채를 꿰고(7, 8절).” 진설병 상에는 청색 보자기(a blue cloth)를 깔고 그 위에 대접과 국자와 잔과 주전자와 항상 차려 놓는 빵을 놓는다. 그리고 그것을 홍색 보자기로 덮고 다시 해달 가죽으로 덮은 다음 운반채를 상 고리에 꿴다.

"청색 보자기를 취하여 등잔대와 등잔들과 불집게들과 불똥 그릇들과 그 쓰는 바 모든 기름 그릇을 덮고 등잔대와 그 모든 기구를 해달의 가죽 덮개 안에 넣어 메는 틀 위에 두고 금제단 위에 청색 보자기를 펴고 해달의 가죽 덮개로 덮고 그 채를 꿰고(9-11절)." 다음에는 청색 보자기로 등대와 등잔과 심지 자르는 가위와 불똥 그릇과 모든 기름 그릇을 싼다. 이 모든 것을 싼 다음에는 다시 해달가죽으로 싸서 들것 위에 놓는다. 그리고 청색 보자기를 금제단, 곧 향단 위에 깔고 다시 해달가죽으로 그 위를 덮은 다음 운반 채를 그 고리에 꿴다.

"성소에서 봉사하는 데에 쓰는 모든 기구를 취하여 청색 보자기에 싸서 해달의 가죽 덮개로 덮어 메는 틀 위에 두고 제단의 재를 버리고 그 제단 위에 자색 보자기를 펴고 봉사하는 데에 쓰는 모든 기구 곧 불 옮기는 그릇들과 고기 갈고리들과 부삽들과 대야들과 제단의 모든 기구를 두고 해달의 가죽 덮개를 그 위에 덮고 그 채를 꿸 것이며(12-14절)."

성막의 나머지 기구들도 청색 보자기로 싼 다음 해달가죽으로 덮어 들것에 놓는다. 번제단은 먼저 거기 있는 재를 다 퍼낸 후에 자색 보자기(a purple cloth)를 그 위에 펴고 제단에서 사용되는 모든 기구, 곧 불 옮기는 그릇과 고기 갈고리와 부삽과 피를 담는 그릇을 놓은 다음 해달 가죽을 덮고 운반 채를 번제단 고리에 꿴다.

이상의 것을 다시 정리하면 다음과 같다.

- 증거궤: 휘장, 해달가죽, 순청색 보자기
- 진설병 상: 청색 보자기
- 대접, 숟가락, 주발, 잔: 홍색 보자기와 해달가죽
- 등대와 그 기구: 해달가죽
- 금향단: 청색 보자기와 해달가죽

- 성소의 그릇: 청색 보자기와 해달가죽
- 번제단: 자색 보자기

진영이 이동할 때 증거궤는 겉이 순청색이고, 진설병 상은 청색, 번제단은 자색이다. 다른 기구들은 해달가죽이기 때문에 확연하게 구별된다.

여기에 사용된 색은 성막 덮개에도 똑같이 사용되었다. 청색은 가장 안쪽에, 자색은 그 다음에, 제일 외부 덮개는 해달가죽이다. 청색이나 자색 모두 거룩함을 나타내지만 그 가운데 청색은 가장 거룩하다. 청색은 하나님의 거처인 하늘의 색이기 때문에 하나님의 임재와 가장 밀접하게 연결된다. 청색과 자색은 왕의 장막에 사용되었고, 왕과 귀족들은 청색과 자색 옷을 입었다. 여기서 같은 색이 사용된 것은 성막이 거룩한 왕의 궁전이며 증거궤는 그의 보좌임을 나타내려 한 것이다.

"진영을 떠날 때에 아론과 그의 아들들이 성소와 성소의 모든 기구 덮는 일을 마치거든 고핫 자손들이 와서 멜 것이니라 그러나 성물은 만지지 말라 그들이 죽으리라 회막 물건 중에서 이것들은 고핫 자손이 멜 것이며(15절)."

아론과 그의 아들들이 이 거룩한 물건(성물)들과 기구들을 다 꾸려 놓은 다음 진영이 이동할 준비가 완료되면 고핫 자손들로 하여금 그것을 운반하게 한다. '성소' 를 덮는다 했는데, 성소라기보다 성물로 해석하는 것이 바람직하다. 고핫 자손이 메고 운반해야 할 것은 증거궤, 진설병상, 등대, 금으로 된 제단, 성전에서 사용되는 봉사 기구와 번제단이다. 성막 물건 중에서 이것들은 고핫 자손들이 운반하도록 한다.

그러나 주의할 것이 있다. 고핫 자손들은 이 거룩한 기구들을 만져서는 안 된다. 만일 그들이 그것을 만지게 되면 죽게 된다. 그들은 성막 기구들을 운반하는 임무만 주어졌을 뿐이지 이 물건들을 싸거나 풀지 못하며 심지어 보거나 만질 수 없다. 고핫 자손이 이 거룩한 비품들을 덮거나 만지면 죽기 때문에 아론과 그 아들들, 곧 제사장만이 싸고 풀 수 있다. 이렇듯 강력한 행동지침이 내려진 이유는 그들에게 주어진 직무가 제사장의 것과 구별되어 있음을 보여준다. 훗날 다윗 당시 하나님의 궤를 옮기는 과정에서 소가 뛰자 웃사가 손으로 그 궤를 붙들다가 죽임을 당했다(삼하 6:6,7). 만지지 말라 하실 때는 그 어떤 경우에든 그 말씀을 지켜야 한다.

"제사장 아론의 아들 엘르아살이 맡을 것은 등유와 태우는 향과 항상 드리는 소제물과 관유이며 또 장막 전체와 그 중에 있는 모든 것과 성소와 그 모든 기구니라(16절)." 아론의 아들인 제사장 엘르아살은 불이 꺼지지 않도록 기름을 붓고 분향할 향품과 날마다 드리는 소제물과 거룩한 기름과 성막 전체와 그 안에 있는 모든 거룩한 기구들을 맡아 관리한다. 이것은 엘르아살이 이다말(Ithamar)보다 더 중요한 책임을 맡았음을 보여준다. 이것은 훗날 사독계열로 알려진 엘르아살의 후손 제사장들이 이다말 계열의 제사장들보다 우월한 위치에 있음을 말해준다(대상 24:3,6).

"여호와께서 또 모세와 아론에게 말씀하여 이르시되 너희는 고핫 족속의 지파를 레위인 중에서 끊어지게 하지 말지니 그들이 지성물에 접근할 때에 그들의 생명을 보존하고 죽지 않게 하기 위하여 이같이 하라 아론과 그의 아들들이 들어가서 각 사람에게 그가 할 일과 그가 멜 것을 지휘하게 할지니라 그들은 잠시라도 들어가서 성소를 보지 말라 그들이 죽으리라(17-20절)."

하나님은 모세에게 다시금 강조하여 말씀하셨다. 세 가지다. 첫째, 모세는 레위인 중에서 고핫 자손이 끊어지지 않도록 하는 책임이 있다. 둘째, 고핫 자손들이 가장 거룩한 물건에 접근할 때 죽지 않도록 아론과 그의 아들들이 그들과 함께 성소에 들어가서 그들이 각자 해야 할 일과 운반할 물건을 지시하도록 한다. 끝으로, 고핫 자손들은 성소에 들어가서 잠시라도 거룩한 물건을 보려고 해서도 안 되고 보아서는 안 된다. 그렇지 않으면 죽게 된다. 고핫 자손들은 회막 안 지성물을 관리하는 일을 부여받았기 때문에 철저히 경외함으로 봉사할 필요가 있었다. 이 사항들은 제사장이 아닌 자가 성물에 접근해서 일어나는 위험에 대해 고핫 자손에게 분명히 주지 시켜야 할 책임이 모세와 아론에게 있음을 말해준다. 지도자는 이 점을 명심하여 한 생명이라도 손실되는 일이 없도록 해야 한다.

2. 게르손 자손에 대한 계수명령과 직무(21-28절)

"여호와께서 또 모세에게 말씀하여 이르시되 게르손 자손도 그 조상의 가문과 종족에 따라 계수하되

삼십 세 이상으로 오십 세까지 회막에서 복무하고 봉사할 모든 자를 계수하라(21-23절)." 게르손 자손 가운데서도 30세부터 50세까지 성막에서 일할 수 있는 남자가 몇 명이나 되는지 가족별로 조사하도록 했다. 복무(service)는 히브리어로 '차바(tsaba)' 로 '군대,' '전쟁 '을 뜻한다. 이 단어는 군대복무를 지칭할 때 사용하는 단어임을 알 수 있다. 우리는 만군의 여호와께 속한 거룩한 군사다.

"게르손 종족의 할 일과 멜 것(carry burdens)은 이러하니 곧 그들이 성막의 휘장들과 회막과 그 덮개와 그 위의 해달의 가죽 덮개와 회막 휘장 문을 메며 뜰의 휘장과 성막과 제단 사방에 있는 뜰의 휘장 문과 그 줄들과 그것에 사용하는 모든 기구를 메며 이 모든 것을 이렇게 맡아 처리할 것이라(24-26절)." 게르손 자손은 대부분 막과 관계되는 일을 맡았다. 그들이 해야 할 일은 성막 휘장, 성막과 그 덮개들, 해달가죽으로 된 제일 윗덮개, 성막 출입구 휘장, 성막과 제단을 둘러 친 포장 뜰의 출입구 막 밧줄, 그리고 이 모든 것에 사용되는 기구를 직접 포장하고 수레로 운반하는 것이다. 게르손 자손이 맡은 것들은 수레 두 대가 필요했다.

"게르손 자손은 그들의 모든 일 곧 멜 것과 처리할 것을 아론과 그의 아들들의 명령대로 할 것이니 너희는 그들이 멜 짐을 그들에게 맡길 것이니라

게르손 자손의 종족들이 회막에서 할 일은 이러하며 그들의 직무는 제사장 아론의 아들 이다말이 감독할지니라(27, 28절)." 게르손 자손은 이 모든 일을 함에 있어서 아론과 그의 아들들의 지시에 따라야 한다. 모세와 아론은 그들이 운반할 물건을 하나하나 지정해 준다. 이상은 게르손 자손들이 성막에서 해야 할 일이다. 그들은 아론의 아들이자 제사장인 이다말의 감독을 직접 받도록 했다.

3. 므라리 자손에 대한 계수명령과 직무(29-33절)

"너는 므라리 자손도 그 조상의 가문과 종족에 따라 계수하되 삼십 세부터 오십 세까지 회막에서 복무하고 봉사할 모든 자를 계수하라(29, 30절)." 므라리 자손가운데서 30세부터 50세까지 성막에서 일할 수 있는 남자가 몇 명이나 되는지 가족별로 조사한다.

"그들이 직무를 따라 회막에서 할 모든 일 곧 그 멜 것(perform service)은 이러하니 곧 장막의 널판들과 그 띠들과 그 기둥들과 그 받침들과 뜰 둘레의 기둥들과 그 받침들과 그 말뚝들과 그 줄들과 그 모든 기구들과 그것에 쓰는 모든 것이라 너희는 그들이 맡아 멜 모든 기구의 품목을 지정하라 이는 제사장 아론의 아들 이다말의 수하에 있을 므라리 자손의 종족들이 그 모든 직무대로 회막에서 행할 일이니라(31-33절)."

므라리 자손은 장막의 틀(뼈대), 곧 널판, 띠, 기둥, 받침 등을 운반하는 일을 맡았다. 그들이 해야 할 일은 성막 널빤지, 가로대, 기둥과 그 받침들, 성막 뜰 기둥과 그 받침, 말뚝과 줄, 그리고 이 모든 것에 사용되는 기구를 수레로 운반하는 것이었다. 게르손 자손과 마찬가지로 짐을 운반하는 데 수레를 사용하는 것이 허용되었다(민 7:8). 므라리 자손이 맡은 것들을 다루기 위해서는 네 대의 수레가 필요했다. "너희는 그들에게 각자 운반할 물건을 지정해 주라" 했는데, 므라리 자손이 맡은 것들은 작고 그 수가 많아 잃어버리지 않도록 각 사람이 운반할 품목을 지정해줄 필요가 있었다. 또한 므라리 자손들이 옮겨야 할 기구들은 회막 안에서도 무거운 것들이어서 므라리 자손들이 각자 손쉬운 것만을 고르려는 성향을 미리 방지하고 각자의 능력에 맞추어 가장 알맞은 일을 맡기려는 의도도 담겨 있다.

이상은 므라리 자손이 성막에서 해야 할 일들로 제사장 이다말의 감독을 받도록 했다. 게르손 자손과 므라리 자손은 모두 이다말의 지도를 받았다. 이다말은 성막을 세울 때 재료의 물목을 조사하는 임무를 맡았었다(출 38:21).

4. 인구조사 결과(34-49절)

"모세와 아론과 회중의 지도자들이 고핫 자손들을 그 종족과 조상의 가문에 따라 계수하니 삼십 세부터 오십 세까지 회막에서 복무하고 봉사할 모든 자 곧 그 종족대로 계수된 자가 이천칠백오십 명이니 이는 모세와 아론이 여호와께서 모세에게 명령하신 대로 회막에서 종사하는 고핫인의 모든 종족 중 계수된 자이니라(34-37절)." 모세와 아론과 다른 지도자들은 여호와의 명령에 따라 고핫 자손과 게르손 자손과 므라리 자손 가운데 30세부터 50세까지 성막에서 일할 수 있는 남자들을 각 집안과 가족 단위로 조사했다. 조사에 따르면 고핫 자손 가운데 2,750명이 일할 수 있었다. 고핫 자손의 남자는 8,600명이었지만(민 3:28) 정작 실제 회막 봉사에 참가할 수 있는 수는 훨씬 적었다.

"게르손 자손 중 그 종족과 조상의 가문을 따라 계수된 자는 삼십 세부터 오십 세까지 회막 봉사에 참여하여 일할 만한 모든 자라 그 종족과 조상의 가문을 따라 계수된 자는 이천육백삼십 명이니 이는 모세와 아론이 여호와의 명령대로 회막에서 종사하는 게르손 자손의 모든 종족 중 계수된 자니라(38-41절)." 게르손 자손 가운데 해당되는 수는 2,630명이었다.

“므라리 자손의 종족 중 그 종족과 조상의 가문을 따라 계수된 자는 삼십 세부터 오십 세까지 회막에서 복무하고 봉사할 모든 자라 그 종족을 따라 계수된 자는 삼천이백 명이니 이는 모세와 아론이 여호와께서 모세에게 명령하신 대로 므라리 자손들의 종족 중 계수된 자니라(42-45절).” 그리고 므라리 자손 가운데는 3,200명이 계수되었다.

“모세와 아론과 이스라엘 지휘관들이 레위인을 그 종족과 조상의 가문에 따라 다 계수하니 삼십 세부터 오십 세까지 회막 봉사와 메는 일에 참여하여 일할 만한 모든 자 곧 그 계수된 자는 팔천오백팔십 명이라 그들이 할 일과 짐을 메는 일을 따라 모세에게 계수되었으되 여호와께서 모세에게 명령하신 대로 그들이 계수되었더라(46-49절).” 고핫 자손과 게르손 자손과 므라리 자손가운데 회막 봉사와 운반하는 일에 참여할 수 있는 인원은 모두 8,580명이었다. 어떻게 이렇게 많은 수가 회막 봉사에 참여할 수 있는가 의문이 들 수 있다. 본문에서는 무엇보다 회막 옮기는 일에 대해서 언급하고 있지만 사실 이들 모두가 회막 봉사에 전념한 것은 아니다. 이스라엘이 한 지역에 머물 때 이스라엘 민족의 종교 활동을 지도했다. 가나안 정복 후 얼마는 정복지에서 하나님을 증거 하는 일을 담당했다.

제5장

진밖에 있을 자와 범죄에 대한 배상, 그리고 의심에 관한 규례

요약

1. 진밖에 있을 자(1-4절)

1) 나병 환자, 유출병 환자, 주검으로 부정하게 된 자

2) 진 밖으로 보내어 진을 더럽히지 말 것

2. 범죄(trespass)에 대한 배상과 제사장의 소유(5-10절)

1) 죄를 범하여 하나님께 패역하거든 죄를 자복하고 죄 값을 갚되 5분의 1을 더하여 본주에게 돌려준다.

2) 받을만한 친족이 없거든 죄 값을 제사장에게 드려 속죄한다.

3. 의심의 법에 관한 규례(11-30절): 여인의 부정에 대한 규례

1) 자기 아내에 대하여 의심(타인과 정교하여 그 몸을 더럽혀 남편에게 범죄 한 사실이 드러나든 안 들어나든, 아내가 더럽히지 않았어도 남편이 아내를 의심)이 생길 때 남편은 아내를 데리고 제사장에게 데려가 보리 가루 에바 10분의 1을 의심의 소제(죄악을 생각하게 하는 소제)로 기름과 유향을 두지 말고 하나님 앞에 세운다.

2) 토기에 성막 바닥의 티끌을 취하여 거룩한 물과 함께 넣고 여인의 머리를 풀게 하고 소제물을 여인의 두 손에 들게 한다. 제사장은 저주되게 할 쓴 물(저주의 말을 두루마리에 써서 그 글자를 쓴 물에 빨아 넣은 것)을 여인으로 마시게 하되 먼저 의심의 소제물을 취하여 하나님 앞에 흔들고 단으로 가 그 중 한 움큼을 기념으로

취하여 단 위에 불사른 후 여인으로 그 물을 마시게 한다.

3) 마신 후 진실로 범죄 했으면 그 저주의 물이 들어가 쓰게 되어 그 배가 부으며 넓적다리(thigh)가 떨어져(rot) 백성 중에 저주거리(curse), 맹세거리(oath)가 된다.

4) 마신 후에도 정결하면 해를 받지 않고(free) 잉태하리라(conceive seed). 여인은 "아멘, 아멘" 하고 물을 마실지니라.

---

1. 진 밖에 있을 자(1-4절)

"여호와께서 모세에게 말씀하여 이르시되 이스라엘 자손에게 명령하여 모든 나병 환자와 유출증이 있는 자와 주검으로 부정하게 된 자를 다 진영 밖으로 내보내되(1-2절)."

하나님께서 나병 환자, 유출병자, 시체를 만져 부정하게 된 자들을 진영 밖으로 내보내도록 하셨다. '부정하다(히브리어로 tame, unclean)' 는 것은 '의례상 불결하다(ceremonially unclean)' 는 것으로, 이스라엘 백성과 함께 성막과 하나님께 드리는 의식에 참여하기에는 적합지 않음을 의미한다. 정결한 제사를 오염시킬 가능성이 크기 때문이다.

부정하다는 것은 구약에서 매우 중요한 의미를 가진다. 부정한 사람들은 하나님 앞에서 부정한 것이고 하나님 앞에 합당치 않게 된다. 그들의 부정이 공동체의 다른 사람들에게 옮겨질 수 있기 때문에 공동체 전체가 위험하게 된다. 더 중요한 것은 하나님은 부정한 곳에 거하실 수 없다는 것이다. 하나님이 함께 하시지 않는다면 이스라엘의 존재목적도 없게 된다.

부정의 대상은 매우 구체적이다. 나병(infectious skin disease)이나 유출(discharge of any kind) 병 환자를 부정하게 본 것은 집단생활을 하는 이스라엘 민족으로 하여금 전염병을 막는데도 도움이 된다. 특히 주검으로 부정하게 된 자의 경우 주검은 창조주 하나님을 뜻하는 완전한 생명에 반대되기 때문에 가장 부정하다. 죽은 동물을 만진 자는 하루 동안 부정하게 되고, 사람의 시체를 만진 자는 일주일 동안 부정하다. 제사장이나 나실인처럼 구별된 사람들은 부모 형제가 죽어도 몸을 더럽혀서는 안 된다. 이 절에서 '주검' 을 시체에 해당하는 단어인 '네베라' 나 '페거' 를 사용하지 않고 생명이나 목숨을 의미하는 '네페쉬(nephesh)' 라는 단어를 사용한 것이 특이하다. 이 단어를 주검에 사용한 경우 육체적 죽음뿐 아니라 영혼의 죽음이라는 의미를 더하게 된다.

"남녀를 막론하고 다 진영 밖으로 내보내어 그들이 진영을 더럽히게 하지 말라 내가 그 진영 가운데에 거하느니라 하시매(3절)." 하나님은 부정하게 된 자들을 진 밖으로(outside the camp) 내보내 하나님이 머물고 있는 진영을 더럽히지 않도록 했다. '내가 그 진영가운데 거하느리라(their camp, where I dwell among them)' 는 말씀은 하나님이 이스라엘 가운데 거하심을 의미한다. 하나님이 이스라엘 진영에 임재해 계시므로 부정한 자는 어느 누구나 진 안에 있을 수 없었다. 이 명령은 하나님께서 자신의 백성이 죄와 부정으로부터 온전히 구별되기를 바라셨음을 알 수 있다. 요한계시록에 보면 하나님이 사람과 함께 새 예루살렘에 거하시므로 어떤 형태의 부정도 용납될 수 없다(계 21:2-3, 27).

"이스라엘 자손이 그같이 행하여 그들을 진영 밖으로 내보냈으니 곧 여호와께서 모세에게 이르신 대로 이스라엘 자손이 행하였더라(4절)." 이스라엘 백성은 여호와께서 모세에게 명령하신 대로 그들을 모두 진영 밖으로 내보냈다. 전적으로 순종했다는 말이다.

2. 범죄에 대한 배상과 제사장의 소유(5-10절)

1) 범죄에 대한 배상(5-7절)

“여호와께서 모세에게 말씀하여 이르시되 이스라엘 자손에게 이르라 남자나 여자나 사람들이 범하는 죄를 범하여 여호와께 거역함으로 죄를 지으면 그 지은 죄를 자복하고 그 죄 값을 온전히 갚되 오분의 일을 더하여 그가 죄를 지었던 그 사람에게 돌려줄 것이요(5-7절).”

하나님은 이스라엘 남자나 여자가 남에게 피해를 입혀 나 여호와에게 신실하지 못하면 그 사람은 죄를 범하였으므로 그 죄를 고백하고 그 피해액에 5분의 1을 더하여 피해자에게 배상하도록 했다.

집단생활을 하는 이스라엘의 경우 남의 물건을 훔치거나 속이는 일이 빈번했다. 여기서 중요한 것은 남에게 피해를 입힌 행위를 하나님께 거역함(패역함), 곧 신실하지 못함(unfaithful or treacherous act)으로 보았다는 점이다. 거역함은 히브리어로 ‘마알(maal)’ 이다. 이것은 어떤 일을 비밀리에, 곧 남 몰래 슬쩍 했음을 의미한다. 이 단어는 하나님에 대한 신앙을 깨뜨린다는 의미로도 해석된다. 하나님께 죄를 범한다는 것은 하나님 몰래 자신의 뜻대로 행한 것이므로 하나님과의 신앙적 관계가 끊어지는 것이라는 것이다. 이것은 간과할 수 없는 부정행위다.

하나님은 나병이나 유출병, 시체를 만진 행위 등 겉으로 드러난 부정으로부터 공동체를 깨끗하게 하는 것뿐 아니라 겉으로 드러나지 않은 부정, 곧 재산을 모으기 위해 양심을 속이고 다른 사람에게 죄를 범한 경우 결코 방심할 수 없음을 보여준다. 남에게 죄를 지은 행위에 대해 철저히 회개해야 할 뿐 아니라 갚아야 한다는 것을 가르쳐 준다.

죄 값을 온전히 갚되 5분의 1일 더하여 갚도록 했다. ‘죄 값’ 에서 ‘죄’는 히브리어로 ‘아삼(asham)’ 으로, 이 단어는 변상될 수 있는 잘못을 가리킬 때 사용된다. 이 부류에 속한 죄는 하나님께 짓는 죄보다는 사람에게 짓는 죄를 말한다. 온전히 갚는다는 것은 반드시 갚아야 한다는 것을 의미하다. 이 죄에 대해서는 완전히 보상을 하되, 보상할 물건 가격에 20%를 더해 갚도록 했다.

2) 제사장의 소유(8-10절)

“만일 죄 값을 받을 만한 친척이 없으면 그 죄 값을 여호와께 드려 제사장에게로 돌릴 것이니 이는 그를 위하여 속죄할 속죄의 숫양과 함께 돌릴 것이니라(8절).”

죄 값(restitution)을 갚고자 했으나 만일 그 피해자가 죽었을 경우 어떻게 해야 할까? 하나님은 배상금을 받을 가까운 친척을 찾아 보상하고, 만일 친척이 없으면 그것은 하나님의 것이므로 그 사람의 죄를 씻을 속죄의 수양과 함께 제사장에게 바치도록 했다. 가까운 친척이 없으면 제사장에게 바치라는 말씀이다.

온전한 죄 값 외에 속죄의 수양을 바치도록 한 것은 제사장에게 수양 한 마리를 더 보내야 한다는 말이다. 이것은 그 사람의 죄를 속죄할 뿐 아니라 그 죄로 인해 하나님의 진노를 당하지 않기 위함이다. 레위기 5:16에서는 속건제의 수양으로 나오는데, 이것은 인간의 도덕적인 범죄에 해당한다. 도적질하거나 속인 경우 20%의 배상금과 함께 반환해 주어야 한다. 속죄제의 경우 배상이 필요 없고 죄의 고백이 요구된다.

“이스라엘 자손이 거제로 제사장에게 가져오는 모든 성물은 그의 것이 될 것이라 각 사람이 구별한 물건은 그의 것이 되나니 누구든지 제사장에게 주는 것은 그의 것이 되느니라(9, 10절).” 이스라엘 백성이 하나님께 드리려고 제사장에게 가져오는 모든 거룩한 예물은 제사장의 것이니 제사장이 갖도록 하라는 말씀이다. 제사장들에게 당연한 보수를 주도록 한 것이다. 이에 관한 규례는 레위기 6장과 7장, 민수기 18장, 신명기 18장에도 언급되어 있다. 거제는 제물을 높이 들어 올렸다고 아래로 내려놓는 형식의 제사로, 하나님께 바쳤다가 다시 제사장이 하나님으로부터 받는다는 의미를 갖고 있다. 이 거제뿐 아니라 첫 열매와 같은 봉헌예물은 집전을 맡은 제사장의 몫이 되었다. 구별한다는 것은 하나님께 바쳤다는 의미다.

3. 의심의 법에 관한 규례(11-30절)

"여호와께서 모세에게 말씀하여 이르시되 이스라엘 자손에게 말하여 그들에게 이르라 만일 어떤 사람의 아내가 탈선하여 남편에게 신의를 저버렸고(unfaithful to him) 한 남자가 그 여자와 동침하였으나 그의 남편의 눈에 숨겨 드러나지 아니하였고 그 여자의 더러워진 일에 증인도 없고 그가 잡히지도 아니하였어도 그 남편이 의심이 생겨 그 아내를 의심하였는데 그의 아내가 더럽혀졌거나 또는 그 남편이 의심이 생겨 그 아내를 의심하였으나 그 아내가 더럽혀지지 아니하였든지(11-14절)"

의심의 법(law of jealousies)은 남편의 의심을 받는 여인에 관한 판결에 관한 규례를 다루고 있다. 부부간의 순결문제로 아내에 대해 의심이 생길 때 처리하는 규정이다. 의심의 법은 질투(jealousy)의 법이라고도 한다. 하나님은 가정의 평화를 위해 인간의 지혜와 능력으로 해결할 수 없는 문제를 밝혀주실 목적으로 이 규례를 정하셨다.

하나님은 이 단락을 통해 개인적이고 감추어진 가정 문제에 구체적으로 접근하신다. 11절에서 30절까지 간음 문제를 언급한 것을 볼 때 성경에서 이를 중하게 다루고 있음을 알 수 있다. 간음으로 혼외 자녀를 갖게 되면 가계와 혈통을 어지럽힐 뿐 아니라 순결을 바탕으로 한 언약을 파괴하는 일이 된다. 하지만 간음은 나병이나 피부병처럼 눈으로 볼 수 있는 것이 아니기 때문에 이를 판단하기 어렵다.

12-14절은 두 가지 가능성을 언급하고 있다. 하나는, 아내가 부정을 저질렀으나 증거가 없고 남편은 의심하는 경우다. 다른 하나는, 아내는 결백한데 남편은 아무 근거 없이 의심하는 경우다. 이런 경우 인간의 지혜로는 확증하기 어렵다. 그러나 아내가 부정하거나 결백하거나 상관없이 남편의 질투심은 가정을 파괴하는 죄를 범하기에 충분하다. 하나님은 이런 상황을 염두에 두시고 이 규례를 주신 것이다.

남편의 의심은 일종의 질투감정(feelings of jealousy)에서 나온 것이다. 아내는 자신의 정절 문제를 솔직하고 담담하게 받아들일 필요가 있다. 단지 의심하는 남편이 입었을 상처를 누그러 트리기 위함이 아니라 진 가운데 임재 해 계시는 하나님 때문이다. 하나님은 가정을 세우실 뿐 아니라 바르게 지켜나가기를 원하신다. 이 규례는 남편이 죄 없는 아내를 무조건 괴롭혀서도 안 되며 부부가 하나님의 판단과 심판을 함께 받아들이도록 하고 있다.

"그의 아내를 데리고 제사장에게로 가서 그를 위하여 보리 가루 십분의 일 에바를 헌물로 드리되 그것에 기름도 붓지 말고 유향도 두지 말라 이는 의심의 소제요 죄악을 기억나게 하는 기억의 소제라(11-15절)." 의심되는 아내를 제사장에게 데려 가는 것은 마지막으로 나타낼 수 있는 자비로운 행위이다. 부정을 의심하면서도 의식을 엄하게 행하는 것은 율법이 간음을 매우 심각하게 보고 있음을 나타낸다. 이것은 단지 질투하는 한 남편의 관심사에 그치는 것이 아니라 이스라엘 공동체에도 악영향을 주기 때문이다.

그 판결 방법으로 우선 소제를 드린다. 소제는 일반적으로 좋은 가루로 드린다. 여기에선 값싼 보리 가루로 드리도록 했는데, 이것은 그 여인이 곤고한 상태에 빠졌다는 것을 의미한다. 이것은 또한 수치를 의미한다. 에바는 약 22리터에 해당하는 용량이다. 10분의 1 에바를 드리되 기름도 붓지 말고 유향도 두지 않도록 했다. 이것은 이 드림이 속죄제임을 보여준다. 기름과 유향은 기쁨과 하나님의 성령을 상징한다(시 45:7, 삼상 10:1). 의심으로 인한 이 제물은 기쁨이 될 수 없다. 의심(질투)의 소제요 죄악을 기억나게 하는 기억의 소제(reminder offering)이기 때문이다.

"제사장은 그 여인을 가까이 오게 하여 여호와 앞에 세우고 토기에 거룩한 물을 담고 성막 바닥의 티끌을 취하여 물에 넣고(16, 17절)." 제사장은 그 여자를 가까이 오게 하여 하나님 앞에 세운다. 토기에 거룩한 물(some holy water)을 담아 거기에 성막 바닥의 티끌(some dust)을 집어넣는다. 거룩한 물은 번제단과 회막 사이에 있는 물두멍, 곧 놋으로 만든 물통에서 떠온 물이다. 티끌은 성소에 임재하신 하나님의 신비한 능력을 상징한다. 티끌을 물에 타는 것은 하나님 앞에서 결백을 주장하는 자의 맹세에 대한 존중을 나타낸다. 여인을 하나님 앞에 세우는 것(have her stand before the LORD)은 이 물이 어떤 마술적 도구나 여인의 긴장을 측정하는 것이 아니라 모든 심판이 하나님으로부터 비롯된다는 것을 말해준다.

"여인을 여호와 앞에 세우고 그의 머리를 풀게 하고 기억나게 하는 소제물 곧 의심의 소제물을 그의 두 손에 두고 제사장은 저주가 되게 할 쓴 물을 자기 손에 들고 여인에게 맹세하게 하여 그에게 이르기를 네가 네 남편을 두고 탈선하여 다른 남자와 동침하여 더럽힌 일이 없으면 저주가 되게 하는 이 쓴 물의 해독을 면하리라(18, 19절)." 의심 받는 아내는 머리를 풀고 소제물을 들고 선다. 머리를 풀게 하는 것은 그녀를 부정하다고 생각하는 상태에 있음을 암시한다. 저주가 되게 할 쓴 물(bitter water)은 맛이 쓰다는 것이 아니라 가혹한 저주를 가져올 가능성이 있는 물이라는 뜻이다.

제사장은 여인이 결백하면 저주가 되게 할 쓴 물을 마셔도 쓰지 않게 될 것을 선언한다. 쓰다는 것은 고통을 일으킨다는 말이다. 물 자체에 해독성이 있는 것은 아니다. 하지만 하나님의 특별한 간섭에 의해 죄 지은 여인에게는 그 효과가 발생된다고 믿는다.

"그러나 네가 네 남편을 두고 탈선하여 몸을 더럽혀서 네 남편 아닌 사람과 동침하였으면 (제사장이 그 여인에게 저주의 맹세를 하게하고 그 여인에게 말할지니라) 여호와께서 네 넓적다리가 마르고 네 배가 부어서 네가 네 백성 중에 저줏거리, 맹셋거리가 되게 하실지라 이 저주가 되게 하는 이 물이 네 창자에 들어가서 네 배를 붓게 하고 네 넓적다리를 마르게 하리라 할 것이요 여인은 아멘 아멘 할지니라(20-22절)."

그러나 여인이 결백하지 못할 경우 이 저주의 물이 들어가서 배가 부어오르고 넓적다리(thigh), 곧 하체가 썩어 문드러질 것이라 선언한다. 넓적다리는 사타구니를 의미한다. 여기서는 여인의 생식기관을 가리킨다. 죄를 범한 그 기관에 바로 벌을 내리셔서 임신능력을 잃게 하신다는 말씀이다. 당시 여인이 자녀를 낳지 못하는 것은 재앙으로 여겼다. 여인은 이에 대해 '그렇게 될 지어다' 라는 의미에서 '아멘' 으로 대답한다.

"제사장이 저주의 말을 두루마리에 써서 그 글자를 그 쓴 물에 빨아 넣고 여인에게 그 저주가 되게 하는 쓴 물을 마시게 할지니 그 저주가 되게 하는 물이 그의 속에 들어가서 쓰리라(23, 24절)."

그리고 제사장이 저주의 말씀을 두루마리에 써서 그 글자를 쓴 물에 빨아 넣는다. 이러한 행동은 상징적인 것으로, 저주를 물에 옮긴다는 것과 하나님 앞에 드리는 맹세는 신중하고 존중된다는 의미를 담고 있다. 그 다음 여인으로 하여금 그 물을 마시게 한다. 가상적인 저주를 받아들이게 하는 것이다. 여인이 그 물을 마신 다음 쓰라린 고통을 느끼게 되면 그 의심이 사실로 인정되고 가상적인 저주는 실제적인 저주가 된다. 그 물이 진실을 밝혀주는 물이 되는 것이다.

"제사장이 먼저 그 여인의 손에서 의심의 소제물을 취하여 그 소제물을 여호와 앞에 흔들고 제단으로 가지고 가서 제사장은 그 소제물 중에서 한 움큼을 취하여 그 여자에게 기억나게 하는 소제물로 제단 위에 불사르고 그 후에 여인에게 그 물을 마시게 할지라(25, 26절)."

그러나 그 물을 먹이기 전에 제사장은 먼저 그 여자가 들고 있는 소제물, 곧 보리 가루 예물을 가져다가 하나님 앞에서 흔든 다음 제단으로 가지고 간다. 그리고 예물 전체를 바쳤다는 뜻으로 그것을 한 움큼 집어 제단에서 태운 후에 그 물을 마시게 한다.

"그 물을 마시게 한 후에 만일 여인이 몸을 더럽혀서 그 남편에게 범죄하였으면 그 저주가 되게 하는 물이 그의 속에 들어가서 쓰게 되어 그의 배가 부으며 그의 넓적다리가 마르리니 그 여인이 그 백성 중에서 저줏거리가 될 것이니라(27절)." 만일 그 여자가 자기 남편을 배신하고 간음하여 더러워졌다면 순결하지 못함으로 인해 그 물이 뱃속에 들어갈 때 쓰라린 고통을 느끼게 될 것이다. 배는 부어오르고 하체는 썩어 문드러질 임신기능을 잃을 것이다. 그리고 그 여자는 사람들로부터 저주의 대상이 될 것이다.

"그러나 여인이 더럽힌 일이 없고 정결하면 해를 받지 않고 임신하리라(28절)." 그 여인이 자신을 더럽히지 않았고 순결한 경우, 죄가 없고 결백한 경우 하나님이 내리시는 어떤 해도 입지 않을 것이고 임신하여 자녀를 낳을 능력을 갖게 된다.

"이는 의심의 법이니 아내가 그의 남편을 두고 탈선하여 더럽힌 때나 또는 그 남편이 의심이 생겨서 자기의 아내를 의심할 때에 여인을 여호와 앞에 두고 제사장이 이 법대로 행할 것이라 남편은 무죄할 것이요 여인은 죄가 있으면 당하리라(29-31절)." 이것은 간음하는 아내와 아내를 의심하는 남편에 대한 규례와 법이다. 제사장은 그 여인을 하나님 앞에 세우고 이 규례를 따라 시행한다. 이런 경우 남편에게는 아무 잘못이 없다. 하지만 아내에게 죄가 있으면 그 죄의 대가를 받아야 한다. 이 규례는 부부간에 결혼의 순결이 얼마나 중요한가를 보여주는 동시에 부부간 순결의 문제, 특히 부정하다고 의심되는 아내에 대해 감정적으로 해결하지 말고 하나님이 제시하신 처리 규정에 따를 것을 가르치고 있다. 하나님께서 가정문제에 있어서 엄한 눈으로 판단하시고 그 종들의 신실함을 요구하신다.

제6장

나실인의 서원과 제사장의 축복

요약

1. **나실인의 서원에 관한 규례(1-21절): 자기 몸을 구별해 특별히 하나님께 드리는 서원의 법**
   1) 자기 몸을 구별한 나실인은 그 기간(구별하는 모든 날 동안) 포도나무 소산(포도주, 독주, 포도주초, 독주초, 포도즙, 생포도, 건포도)은 씨나 껍질이라도 먹지 말 것.
   2) 삭도를 대지 말고 머리털을 길게 자라게 하여 그 기한이 차면 하나님 앞에 수양 하나(번제물), 어린 암양 하나(속죄제물), 수양 하나(화목제물), 무교병 한 광주리, 기름 섞은 고운 가루과자, 기름 바른 무교전병을 제물로 드린 후 그 머리털을 깎고 포도주를 마실 수 있다.
   3) 그 기간 동안 시체(부모 형제 것이라도)를 가까이 하여 더럽히지 말고 누가 갑자기 그 곁에서 죽어 나실인의 머리를 더럽히거든 제7일에 몸을 정결케 하고 머리를 밀것이며 제8일에 산비둘기 둘이나 집비둘기 새끼 둘(하나는 속죄제물, 하나는 번제물)을 제물로 드려 시체로 얻은 죄를 속하고 머리를 성결케 할 것. 그 몸을 구별한 때 그 몸을 더럽혔은즉 지나간 것은 무효이다. 새로이 날을 정하여 몸을 구별하고 1년 된 수양을 가져 속건제를 드릴 것.

2. 제사장의 축복(22-27절): 아론과 그 아들들이 백성에게 축복할 때 쓰는 말

1) 하나님 이름으로 백성에게 축복하면 하나님이 그들에게 복을 주리라.
2) 여호와는 네게 복을 주시고 너를 지키시기를 원하며 여호와는 그 얼굴을 네게 비추사 너를 지키시기를 원하며 여호와는 그 얼굴을 네게 향하여 드사 평강 주시기를 원하노라.

---

1. 나실인의 서원에 관한 규례(1-21절)

"여호와께서 모세에게 말씀하여 이르시되 이스라엘 자손에게 전하여 그들에게 이르라 남자나 여자가 특별한 서원 곧 나실인의 서원을 하고 자기 몸을 구별하여 여호와께 드리려고 하면(1, 2절)."

나실인(Nazarite)의 서원에 관한 규례를 다루고 있다. 나실인은 히브리어의 '나자르(nazar)' 에서 나온 말로 '구별,' '성별,' '헌신' 의 뜻을 가지고 있다. 하나님께 구별하여 헌신한 자란 것이다. 하나님은 하나님의 백성이 성결 된 삶, 곧 구별된 삶을 살기 바라신다. 나실인은 여자도 될 수 있다.

성결 된 삶의 이상적인 형태로 하나님은 나실인의 법을 제시하셨다. 개인은 자원하여 하나님 앞에 성별하겠다는 서원을 하고, 일정 기간 동안 온 몸과 생활 전체로 규정된 법을 지키며 헌신하는 삶을 산다. 삼손, 사무엘, 세례 요한처럼 태어나기도 전에 부모가 자녀를 일생동안 하나님께 바칠 것을 서원한 경우도 있다. 3절 이하는 이와 관련된 여러 행동양식을 제시하고 있다. 나실인의 서원은 개인적인 자기 훈련이 아니라 하나님께 자신의 전부를 드리는 헌신행위다. 서원할 때 남자와 여자의 차이는 민 30:3-16에 나타나 있다. 일시적인 나실인의 서원은 원래 제사장에게 적용되어 평생 지켜져야 하는 규정이었으나 일반인들을 위해 완화된 것으로 보인다.

"포도주와 독주를 멀리하며 포도주로 된 초나 독주로 된 초를 마시지 말며 포도즙도 마시지 말며 생포도나 건포도도 먹지 말지니 자기 몸을 구별하는 모든 날 동안에는 포도나무 소산은 씨나 껍질이라도 먹지 말지며(3, 4절)." 이것은 음식에 관한 규정이다. 나실인은 포도나무 소산과 독주를 댈 수 없다. 포도주를 마시는 것과 취하는 것이 금지되었다. 이것은 완전한 정결과 마음의 자제를 위한 것이다. 포도나무 소산이 금지 된 것은 쾌락을 뜻하기 때문이다. 쾌락 자체가 나쁜 것이 아니라 세상적인 쾌락을 끊고 하나님께 헌신한다는 의미를 가지고 있다. 거룩함을 해칠 수 있는 모든 육체의 향략으로부터 절제한다. 건포도 씨와 껍질 등은 취하게 하는 것은 아니지만 미식가들이 즐기고, 호 3:1에 "이스라엘 자손이 다른 신을 섬기고 건포도 과자를 즐길지라도"라 했는데, 건포도 과자는 감각적인 우상숭배와 사치성 음식을 상징하고 있어 금지 대상이다.

"그 서원을 하고 구별하는 모든 날 동안은 삭도를 절대로 그의 머리에 대지 말 것이라 자기 몸을 구별하여 여호와께 드리는 날이 차기까지 그는 거룩한즉 그의 머리털을 길게 자라게 할 것이며(5절)." 이 구절은 외모에 관한 규정이다. 구별하는 기간은 머리카락을 자르지 않는다. 이에 대해 여러 해석이 있다. 첫째, 유대인들은 머리숱이 많고 머리털이 긴 사람을 육체적인 힘이 강하고 완전하며 왕성한 생명력을 가진 자로 여기는 경향이 있었다. 그러므로 나실인이 머리카락을 길게 자라게 하는 것은 자기의 온 힘을 다해 하나님께 헌신한다는 것을 상징한다는 것이다. 둘째, 나실인이 머리를 기르는 것은 자기의 머리 위에 주장하는 자가 있음을 상징한다는 것이다(고전 11:10). 그러므로 나실인이 머리를 기르는 것은 그가 온전히 하나님께 바친바 되었으므로 자기 위에 계신 하나님의 권위를 인식한다는 표시다. 끝으로, 머리카락을 자르지 않는 것은 몸 전체를 하나님께 드렸고, 그 때문에 머리카락도 거룩해졌기 때문이다. 두 번째와 세 번째 해석에 대한 선호도가 높다.

나실인의 길게 자린 머리카락은 그에게 주신 특별한 선물로 간주되어 서원이 끝날 때 화목제물 밑에 있는 불에 태워 하나님께 돌려드린다. 신약에서 나실인은 세상으로부터 분리되어야 할 하나님의 백성과 성도를 의미하기도 한다(고후 6:17, 벧전 1:13-16).

"자기의 몸을 구별하여 여호와께 드리는 모든 날 동안은 시체를 가까이 하지 말 것이요 그의 부모 형제자매가 죽은 때에라도 그로 말미암아 몸을 더럽히지 말 것이니 이는 자기의 몸을 구별하여 하나님께 드리는 표가 그의 머리에 있음이라 자기 부모나 형제자매가 죽었을지라도 몸을 더럽혀서는 안 된다(6, 7, 8절)." 6-8절은 나실인의 이웃관계를 명시하고 있다. 나실인은 그 머리에 하나님께 드리는 표가 있기 때문에 서원 기간 동안 하나님께 거룩하다. 그러므로 그 기간 동안 시체를 가까이 하지 못한다. 자기 부모나 형제자매가 죽었다 해도 몸을 더럽혀서는 안 된다. (제사장들은 가까운 친척이 죽었을 경우 시체를 만질 수 있었지만 대제사장과 나실인에게는 금지되었다.)

"누가 갑자기 그 곁에서 죽어서 스스로 구별한 자의 머리를 더럽히면 그의 몸을 정결하게 하는 날에 머리를 밀것이니 곧 일곱째 날에 밀것이며(9절)." 9-12절은 나실인이 시체를 만지게 된 경우에 해당되는 규례다. 자기는 시체를 만질 의사가 전혀 없는데 어떤 사람이 나실인 곁에서 갑자기 죽어 그 나실인의 머리를 더럽힌 경우가 발생할 수 있다. 의도적인 것이 전혀 아니다. 그렇다 해도 지금까지의 것을 무효 처리한다.

보통 사람이 시체를 만지면 부정하여 진 밖으로 쫓아냈다. 일반 사람이 조금 부정한 경우 물로 씻고 저녁까지 기다린다. 더 심각한 부정의 경우 7일 동안 기다려 속죄제를 드리면 된다. 시체를 만져 부정하게 된 경우는 심각한 부정으로 간주된다. 나실인은 그가 정결하게 되는 날, 곧 7일째 되는 날에 더럽혀진 머리를 깎는다. 머리카락도 오염되어 나중에 화목제물의 불로 태워드릴 때 부정한 것을 드릴 염려가 있으므로 밀어버려야 한다. 머리를 밀고 서원한 기간을 다시 시작해야 한다. 나실인의 경우엔 더 엄하다는 것을 알 수 있다.

"여덟째 날에 산비둘기 두 마리나 집비둘기 새끼 두 마리를 가지고 회막 문에 와서 제사장에게 줄 것이요 제사장은 그 하나를 속죄 제물로, 하나를 번제물로 드려서 그의 시체로 말미암아 얻은 죄를 속하고 또 그는 그 날에 그의 머리를 성결하게 할 것이며(10, 11절)." 그뿐 아니다. 속죄제물과 번제물을 드린다. 즉, 8일째 되는 날 산비둘기 두 마리나 집비둘기 두 마리를 성막 입구에 가지고 가서 제사장에게 준다. 그러면 제사장은 그 중에서 한 마리는 속죄 제물로, 다른 한 마리는 번제물로 드려 시체로 부정하게 된 그를 위해 속죄하고 그의 머리를 정결하게 한다.

"자기 몸을 구별하여 여호와께 드릴 날을 새로 정하고 일 년 된 숫양을 가져다가 속건제물로 드릴 지니라 자기의 몸을 구별한 때에 그의 몸을 더럽혔은즉 지나간 기간은 무효니라(12절)." 나아가 속건제물을 드린다. 속건제는 사람이 범죄하여 하나님과의 언약관계를 방해하는 일이 생겼을 때 그 방해물을 없애기 위해 드리는 것으로, 속죄제와 비슷하다. 하지만 속죄제는 일단 범죄로 인해 끼친 해를 회복할 수 없는 경우에 드리는 것이라면 속건제는 범한 죄를 고칠 수 있는 경우에 드린다는 점에서 차이가 있다.

나실인은 다시 자기 몸을 구별하여 하나님께 바치고 허물을 속하는 속건제물로 일 년 된 수양 한 마리를 바쳐야 한다. 1년 된 수양은 가장 비싸다. 이것은 이 허물을 속하는 데 그만한 값을 치러야 한다는 것을 의미한다. 거룩하게 구별된 그의 몸이 그 서약 기간에 더럽혀졌기 때문에 지금까지 그가 지켜온 날들은 무효처리 된다.

"나실인의 법은 이러하니라 자기의 몸을 구별한 날이 차면 그 사람을 회막 문으로 데리고 갈 것이요

그는 여호와께 헌물을 드리되 번제물로 일 년 된 흠 없는 숫양 한 마리

와 속죄 제물로 일 년 된 흠 없는 어린 암양 한 마리와 화목제물로 흠 없는 숫양 한 마리와 무교병 한 광주리와 고운 가루에 기름 섞은 과자들과 기름 바른 무교전병들과 그 소제물과 전제물을 드릴 것이요(13, 14, 15절)."

13절부터는 나실인의 서약 기간이 끝났을 때의 규정을 다루고 있다. '자기의 몸을 구별한 날이 차면' 은 서약 기간이 끝나는 것을 말한다. 탈무드에 따르면 날수를 정하지 않고 나실인의 서약을 한 경우 보통 그 기간을 30일로 규정하고 있다. 두 번의 기간을 행하는 경우 머리를 자른 후 다시 30일의 서약기간에 들어간다. 그 기간은 사람마다 다르다. 어떤 이는 몇 년을 가기도 하고, 삼손이나 세례 요한처럼 종신 나실인인 경우도 있다.

서원 기간이 끝난 나실인은 주로 번제, 속죄제, 화목제, 소제 등 네 가지 제사를 드린다. 여기서는 번제, 속죄제, 소제를 다루고 있다. 번제가 먼저 소개되고 있지만 실제로는 속죄제를 먼저 드린다.

나실인은 성막 입구로 가서 번제물로 흠 없는 일 년 된 수양 한 마리와 속죄 제물로 흠 없는 일 년 된 암양 한 마리와 화목제물로 흠 없는 수양 한 마리를 하나님께 바쳐야 한다. 번제는 자신의 몸과 영혼을 하나님께 드린다는 의미를 가지고 있다. 나실인으로서 정한 기간에 받은 모든 것이 하나님으로부터 주어진 것이므로 그에게 절대 복종한다는 것이다. 속죄제는 서원하고 구별된 기간 동안, 알지 못하는 중에 지은 죄에 대해 용서를 구하고 그 죄를 깨끗하게 하기 위해 드린다.

그리고 누룩을 넣지 않은 빵(무교병) 한 광주리와 감람기름을 고운 밀가루에 섞어서 만든 과자와 누룩을 넣지 않고 기름만 바른 얇은 과자(무교전병)와 곡식으로 드리는 소제물과 포도주로 드리는 전제물도 함께 바친다. 무교병과 무교전병 등은 주님과 함께 식사를 하며 교제를 나눈다는 것을 시사하기 위한 것이다.

"제사장은 그것들을 여호와 앞에 가져다가 속죄제와 번제를 드리고 화목제물로 숫양에 무교병 한 광주리를 아울러 여호와께 드리고 그 소제와 전제를 드릴 것이요(16, 17절)." 제사장은 이 제물들을 하나님 앞에 가지고 와서 먼저 속죄제물과 번제물을 드린다. 그리고 나서 누룩 넣지 않은 빵 한 광주리와 함께 수양을 화목제물로 드린다. 화목제는 하나님의 은혜로 나실인의 구별된 삶을 무사히 마친 것에 대한 감사의 마음이 담겨 있다. 그 다음 소제와 전제를 드린다.

"자기의 몸을 구별한 나실인은 회막 문에서 자기의 머리털을 밀고 그것을 화목제물 밑에 있는 불에 둘 지며 자기의 몸을 구별한 나실인이 그의 머리털을 민 후에 제사장이 삶은 숫양의 어깨와 광주리 가운데 무교병 하나와 무교전병 하나를 취하여 나실인의 두 손에 두고 여호와 앞에 요제로 흔들 것이며 그것과 흔든 가슴과 받들어 올린 넓적다리는 성물이라 다 제사장에게 돌릴 것이니라 그 후에는 나실인이 포도주를 마실 수 있느니라(18, 19, 20절)."

나실인으로 구별된 기간 동안 깎지 않았던 머리를 깎는다. 깎은 머리털은 성소에서 하나님께 드린다. 즉, 화목제 드릴 때 화목제물이 타고 있는 불에 그 털을 넣어 태워 드린다. 나실인이 머리를 깎고 나면 제사장은 삶은 수양의 앞다리 부분과 누룩을 넣지 않은 무교병과 얇은 무교전병을 하나씩 가져다가 그 나실인의 두 손에 얹었다가, 그것들을 하나님 앞에서 흔들어 요제(wave offering)로 바친다. 흔들어 바친 제물의 가슴과 들어 올려 바친 넓적다리는 성물로 제사장의 몫이 된다. 제사장은 백성의 드리는 제물로 생활하지만 나실인은 제사장에게 제물을 드려야 한다. 이런 절차가 다 끝난 다음 나실인이 포도주를 마셔도 괜찮다.

"이는 곧 서원한 나실인이 자기의 몸을 구별한 일로 말미암아 여호와께 헌물을 드림과 행할 법이며 이외에도 힘이 미치는 대로 하려니와 그가 서원한 대로 자기의 몸을 구별하는 법을 따라 할 것이니라(21절)." 이상은 나실인의 서약 기간이 끝났을 때 나실인이 하나님께 예물을 드리는 규례이다. 이 외에도 그가 드리기로 약속한 것이 있으면 그 약속을 반드시 지켜야 한다.

2. 제사장의 축복(22-27절)

“여호와께서 모세에게 말씀하여 이르시되 아론과 그의 아들들에게 말하여 이르기를 너희는 이스라엘 자손을 위하여 이렇게 축복하여 이르되(22, 23절).” 이 부분은 제사장들이 이스라엘 자손들에게 축복을 베풀 것(bless)을 명한 것이다. 교회에서 목사가 축도를 할 때 주로 고후 13:13을 인용하여 축도를 하지만 때로는 민 6:24-26을 인용하여 축도를 하기도 한다. 제사장의 축복기도는 오직 제사장만의 특권이었고, 그 기능이 그들 직무에서 정점을 이루었다. 축복기도는 하나님께서 자기 백성과 올바른 관계를 유지시키기 위해 제사장들이 축복할 기도형식과 그 내용을 제정하신 것이다.

“여호와는 네게 복을 주시고 너를 지키시기를 원하며 여호와는 그의 얼굴을 네게 비추사 은혜 베푸시기를 원하며 여호와는 그 얼굴을 네게로 향하여 드사 평강 주시기를 원하노라 할지니라 하라(24-26절).”

축복의 내용은 크게 세 가지다. 첫째, 여호와는 네게 복을 주시고 너를 지키시기를 원하신다. 하나님의 보호다. 둘째, 여호와는 그의 얼굴을 네게 비추사 은혜 베푸시기를 원한다. 하나님의 은혜다. 하나님이 자기 백성을 향하여 미소를 지을 때 그들에게는 은혜가 될 것이다. 하나님은 모든 어려움에서 자기 백성을 구원하신다. 그들의 기도에 응답하시고 원수와 질병과 죄에서 그들을 구원하신다. 셋째, 여호와는 그 얼굴을 네게로 향하여 드사 평강 주시기를 원한다. 하나님의 평강이다. 하나님이 얼굴을 든다는 것은 관심을 기울인다는 의미다. 그리고 평강을 주신다. 평강(peace)은 히브리어로 ‘샬롬(shalom)’ 이다. 이 단어는 단순히 전쟁이 없다는 의미를 넘어선다. 완성, 완전, 안전, 건전, 복지, 건강, 평온, 만족, 우정, 부귀, 번영, 구원, 그리고 하나님과 사람 사이의 평화 등의 개념을 포함하는 포괄적인 단어이다. 평강은 하나님이 그의 백성에게 베푸시는, 위로부터 부어주시는 모든 복을 통 털어 일컫는 말이다.

이 축복 기도에서 여호와가 세 번 언급된다. 이를 성부, 성자, 성령 삼위일체를 뜻한다고 주장하는 학자도 있다. 세 번이나 여호와를 반복하는 것은 하나님의 축복과 은혜를 강조하기 위한 것이다.

'복을 주시고 지키시기를, 얼굴을 비추시고 은혜 베푸시기를, 얼굴을 드사 평강 주시기를' 처럼 각 절에서 두 개의 동사가 나온다. 두 번째 동사는 첫 번째 동사의 의미를 확장시키고 있다.

"그들은 이같이 내 이름으로 이스라엘 자손에게 축복할지니 내가 그들에게 복을 주리라(27절)." 하나님은 축복기도를 할 때 '내 이름으로 이스라엘 자손에게 축복하라' 하셨다. 이 말씀은 그들을 축복할 때 성스러운 하나님의 이름을 선포하라는 명령이기도 하다. 제사장들이 이스라엘 자손에게 복을 빌면 하나님이 그들에게 복을 주리라고 약속하셨다. 제사장에 의해 선포된 모든 말씀의 효력을 하나님께서 보장하신다는 말씀이다. 그럼으로써 제사장의 기도가 힘이 있고, 축복을 주는 대리자로서의 역할을 힘 있게 수행하게 된다.

제7장

제단 봉헌식 날 이스라엘 족장들이 드린 예물

요약

1. 족장들이 제단 봉헌식 날 예물로 수레와 소를 드리다(1-9절)

1) 장막을 세우고 그 모든 기구에 기름을 발라 거룩히 구별한 날(봉헌식 날) 각 지파의 우두머리(족장, 지파 지휘관, 감독)이 하나님께 드린 예물은 족장 둘에 수레 하나, 각각 소 하나로 총 6 덮게 있는 수레와 12 소이다.

2) 이를 레위인에 주어 회막 봉사에 쓰게 하되 그 직임대로 게르손 자손에게 수레 2과 소 4, 므라리 자손에게 수레 4과 소 8을 주어 이다말로 감독케 했다. 고핫자손은 그 직임이 어깨로 매는 일이므로 주지 않았다.

2. 제단 봉헌식 예물(10-88절)

1) 하루에 한 족장씩 단에 봉헌예물을 드린다. 장막 세우기를 필한 후 성소 세겔대로 130세겔 중 은반 하나, 70세겔 중 은바리 하나, 이 두 그릇에 소제물로 기름 섞은 고운 가루를 채우고, 10세겔 중 금 숟가락 하나에 향을 채우고, 번제물로 수송아지 1, 수양 1, 일 년 된 어린 수양 1, 속죄 제물로 숫염소 1, 화목제물로 소 2, 수양 5, 수염소 5, 일 년 된 어린 수양 5을 드리다.

2) 1일 유다 지파(족장 나손), 2일 잇사갈 지파(느다엘), 3일 스블론 지파(엘리압), 4일 르우벤 지파(엘리술), 5일 시므온 지파(슬루미

엘), 6일 갓 지파(엘리아삽), 7일 에브라임 지파(엘리사마), 8일 므낫세 지파(가말리엘), 9일 베냐민 지파(아비단), 10일 단 지파(아히에셀), 11일 아셀 지파(바기엘), 12일 납달리 지파(아히라)

3) 족장이 드린 총 봉헌제물: 12 은반, 12 은바리, 12 금 숟가락. 번제물로 12 수송아지, 12 수양, 12 일 년 된 수양. 속죄 제물로 12 수염소. 화목제물로 24 수소, 60 수양, 60 수염소, 60 일 년 된 어린 수양.

3. 속죄소 두 그룹 사이에서 말씀하시는 하나님(89절)

여호와께서 속죄소 위 두 그룹 사이에서 모세에게 말씀하심

---

1. 족장들이 제단 봉헌식 날 예물로 수레와 소를 드리다(1-9절)

"모세가 장막 세우기를 끝내고 그것에 기름을 발라 거룩히 구별하고 또 그 모든 기구와 제단과 그 모든 기물에 기름을 발라 거룩히 구별한 날에 이스라엘 지휘관들 곧 그들의 조상의 가문의 우두머리들이요 그 지파의 지휘관으로서 그 계수함을 받은 자의 감독된 자들이 헌물을 드렸으니(1, 2절)."

출애굽기 40장에서 민수기 6장까지의 내용에 따르면 출애굽 제2년 정월 초하루에 성막을 세우고, 그로부터 한 달 뒤 인구조사가 실시되었다. 모세는 성막을 다 세우고 나서 성막과 모든 기구와 단(altar)과 그 모든 기구(all its utensils)에 기름을 발라 거룩하게 하였다. 제단봉헌을 위한 제사가 드려진 것이다. 그리고 계수함을 받은 자의 감독된 자들, 곧 인구 조사를 맡았던 각 지파의 지도자들이 그날 여호와께 예물을 드렸다. 지휘관(leaders)은 족장(heads of families)을 말한다. 감독자, 우두머리, 지도자, 유력자, 인도자

등 여러 이름으로 불리었다. 한 족속이나 단체의 우두머리를 가리킨다.

"그들이 여호와께 드린 헌물은 덮개 있는 수레 여섯 대와 소 열두 마리이니 지휘관 두 사람에 수레가 하나씩이요 지휘관 한 사람에 소가 한 마리씩이라 그것들을 장막 앞에 드린지라(3절)." 각 지파 지도자들은 지도자 2명에 덮개 있는 수레(covered carts) 1대씩, 지도자 1명에 소 1마리씩 드렸다. 모두 수레 6대와 소 12마리를 가져와 성막 앞에서 여호와께 드렸다.

"여호와께서 모세에게 말씀하여 이르시되 그것을 그들에게서 받아 레위인에게 주어 각기 직임대로 회막 봉사에 쓰게 할지니라(4, 5절)." 그때 하나님은 모세에게 말씀하셨다. "너는 그 예물을 받아 레위인에게 주어 그들이 성막 일을 할 때 각자 필요한 대로 사용하게 하라." '각기 직임대로(as each man's work requires)' 는 성막을 철거하여 운반할 때 각 자손에게 부여된 직무의 규례에 따라 하라는 말이다. 레위인의 직무는 4장에 자세히 언급되어 있다. 고핫 자손은 가장 거룩한 증거궤, 등대, 금단 등을 운반했다. 게르손과 므라리 자손은 무거운 성막 앙장, 가죽 덮개, 기둥들을 옮겨야 했다.

"모세가 수레와 소를 받아 레위인에게 주었으니 곧 게르손 자손들에게는 그들의 직임대로 수레 둘과 소 네 마리를 주었고 므라리 자손들에게는 그들의 직임대로 수레 넷과 소 여덟 마리를 주고 제사장 아론의 아들 이다말에게 감독하게 하였으나 고핫 자손에게는 주지 아니하였으니 그들의 성소의 직임은 그 어깨로 메는 일을 하는 까닭이었더라(6-9절)."

모세는 말씀에 따라 그 수레와 소를 받아 레위인에게 주었다. 성막 앙장과 회막을 운반해야 하는 게르손 자손에게는 수레 2대와 소 4 마리를 주었고, 장막 널판과 기둥 등을 옮겨야 하는 므라리 자손에게는 수레 4대와 소 8마리를 주었다. 그리고 그들 모두 아론의 아들이자 제사장인 이다말의 지시를 받도록 하였다. 그러나 고핫 자손들은 거룩한 물건을 어깨로 메어 운반하는 일을 맡았기 때문에 그들에게는 수레나 소를 주지 않았다.

2. 제단 봉헌식 예물(10-88절)

1) 지파의 지휘관들이 하루 한 사람씩 봉헌물을 드리라(10-11절)

"제단에 기름을 바르던 날에 지휘관들이 제단의 봉헌을 위하여(for its dedication) 헌물을 가져다가 그 헌물을 제단 앞에 드리니라 여호와께서 모세에게 이르시기를 지휘관들은 하루 한 사람씩 제단의 봉헌물을 드릴지니라 하셨더라(10, 11절)." 그 다음 제단에 기름을 바르던 날에 지도자들은 제단 봉헌 예물을 가져왔다. '제단에 기름을 바르던 날' 은 제단을 바친 후 처음으로 하나님께 드리는 제사의식을 말한다. 그때 하나님은 모세를 통해 그들이 매일 한사람씩 자기가 가져온 제단 봉헌 예물을 바치도록 하셨다.

2) 각 지파를 대표해 헌물을 드린 자(12-83절)

"첫째 날에 헌물을 드린 자는 유다 지파 암미나답의 아들 나손이라(12절)."

"둘째 날에는 잇사갈의 지휘관 수알의 아들 느다넬이 헌물을 드렸으니(18절)."

"셋째 날에는 스불론 자손의 지휘관 헬론의 아들 엘리압이 헌물을 드렸으니(24절)."

"넷째 날에는 르우벤 자손의 지휘관 스데울의 아들 엘리술이 헌물을 드렸으니(30절)."

"다섯째 날에는 시므온 자손의 지휘관 수리삿대의 아들 슬루미엘이 헌물을 드렸으니(36절)."

"여섯째 날에는 갓 자손의 지휘관 드우엘의 아들 엘리아삽이 헌물을 드렸으니(42절)."

"일곱째 날에는 에브라임 자손의 지휘관 암미훗의 아들 엘리사마가 헌물을 드렸으니(48절)."

"여덟째 날에는 므낫세 자손의 지휘관 브다술의 아들 가말리엘이 헌물을 드렸으니(54절)."

"아홉째 날에는 베냐민 자손의 지휘관 기드오니의 아들 아비단이 헌물을 드렸으니(60절)."

"열째 날에는 단 자손의 지휘관 암미삿대의 아들 아히에셀이 헌물을 드렸으니(66절)."

"열한째 날에는 아셀 자손의 지휘관 오그란의 아들 바기엘이 헌물을 드렸으니(72절)."

"열두째 날에는 납달리 자손의 지휘관 에난의 아들 아히라가 헌물을 드렸으니(78절)."

첫째 날은 하나님이 단의 봉헌 예물을 바치라고 명령하신 첫 날을 말한다. 단은 날마다 드리는 예배의 중심지다. 하나님의 명령에 따라 각 지파의 족장들이 12일 동안 계속하여 제단 봉헌을 위한 예물과 제물을 바쳤다. 각 지파에 따라 헌물 드린 사람의 이름을 매번 기록하였다. 이것은 하나님께서 자기 앞에서 선한 행위를 한 자들을 기억하신다는 것을 보여준다.

3) 각 지파가 드린 헌물(13-83절)

"그의 헌물은 성소의 세겔로 백삼십 세겔 무게의 은반 하나와 칠십 세겔 무게의 은 바리 하나라 이 두 그릇에는 소제물로 기름 섞은 고운 가루를 채웠고 또 열 세겔 무게의 금 그릇 하나라 그것에는 향을 채웠고 또 번제물로 수송아지 한 마리와 숫양 한 마리와 일 년 된 어린 숫양 한 마리이며 속죄제물로 숫염소 한 마리이며 화목제물로 소 두 마리와 숫양 다섯 마리와 숫염소 다섯 마리와 일 년 된 어린 숫양 다섯 마리라(13-17, 19-23, 25-29, 31-35, 37-41, 43-47, 49-53, 55-59, 61-65, 67-71, 73-77, 79-83절)."

열 두 족장이 드린 예물은 모두 똑 같다. 각 지파나 족장에 따라 빈부의 차이가 있지만 똑 같이 드린 것은 하나님을 예배할 때는 이스라엘의 모든 지파가 동일한 몫을 담당해야 한다는 것을 보여준다. 족장들이 드린 예물은 모두 자원하여 드린 예물이다. 하나님이 그들과 함께 계신다는 증거에 대한 경배와 감사가 담겨 있다. 예물이 같은 데도 불구하고 각 지파마다 같은 말로 열 두 번이나 반복되었다. 이것은 하나님께서 각 지파가 드린 예물들을 개별적으로 기쁘게 받으신다는 것을 보여준다.

족장들은 약 1.5kg 나가는 은반(silver plate, 은쟁반) 1개와 800g 나가는 은 바리(silver sprinkling bowl, 은 대접) 1개, 그리고 약 120g 나가는 금 숟가락(gold dish, 금 그릇)을 드렸다. 은반과 은 바리에는 각각 기름 섞은 고운 가루를 채웠고, 금 숟가락에는 향을 채워 드렸다. 금 숟가락은 숟가락이 아니라 향을 가득 채운 금 받침접시다. 84절엔 금 그릇이라 하였다.

고운 가루와 향은 소제의 주요 요소로, 다른 제물보다 소제물이 먼저 언급되어 있다. 보통 소제물(곡식제물)은 번제물과 함께 드려진다. 소제물은 제사장들의 주요 생활 공급원이 되었다. 소제물을 첫 번째로 언급함으로써 족장들이 제사장들의 사역을 뒷받침한다는 것을 보여준다.

나아가 족장들은 소제와 더불어 역시 모두 동일하게 화목제와 속죄제를 위해 불태울 번제물을 드렸다. 단을 봉헌하는 것은 기쁜 일이지만 제물 드리는 가운데 속죄제물을 드렸다. 훗날 성전을 봉헌할 때는 제사 가운데 속죄제는 들어있지 않다(왕상 8:64). 7장에서는 소제, 번제, 화목제, 속죄제가 드려졌지만 속건제는 빠져있다.

각 지파의 족장들이 모두 동일하게 제단봉헌을 위해 제사에 참여한 것은 율법이 정한 예배의식에 있어서 제단은 예배의 중심이며, 각 지파가 이 제단을 중심으로 모두 똑같이 하나님을 예배하는 일과 성막을 유지시켜 나가는 일, 그리고 율법이 정한 제사장직을 받들어 나갈 책임과 의무가 있음을 일깨워주고 있다. 나아가 이것은 헌신과 하나님을 받드는 일이 하나님의 백성의 삶에서 가장 핵심임을 강조하고 있다.

4) 이스라엘 지휘관이 제단에 드린 봉헌물 (84-88절)

"이는 곧 제단에 기름 바르던 날에 이스라엘 지휘관들이 드린바 제단의 봉헌물이라 은 쟁반이 열둘이요 은 바리가 열둘이요 금 그릇이 열둘이니 은 쟁반은 각각 백삼십 세겔 무게요 은 바리는 각각 칠십 세겔 무게라 성소의 세겔로 모든 기구의 은이 모두 이천사백 세겔이요 또 향을 채운 금 그릇이 열둘이니 성소의 세겔로 각각 열 세겔 무게라 그 그릇의 금이 모두 백이십 세겔이요(84-86절)."

이스라엘 지도자들이 제단 봉헌 때 드린 전체 예물을 다시 언급하고 있다. 약 1.5kg의 은쟁반 12개, 약 800g의 은 대접 12개로 이 두 은그릇(silver dishes)의 전체 중량은 약 27.4kg이다. 향을 가득 담은 120g의 금 접시(gold dish) 12개로, 금의 전체 중량은 약 1.4kg이다.

"또 번제물로 수송아지가 열두 마리요 숫양이 열두 마리요 일 년 된 어린 숫양이 열두 마리요 그 소제물이며 속죄 제물로 숫염소가 열두 마리이며 화목제물로 수소가 스물네 마리요 숫양이 육십 마리요 숫염소가 육십 마리요 일 년 된 어린 숫양이 육십 마리라 이는 제단에 기름 바른 후에 드린바 제단의 봉헌물이었더라(87, 88절)." 그리고 번제물로 수송아지 12마리, 수양 12마리, 일 년 된 어린 수양 12마리, 이것들과 함께 드린 소제물, 속죄 제물로 수염소 12마리, 화목제물로 수소 24마리, 수양 60마리, 수염소 60마리, 일 년 된 어린 수양 60마리였다. 이처럼 84-88절을 통해 제물의 총계를 덧붙인 것은 자원해서 드린 예물을 하나님께서 기뻐 받으신다는 것을 말해준다.

3. 속죄소 두 그룹 사이에서 말씀하시는 하나님(89절)

"모세가 회막에 들어가서 여호와께 말하려 할 때에 증거궤 위 속죄소 위의 두 그룹 사이에서 자기에게 말씀하시는 목소리를 들었으니 여호와께서 그에게 말씀하심이었더라(89절)."

모세가 하나님께 말하려고 성막에 들어갔을 때 그는 하나님께서 법궤 뚜껑인 속죄소 위의 두 그룹 천사 사이에서 자기에게 말씀하시는 소리를 들었다. 속죄소는 언약궤의 뚜껑(atonement cover)으로 두 그룹 사이에 놓여있었다. 대제사장은 속죄일에 언약궤가 들어있는 지성소에 들어가 속죄소 위에 속죄의 피를 뿌림으로, 백성의 죄를 위해 속죄제를 드렸다. 그룹(cherubim)은 하나님의 영광과 존엄과 거룩을 파수하는 일종의 호위 천사다. 성물을 보호하는 역할을 한다. 날개를 펼쳐 하나님의 대좌(臺座)를 형성한다. 하나님은 그룹 사이에서 그 모습을 드러내신다. '말씀하시는 목소리' 에서 '말히다' 는 동사는 '대하하다(spoke with him)' 는 뜻을 갖고 있다. 하나님과 모세 사이의 교통이 있었음을 의미한다.

제8장

등대에 관한 규례와 레위인에 관한 규례

요약

1. 등대에 관한 규례(1-4절)

1) 아론에게 말해 등을 켤 때 7등잔을 등잔대 앞으로 비추게 하라.

2) 아론이 등불을 등잔대 앞으로 비추도록 켰음

3) 이 등잔대는 금을 쳐서 만든 것인데 밑판에서 그 꽃까지 쳐서 만든 것으로 모세가 여호와께서 자기에게 보이신 양식을 따라 이 등잔대를 만들었다.

2. 레위인에 관한 규례(5-26절)

1) 레위인에게 속죄의 물을 뿌리고 전신을 삭도로 밀고 의복을 빨게 하여 정결케 한다.

2) 수송아지 하나를 번제물로, 기름 섞은 고운 가루를 소제물로, 수송아지 하나를 속죄물로 취한다.

3) 이스라엘 자손 온 회중이 그들에게 안수한 후 아론이 레위인을 하나님 앞에 요제로 드린다. 이것은 그들로 하나님을 봉사케 하기 위함이다.

4) 레위인으로 수송아지들의 머리 위에 안수케 하고, 네가(모세) 그 하나는 속죄 제물로, 하나는 번제물로 여호와께 드려 레위인을 속죄하고, 레위인을 아론과 그 아들들 앞에 세워 여호와께 요제로 드린다. 그들을 정결케 하여 요제로 드린 후에 그들이 회막에 들어가

서 봉사할 것이니라.

5) 이스라엘의 초태생 대신 레위인을 취하여 레위인을 이스라엘 자손 중에서 구별한다. 아론과 그 아들들에게 선물로 주어 그들로 회막에 봉사하고 이스라엘 자손을 위하여 속죄케 하여 이스라엘 자손이 성소에 올 때 그들에게 재앙이 없게 한다.
6) 25세부터 회막 봉사하고 50세부터 쉰다. 회막에서 모시는 직무를 지키고(전념하고) 일하지 않는다.

---

1. 등대에 관한 규례(1-4절)

"여호와께서 또 모세에게 말씀하여 이르시되 아론에게 말하여 이르라 등불을 켤 때에는 일곱 등잔(seven lamps)을 등잔대(lampstand) 앞으로 비추게 할지니라 하시매 아론이 그리하여 등불을 등잔대 앞으로 비추도록 켰으니 여호와께서 모세에게 명령하심과 같았더라(1-3절)."

민수기 8장은 7장의 마지막에서 보여주듯 두 그룹 사이에서 모세에게 말씀하신 것이다. 아론은 대제사장으로서 성소 안에 있는 순금 등대에 매일같이 불을 켜는 직무를 수행해야 했다. 등에 불을 켠다는 것은 하나님의 임재, 곧 하나님께서 그의 백성 중에 함께 계신다는 것을 상징한다.

아론은 일곱 등불을 비추되 등잔대 앞으로 빛이 가도록 했다. 등잔대가 진설병이 놓여있는 성소의 전면 공간을 밝히기 위한 것이다. 진설병 상에는 이스라엘 열두 지파를 상징하는 진설병이 놓여 있다. 빛과 불은 하나님의 축복과 생명을 주시는 능력을 상징한다. 그러므로 이것은 이스라엘로 하여금 하나님의 임재 안에서 영원히 축복을 누리며 살도록 한 것이자 하나님의 말씀을 확장하고 적용하며 살 것을 가리킨다.

이 등잔대의 불은 아론과 그 아들들이 관리했다. 등잔대는 항상 불이 타고 있어야 한다. 제사장들은 등대와 제단을 하루에 두 번씩 곧 아침 희생과 저녁 희생 시에 돌아보아야 할 의무가 있다. 다시 말해 번제단에서는 하루에 아침과 저녁으로 제사를 드려야하고, 등잔대의 등불은 두 번씩 점검해야 한다.

"이 등잔대의 제작법은 이러하니 곧 금을 쳐서 만든 것(hammered gold)인데 밑판(its base)에서 그 꽃(its blossom)까지 쳐서 만든 것이라 모세가 여호와께서 자기에게 보이신 양식을 따라 이 등잔대를 만들었더라(4절)." 등잔대는 하나님이 시내 산에서 모세에게 보여준 모양 그대로 만들어졌다. 등잔대는 언약궤와 진설병 상처럼 막대기에 금을 입힌 기구와 달리 금을 망치로 쳐서 만들었다. 순금등대다. 그 모양은 하나의 기둥을 중심으로 일곱 개의 가지가 달린 꽃나무처럼 만들었다. 이것은 생명을 주신 하나님의 능력을 상징한다.

2. 레위인에 관한 규례(5-26절)

이 단락에서는 레위인에 대한 정결의식과 회막 봉사로 제사장을 도와야 하는 그들의 직책에 대해 묘사하고 있다.

1) 레위인을 데려다가 정결하게 하라(5-13절)

"여호와께서 모세에게 말씀하여 이르시되 이스라엘 자손 중에서 레위인을 데려다가 정결하게 하라(5, 6절)." 하나님은 레위인이 그 맡은 직책을 수행하기에 앞서 정결의식을 행하도록 했다. 이것은 그들에게 성스러운 직무를 맡겨 구별하려는 하나님의 의도를 담고 있다.

“너는 이같이 하여 그들을 정결하게 하되 곧 속죄의 물을 그들에게 뿌리고 그들에게 그들의 전신을 삭도로 밀게 하고 그 의복을 빨게 하여 몸을 정결하게 하고(7절).”

정결의식의 처음 부분은 외적인, 곧 의식적인 정결(ceremonially clean)이다. 먼저 정결하게 하는 물을 그들에게 뿌린 다음 온 몸을 삭도로 밀게 하고 그들의 옷을 깨끗이 빨게 한다. 속죄의 물(water of cleansing)은 문자적으로 죄를 벗기는 물로, 죄를 깨끗이 씻어주는 물이다. 이것은 제사장들이 제사를 드리기 위해 회막에 들어가기 전 자신의 죄, 예를 들어 시신을 만져 부정하게 된 것 등, 이를 정결하기 위해 성소에 마련된 놋그릇에서 물을 떠 씻는 것을 말한다. 일반 대중을 대상으로 할 때는 물을 뿌리는 정도이지만 특정 개인의 정결의식의 경우 매우 엄격하게 시행했다. 전신을 삭도로 미는 것(shave their whole bodies)은 피부 질병에서 나은 자들이 정결의식을 하는 것처럼 머리를 자르는 것을 말한다. 이것은 정결케 하는 일의 완전함을 의미한다. 의복을 빠는 것(wash their clothes)은 예배 준비를 위해 필요하다. 하지만 제사장들은 옷이 따로 있기 때문에 제사장을 성결할 때는 생략된다.

“또 그들에게 수송아지 한 마리를 번제물로, 기름 섞은 고운 가루를 그 소제물로 가져오게 하고 그 외에 너는 또 수송아지 한 마리를 속죄 제물로 가져오고(8절).”

번제(burnt offering)는 헌신을 위한 것이고, 소제(grain offering)는 수고의 열매로서 노력을 바치기 위한 것이며, 속죄제(sin offering)는 죄 사함을 얻기 위한 것이다. 제사장들을 임명할 때는 희생 제사를 드리고, 기름과 피를 바르며, 특별한 제사장 복장을 착용하도록 했지만 레위인들은 단순히 희생제사만을 통하여 자신을 정결케 하는 의식을 하도록 했다. 두 마리의 송아지는 레위인들의 속죄를 위한 희생물로 레위인의 이름으로 바쳤다. 이와 비슷한 경우를 제사장들의 정결의식에서 볼 수 있다. 이 경우 화제로 수양을 바친 것이 다르다.

"레위인을 회막 앞에 나오게 하고 이스라엘 자손의 온 회중을 모으고(9절)." 모든 이스라엘 백성을 모은 다음 레위인을 성막 앞으로 나오게 한다. 레위인을 하나님께 바치는 예식에서 온 회장의 입증이 꼭 필요하다. 레위인은 이스라엘 민족 전체를 위해 거룩한 일에 종사하게 되기 때문이다.

"레위인을 여호와 앞에 나오게 하고 이스라엘 자손이 그들에게 안수하게 한 후에(10절)." 그리고 하나님 앞에 그들을 세우고 이스라엘 자손이 그들에게 안수하게 한다. 여기서 이스라엘 자손은 각 지파를 대표하는 족장과 대표를 말한다. 그들로 안수하게 했다는 것이다. 여기서 안수(lay their hands)는 두 가지 의미가 있다. 하나는, 민족 전체에 지워진 하나님을 섬기는 의무를 레위인에게 이전시키기 위함이다. 다른 하나는 이스라엘의 장자를 대신하여 산 제물로 드려져 하나님을 섬기도록 레위인을 하나님께 드리기 위함이다.

"아론이 이스라엘 자손을 위하여 레위인을 흔들어 바치는 제물로 여호와 앞에 드릴지니 이는 그들에게 여호와께 봉사하게 하기 위함이라(11절)." 레위인을 흔들어 바치는 제물, 곧 요제물로 바친다. 요제(wave offering)는 제물의 다리나 가슴 부분을 흔들어 바치는 제사 또는 제물을 뜻한다. 흔든다는 것은 하나님께 바친다는 뜻이다. 여기선 레위인을 직접 바치는 것이 아니고 대속하는 제물로 대신 바친다는 것을 말한다. 구약에서는 사람을 제물로 바치는 행위를 엄격히 금하고 있다. 따라서 이것은 레위인을 대신한 제물을 잡아 요제로 드리는 것이다.

또한 요제는 제사장이 예물 중에 자기 몫을 치켜들어 흔드는 의식, 곧 예물을 하나님께 드리고 그 예물이 다시 여호와로 인해 제사장에게 돌아온 것을 상징하기 위해 예물을 제단으로 향해 흔드는 것이다. 따라서 여기서는 레위인이 하나님께 속하였으니, 이제 회막 안에서 살아있는 희생제물로서 섬기기 위해 아론에게 붙여졌다는 의미를 담고 있다.

“레위인으로 수송아지들의 머리에 안수하게 하고 네가 그 하나는 속죄 제물로, 하나는 번제물로 여호와께 드려 레위인을 속죄하고(12절).” 레위인은 각자 제물의 머리 위에 안수하고 그 제물을 번제로 드리도록 했다. 이러한 행위는 속죄 제물에 자신을 일치시켜 자신의 부정함과 죄악을 대속하게(make atonement) 함으로써 정결하게 되는 의식이었다. 이로써 레위인은 성막 안에서 거룩한 직임을 수행할 수 있게 된다. 우리는 하나님을 섬기도록 자신을 드릴 수 없다. 그러나 그리스도께서 우리를 위해 자신을 속죄물로 드림으로써 우리가 하나님과 화목하게 하셨고, 하나님께 우리를 드릴 수 있게 하셨다.

“레위인을 아론과 그의 아들들 앞에 세워 여호와께 요제로 드릴지니라(13절).” 요제로 드린다는 것은 하나님께 바친다는 뜻이다. 레위인을 아론과 그의 아들들 앞에 세워 하나님에게 특별한 예물로 바치라는 말씀이다.

2) 레위인을 구별하라(14-19절)

“너는 이같이 이스라엘 자손 중에서 레위인을 구별하라 그리하면 그들이 내게 속할 것이라 네가 그들을 정결하게 하여 요제로 드린 후에 그들이 회막에 들어가서 봉사할 것이니라(14, 15절).” 이스라엘 자손 중에서 레위인을 구별하라(set the Levites apart from the other Israelites)는 것은 단지 이웃과 구별되는 차원을 넘어선다는 말이다. 레위인은 엄숙하게 하나님께 헌신된 삶을 살아야 하기 때문이다. 먼저 그들을 정결하게 하고, 요제로 드린 다음 회막에서 봉사하도록 했다.

“그들은 이스라엘 자손 중에서 내게 온전히 드린바 된 자라 이스라엘 자손 중 모든 초태생 곧 모든 처음 태어난 자 대신 내가 그들을 취하였나니 이스라엘 자손 중에 처음 태어난 것은 사람이든지 짐승이든지 다 내게 속하였음은 내가 애굽 땅에서 모든 처음 태어난 자를 치던 날에 그들을 내게 구별하였음이라 이러므로 내가 이스라엘 자손 중 모든 처음 태어난 자 대신 레위인을 취하였느니라(16-18절)."

하나님께서 레위인을 어떻게 보시는가를 잘 보여주고 있다. 그들은 이스라엘의 모든 백성 가운데서 하나님께 온전히 드려진(given wholly to me) 자, 곧 하나님께 속한 자들이다. 이것은 하나님께서 이스라엘의 모든 장남 대신 그들을 자신의 것으로 삼았기 때문이다. 하나님이 이집트의 첫 태생을 죽이던 때 이스라엘의 첫 태생(firstborn male)을 하나님의 것으로 거룩하게 구별해 놓으시고 죽음을 면하게 했다. 따라서 이스라엘의 모든 장남과 처음 난 짐승은 다 하나님의 것이다. 하나님은 이스라엘의 모든 장남 대신 레위인을 자신의 것으로 삼으셨다.

"내가 이스라엘 자손 중에서 레위인을 취하여 그들을 아론과 그의 아들들에게 주어 그들로 회막에서 이스라엘 자손을 대신하여 봉사하게 하며 또 이스라엘 자손을 위하여 속죄하게 하였나니 이는 이스라엘 자손이 성소에 가까이 할 때에 그들 중에 재앙이 없게 하려 하였음이니라(19절)."

11절을 보면 아론은 레위인을 하나님께 요제로 드렸다. 그런데 19절에선 하나님께서 레위인을 다시 아론에게 되돌려주셨다. 아론과 그 아들들의 지도를 받게 하신 것이다. 따라서 레위인은 제사장을 도와 성막에서 봉사할 수 있게 되었다. 레위인으로 하여금 이스라엘 자손을 위해 속죄하게 하였다는 말은 제사장들만이 드릴 수 있는 속죄 제사를 그들이 집전했다는 말이 아니다. 아론과 그 아들들 앞에서 회막 봉사를 함으로써 이스라엘 속죄에 기여했다는 것이다. 또한 이스라엘 자손이 성소에 가까이 할 때에 그들 중에 재앙(plague)이 없게 하려 하였다 했다. 이것은 레위인들이 성막 주변에 진을 치며 산 것을 말한다. 이것은 성소에 접근할 자격이 없는 자가 접근함으로써 입게 될 하나님의 진노를 사전에 방지하기 위한 것임을 말해주고 있다.

3) 레위인에게 정결의식을 행하고 구별하다(20-22절)

"모세와 아론과 이스라엘 자손의 온 회중이 여호와께서 레위인에 대하여 모세에게 명령하신 것을 다 따라 레위인에게 행하였으되 곧 이스라엘 자손이 그와 같이 그들에게 행하였더라(20절)."

하나님이 레위인에 대해 말씀하신 규례를 모두 시행했다. 그들이 행한 것은 스스로 정결하게 한 것, 옷을 빤 것, 아론이 그들을 요제로 드린 것, 그리고 아론이 그들을 속죄하여 정결케 한 것을 들 수 있다. 이 내용은 21절에도 나와 있다.

"레위인이 이에 죄에서 스스로 깨끗하게 하고 그들의 옷을 빨매 아론이 그들을 여호와 앞에 요제로 드리고 그가 또 그들을 위하여 속죄하여 정결하게 한(21절)." 레위 사람은 죄를 벗어 자신들을 정결하게 하고(purify them), 옷을 빨아 입었다. 아론은 그들을 주님 앞에 흔들어 바치는 제물로 바쳤고, 그들의 죄를 속하여 그들을 정결하게 하였다. '죄에서 스스로 깨끗하게 하고(purified themselves)'는 '스스로 죄 없이 하고'라는 뜻이다. '정결하게 하다'는 것은 문자적으로 '죄를 없앤다.'는 뜻을 가지고 있다. 깨끗함과 정결함으로 주 앞에 나오고, 또한 온전히 바쳐져야 한다.

"후에 레위인이 회막에 들어가서 아론과 그의 아들들 앞에서 봉사하니라 여호와께서 레위인의 일에 대하여 모세에게 명령하게 하신 것을 따라 그와 같이 그들에게 행하였더라(22절)." 그렇게 하고 나서야 비로소 레위인은 아론과 그의 아들들이 보는 데에 나서서 그들이 맡은 회막 일을 할 수 있었다. 레위인들은 하나님께서 모세에게 명령하신 대로 실행했다.

4) 레위인 정년에 관한 규례(23-26절)

"여호와께서 또 모세에게 말씀하여 이르시되 레위인은 이같이 할지니 곧 이십오 세 이상으로는 회막에 들어가서 복무하고 봉사할 것이요 오십 세부터는 그 일을 쉬어 봉사하지 아니할 것이나(23-25절)." 이 절에서는 레위인의 회막 봉사기간이 25-50세로 한정되어 있다. 그러나 민수기 4장 3절에는 30-50세로 되어 있다. 이에 대해 4장 3절을 필사할 때 25세를 30세로 잘못 기록했다는 주장이 있다. 그래선지 70인 역에서는 25세로 고쳤다. 하지만 25세에서 30세까지를 수습기간으로 보고 30세 이후에 정식으로 회막 봉사에 임했다는 주장도 강하다. 성막을 세웠을 땐 성막 봉사는 비교적 가벼운 일이라 25세부터 가능하다. 하지만 성막을 운반하기 위해서는 장정의 힘이 필요했기 때문에 30세 이상이 담당했을 것으로 본다. 50세부터는 회막 일을 하지 않는다. 은퇴다.

다윗 시대에는 25세를 20세로 낮췄다. 다윗은 시온 산에 성소를 세우고 레위 사람이 다시는 성막과 기구를 멜 것이 없다며(대상 22:26) 20세 이상의 남자로 하여금 성소에서 봉사하도록 했다. 성소의 위치가 정해져있어 더 이상 성물을 옮길 필요가 없기 때문에 30세 이상의 장정이 아니더라도 성전 봉사를 할 수 있다고 본 것이다.

"그의 형제와 함께 회막에서 돕는 직무를 지킬 것이요 일하지 아니할 것이라 너는 레위인의 직무에 대하여 이같이 할지니라(26절)." 레위인은 50세까지 성막을 철거하고 운반하고 세우는 일, 곧 성막 봉사의 의무를 지켜야 한다. 하지만 50이 되면 은퇴한다. 그 후부터 성막의 기구를 지키고 관리하는 등 무리 하지 않는 선에서 다른 레위인의 성막 업무를 도울 수는 있다(may assist). 그러나 그들이 직접 그 일을 수행해서는 안 된다(must not do the work). 이것이 레위인에 관한 직무규례다.

제9장

유월절에 관한 규례와 구름기둥과 불기둥

요약

1. 시내 산에서 유월절을 지키다: 유월절에 관한 규례(1-14절)

1) 1월 14일 해질 때까지 그 규례대로 지킴
2) 하나님이 시체로 부정한 자, 먼 여행 중에 있는 자도 유월절을 지키도록 하심
3) 유월절을 지키지 않는 자는 하나님께 예물을 드리지 아니했음으로 그 백성 중에서 끊어질 것
4) 타국인이 너희 중에 우거하여 유월절을 지키고자 하면 동일한 율례로 할 것

2. 구름기둥과 불기둥(15-23절)

1) 성막을 세운 날 구름이 성막 곧 증거막을 덮었고(낮, 구름기둥) 저녁이 되면 불 모양이 아타나 아침까지 있었음(밤, 불기둥)
2) 구름이 성막에서 떠오를 때 진행, 구름이 머무는 곳에 진 쳐(유진).
3) 구름이 장막 위에 오래 머무는 날(이틀, 한 달, 일 년)은 진행치 아니하다가 떠오르면 진행.
4) 구름이 장막 위에 머무는 날이 적어도 하나님의 명령을 좇아 유진하고 진행.

1. 유월절에 관한 규례(1-14절)

"애굽 땅에서 나온 다음 해 첫째 달에 여호와께서 시내 광야에서 모세에게 말씀하여 이르시되 이스라엘 자손에게 유월절을 그 정한 기일에 지키게 하라 그 정한 기일(appointed time) 곧 이 달 열넷째 날 해 질 때에 너희는 그것을 지키되 그 모든 율례와 그 모든 규례대로 지킬지니라(1, 2, 3절)."

이스라엘 백성이 이집트를 떠나온 지 2년째가 되는 해 1월, 그들이 시내 광야에 있을 때다. 하나님께서 모세에게 말씀하셨다. "이스라엘 백성은 매년 1월 14일(유대력) 저녁부터 정해진 모든 규례대로 유월절(Passover)을 지켜야 한다." 유월절을 지킨다는 것은 그 날을 기억하고 기념하는 (celebrate) 것을 말한다. 이집트를 나온 지 '다음 해 첫째 달'이라 한 것을 보아 민수기 1장에 있었던 인구조사보다 먼저 있었던 것으로 보인다. 첫째 달은 아빕(Abib) 월로 봄철이다. 아빕 월을 니산(Nisan) 월이라고도 하는데 이것은 포로시대 이후 바벨론 식으로 바뀌어 부른 것이다. 하나님은 이 때 유월절을 반드시 지키도록 하셨다.

"모세가 이스라엘 자손에게 명령하여 유월절을 지키라 하매 그들이 첫째 달 열넷째 날 해 질 때에 시내 광야에서 유월절을 지켰으되 이스라엘 자손이 여호와께서 모세에게 명령하신 것을 다 따라 행하였더라(4, 5절)." 하나님이 명령에 따라 1월 14일 해거름에 모든 이스라엘 자손이 유월절을 지켰다. 1 '해 질 때(at twilight)'는 문자적으로 '두 저녁 사이'다. 해가 진 후 완전히 어두워지기까지의 중간, 곧 황혼녘을 가리킨다. 그 때부터 규례에 따라 유월절을 지켰다.

유월절은 14일 저녁에 지킨다. 흠 없는 어린 양을 잡는다. 이집트에 있을 때는 그 피를 문설주(문기둥)와 인방(문지방)에 뿌렸다. 하지만 광야에서는 장막 생활을 했기 때문에 유월절 양의 피를 문설주와 인방에 뿌릴 수 없어 단에 뿌린 것으로 본다(레 17:3-6). 누룩이 없는 떡과 쓴 나물을 함께 먹는

다. 허리에는 띠를 두르고 발에는 신을 신고 손에는 지팡이를 가지고 급히 먹는다. 아침까지 집에 있어야 하고, 남은 음식은 모두 태워버린다. 유월절 음식은 하룻밤만 먹게 된다.

이 단락에서 말하는 유월절은 출애굽 당시나 그 뒤 계속적으로 지켜진 유월절과는 다르다. 이스라엘이 장막생활을 할 동안에는 출애굽기 12:22에 기록된 명령을 그대로 준행할 수 없었기 때문이다. 유월절은 시내 광야(출 9:1-14)와 가나안 땅(수 5:10-12)에서 지켜졌다.

"그 때에 사람의 시체로 말미암아 부정하게 되어서 유월절을 지킬 수 없는 사람들이 있었는데 그들이 그 날에 모세와 아론 앞에 이르러 그에게 이르되 우리가 사람의 시체로 말미암아 부정하게 되었거니와 우리를 금지하여 이스라엘 자손과 함께 정한 기일에 여호와께 헌물을 드리지 못하게 하심은 어찌함이니이까(6, 7절)." 그들 가운데 어떤 사람들은 시체를 만져 의식상 더러워졌기(ceremonially unclean) 때문에 그 날 밤에 유월절을 지킬 수가 없었다. (레위기 10:4-5를 볼 때 이 사람들은 유월절 기간에 나답과 아비후를 장사한 그들의 사촌 미사엘과 엘사반일 가능성도 있다.) 그들은 모세와 아론에게 가서 따졌다. 자신들이 비록 시체를 만져 부정하게 되기는 했지만 그렇다고 다른 사람들과 함께 정한 때에 여호와께 예물을 드리지 못하게 하는 이유는 무엇이냐는 것이다. 출애굽기 12장에서는 부정하게 된 자가 희생제물을 먹었을 때 당하는 위험에 대해서는 아무런 언급이 없었다. 하지만 레위기 11-15장에서 부정에 대한 모든 규례가 선포되었기 때문에 이런 문제가 일어날 수 있다.

"모세가 그들에게 이르되 기다리라 여호와께서 너희에게 대하여 어떻게 명령하시는지 내가 들으리라 여호와께서 모세에게 말씀하여 이르시되 이스라엘 자손에게 말하여 이르라 너희나 너희 후손 중에 시체로 말미암아 부정하게 되든지 먼 여행 중에 있다 할지라도 다 여호와 앞에 마땅히 유월절을 지키되(8, 9, 10절)." 모세는 그 문제에 대해서 직접 말하기보다 하나님의 지시를 받겠다고 했다. 하나님은 시체를 만져 부정하게 되었거나 여행 중이라 정한 유월절을 지킬 수 없다 할지라도 반드시 따로 유월절을 지키도록 했다. 유연성을 두신 것이다.

"둘째 달 열넷째 날 해 질 때에 그것을 지켜서 어린 양에 무교병과 쓴 나물을 아울러 먹을 것이요 아침까지 그것을 조금도 남겨두지 말며 그 뼈를 하나도 꺾지 말아서 유월절 모든 율례대로 지킬 것이니라(11, 12절)." 따로 지킬 유월절은 원래의 유월절보다 한 달이 늦은 2월 14일(유대력)이다. 후에 유대인들은 이 두 번째 유월절(제2의 유월절)을 '작은 유월절(little passover)'이라 불렀다. 하나님은 이 유연성을 통해 이스라엘이 하나님의 백성으로서의 정체성을 지키도록 하셨다. 이 두 번째 유월절에서도 양고기와 누룩을 넣지 않은 빵과 쓴 나물(bitter herbs)을 함께 먹어야 하고, 그것을 다음 날 아침까지 남겨 두거나 그 어떤 뼈도 꺾어서는(break any of its bones) 안 된다. 유월절 음식에 관한 규례를 그대로 지키도록 한 것이다. 뼈를 꺾지 않도록 한 것은 예수님이 세상 죄를 지고 가는 하나님의 어린 양으로 갈보리 십자가에서 그 뼈가 꺾이지 않으심으로 성취되었다(요 19:36).

"그러나 사람이 정결하기도 하고 여행 중에도 있지 아니하면서 유월절을 지키지 아니하는 자는 그 백성 중에서 끊어지리니 이런 사람은 그 정한 기일에 여호와께 헌물을 드리지 아니하였은즉 그의 죄를 담당할지며(13절)." 하지만 의식상 깨끗하고 여행을 가지 않았음에도 불구하고 유월절을 지키지 않은 경우 이스라엘 백성 가운데서 제거된다(cut off from his people). 정해진 때에 하나님께 예물을 드리지 않았기 때문에 그 죄에 대한 대가를 지불해야 한다.

"만일 타국인이 너희 중에 거류하여 여호와 앞에 유월절을 지키고자 하면 유월절 율례대로 그 규례를 따라서 행할지니 거류민에게나 본토인에게나 그 율례는 동일할 것이니라(14절)." 이스라엘 백성과 함께 사는 외국인(alien living among you)은 유월절을 지키지 않아도 된다. 그러나 그 외국인이 유월절을 지키고 싶어 할 경우 남자는 먼저 할례를 받고 그 후 유월절 규칙을 따라야 한다(출 12:48). 이스라엘 사람이든 외국인이든 유월절 규례는 같다.

2. 구름기둥과 불기둥(15-23절)

"성막을 세운 날에 구름이 성막 곧 증거의 성막을 덮었고 저녁이 되면 성막 위에 불 모양 같은 것이 나타나서 아침까지 이르렀으되 항상 그러하여 낮에는 구름이 그것을 덮었고 밤이면 불 모양이 있었는데(15, 16절)."

이스라엘 백성은 군대로 편성하는 등 내부조직을 다 마쳤다. 이제 약속의 땅으로 갈 준비를 마친 것이다. 유월절도 지켰다. 시내 광야를 떠날 때가 된 것이다. 그러나 그들이 원한다고 아무 때나 떠날 수 있는 것은 아니다. 하나님은 구름기둥과 불기둥으로 그들을 인도하셨고, 나팔을 불어 행진의 순서를 지키도록 했다.

구름기둥과 불기둥에 관한 이 단락은 출애굽기 40:34-38을 확대해 설명한 것이다. 하나님은 낮에 구름을, 밤엔 불을 두드러지게 보이셨다. 여호와의 영광이 구름가운데 나타났다고 했고(출 16:10), 구름이 회막을 덮고 여호와의 영광이 성막에 충만했다고 했다(출 40:34). 구름은 하나님의 현존, 곧 하나님께서 그들 가운데 임재하시고 그들을 인도하고 보호하심을 상징한다. 불 모양, 곧 불기둥은 하나님의 위엄을 상징한다. 성막이 증거막으로 불린 것은 십계명이 기록된 증거판이 지성소 안의 증거궤 속에 있었기 때문이다.

"구름이 성막에서 떠오르는(lifted from above the Tent) 때에는 이스라엘 자손이 곧 행진하였고(set out) 구름이 머무는 곳에(the cloud settled) 이스라엘 자손이 진을 쳤으니(encamped) 이스라엘 자손이 여호와의 명령을 따라 행진하였고 여호와의 명령을 따라 진을 쳤으며 구름이 성막 위에 머무는 동안에는 그들이 진영에 머물렀고(17, 18절).” 여기선 ‘여호와의 명령을 따라’ 는 말이 강조되었다. 하나님은 구름 안에서 이스라엘 백성과 함께 하셨으므로 구름이 떠오르고 머무는 그 자체가 이스라엘의 진행과 유진(留陣)을 명하는 것이었다. 이 구름의 움직임이 이스라엘에게는 하나님의 명령이었다는 것이다.

구름은 항상 성막 위에 머물렀다. 구름기둥이 성막의 일부를 가린 것이 아니라 성막 전체를 뒤덮고 있었다. 이것은 하나님의 영광을 보고 살아남을 사람이 없기 때문에 하나님이 영광을 감추시는 것이다(왕상 8:12). 그러나 행진할 때는 성막을 해체하여 운반했기 때문에 행진할 때는 제일 앞서서 가는 언약궤 위에 높이 떠서 인도하다가 행진을 멈출 때는 언약궤 위에 내려오는 것으로 멈추는 신호를 했다.

구름은 이처럼 광야의 이스라엘 백성을 출발시키고 정지시키는 역할을 했다. 이것은 하나님께서 자기 백성을 이 구름을 통해 약속의 땅으로 인도하시려는 뜻이 담겨 있다. 이스라엘이 진행할 때는 구름이 그들 앞에서 인도했고(출 40:38), 그들 뒤에서 보호하기도 했다(출 14:19). 구름은 이스라엘 백성이 광야에서 방황하던 기간 내내 그들을 떠나지 않았다. 그러나 이스라엘이 요단강을 건너 가나안을 정복한 후 구름이 성막에 머무르고 떠오르는 현상은 나타나지 않은 것으로 보인다.

“구름이 성막 위에 머무는(the cloud remained over the tabernacle) 날이 오랠 때에는 이스라엘 자손이 여호와의 명령을 지켜 행진하지 아니하였으며 혹시 구름이 성막 위에 머무는 날이 적을 때에도 그들이 다만 여호와의 명령을 따라 진영에 머물고 여호와의 명령을 따라 행진하였으며(19, 20절).” 구름기둥이 성막 위에 오랫동안 머물러 있을 때 이스라엘 백성은 그것을 하나님의 명령으로 받고 순종하여 행진하지 않았다. 또 구름이 며칠밖에 머물러 있지 않을 경우에도 하나님의 명령에 따라 머물고 여호와의 명령에 따라 행진하였다. 구름의 머무름과 떠오름에 따라 유진과 출발이 결정되었다는 말이다.

“혹시 구름이 저녁부터 아침까지 있다가 아침에 그 구름이 떠오를 때에는 그들이 행진하였고 구름이 밤낮 있다가 떠오르면 곧 행진하였으며(21절).” 어떤 때는 그 구름이 단 하룻밤만 머물렀다가 이튿날 아침에 다시 떠오르기도 하였다. 그러나 그들은 밤낮을 가리지 않고 그 구름이 떠오르면 언제든지 행진하였다. ‘구름이 밤낮 있다가 떠오르면(whether by day or by night, whenever the cloud lifted)’ 은 ‘밤낮을 가리지 않고 구름이 떠오르면 언제든지’ 또는 ‘밤이든지 낮이든지 구름이 떠오르면 곧’ 이라는 말이다.

“이틀이든지 한 달이든지 일 년이든지 구름이 성막 위에 머물러 있을 동안에는 이스라엘 자손이 진영에 머물고 행진하지 아니하다가 떠오르면 행진하였으니 곧 그들이 여호와의 명령을 따라 진을 치며 여호와의 명령을 따라 행진하고 또 모세를 통하여 이르신 여호와의 명령을 따라 여호와의 직임을 지켰더라(22, 23절).”

이틀이든 한 달이든 일 년이든 그 구름이 성막 위에 머물러 있을 때에는 이스라엘 백성이 진에 머물러 있었지만 그 구름이 떠오르면 행진하였다. ‘일 년(yamim, a year)’ 이라는 말은 문자적으로 ‘욤(yom)’ 의 복수로 ‘날들(days)’ 을 의미한다. 구름이 성막 위에 머물러 있는 기간 멈추고, 떠오르면 진행했음을 강조하고 있다. 이것은 이스라엘 백성이 하나님을 신뢰하고 그를 의지했음을 보여준다. 그들은 이처럼 하나님의 명령에 전적으로 순종하여 진을 치기도 하고 행진도 했다. 이스라엘은 하나님이 모세를 통해 지시하신 말씀에 따랐다.

제10장

은 나팔, 시내 광야 출발, 언약궤를 앞세우고 나아가다

요약

1. 은 나팔 신호에 관한 규례(1-10절)

1) 회중을 소집 진을 진행케 하며 희락의 날, 절기, 월삭에 번제물과 화목제물 위에 불면 하나님이 너희를 기억하리라
2) 두 나팔을 불 때 온 회중이 회막문 앞에 모여 하나님께 나아올 것. 하나만 불 때 천부장된 족장들이 하나님께 나아올 것
3) 일차 울려 불 때 동편 진이 진행, 이차 울려 불 때 남편 진이 진행
4) 아론의 자손인 제사장들이 불 것
5) 울려 불 경우는 진행할 때와 대적을 치러 나갈 때
6) 치러나갈 때 울려 불면 하나님이 이를 기억하고 너희를 대적의 손에서 구원

2. 시내 광야를 출발하다(11-28절)

1) 제2년 2월 10일 구름이 증거막에서 떠오르니 회중이 시내 광야를 출발. 구름이 바란 광야에 머묾.
2) 다음과 같은 순서로 행진
   - 유다 진영 군기에 속한 자: 유다(지휘관, 나손), 잇사갈(느다엘), 스블론(엘리압)
   - 게르손 자손과 므라리 자손이 성막을 메고 발행
   - 르우벤 진영 군기에 속한 자: 르우벤(엘리술), 스므온(슬루미엘),

갓(엘리아삽)

- 고핫 자손은 성물을 메고 진행. 그들이 이르기 전 성막을 세움
- 에브라임 진영 군기에 속한 자: 에브라임(엘리사마), 므낫세(가말리엘), 베냐민(아비단)
- 단 진영 군기에 속한 자: 단(아히에셀), 아셀(바기엘), 납달리(아히라)

3. 모세가 처남 호밥을 설득하다(29-32절)

1) 모세의 장인 미디안 사람 르우엘의 아들 호밥에게 "우리와 동행하자 그리하면 선대하리라 여호와께서 이스라엘에게 복을 내리리라" 함. 그러나 호밥은 "나는 가지 아니하고 내 고향 내 친족에게로 가리라" 함.

2) 모세가 다시 설득함. "당신은 광야에서 어떻게 진 칠 것을 알아 우리의 눈이 되리니 우리와 동행하면 하나님이 우리에게 복을 내리시는 대로 우리도 당신에게 행하리이다."

4. 언약궤를 앞세우고 진 칠 곳을 찾다(33-36절)

1) 여호와의 언약궤가 삼일 길에 앞서 행하며 쉴 곳을 찾음

2) 궤가 떠날 때 모세는 "여호와여 일어나사 주의 대적을 흩으시고 주를 미워하는 자로 주의 앞에서 도망가게 하소서" 라고 하고

3) 궤가 쉴 때 "여호와여 이스라엘 천만인에게로 돌아오소서"라 함

---

1. 은 나팔 신호에 관한 규례(1-10절)

"여호와께서 모세에게 말씀하여 이르시되 은 나팔 둘을 만들되 두들겨 만들어서(trumpets of hammered silver) 그것으로 회중을 소집하며 진영

을 출발하게 할 것이라(1, 2절).”

이제 이스라엘 민족은 하나님의 인도하심에 따라 질서정연하게 나갈 일이 남았다. 그들은 대규모 군대조직과 같다. 그들을 소집하고 행군하기 위해서는 도구가 필요했다. 하나님은 은 나팔 두 개를 만들도록 했다. 은 나팔은 '하초체롯(chatsotsrah, hazozerah)' 으로 수양의 뿔과는 달리 곧게 뻗은 악기와 같았다.

은 나팔은 길게 쭉 뻗은 관에 끝은 넓게 벌어진 모양으로 만들었다. 나팔 둘을 만들도록 한 것은 아론의 자손인 제사장이 불도록 되어 있고, 당시 아론의 아들이 둘밖에 없었기 때문이다. 그러나 여리고성을 함락시킬 때는 양뿔로 7개의 나팔을 만들어 사용했다(수 6:4). 솔로몬 때는 나팔 부는 제사장이 120명이나 있었다.

나팔소리는 하나님의 전능하시고 장엄하신 음성과 말씀을 상징하고 있다.

- 이스라엘이 시내 산에서 율법을 받을 때 천둥과 번개를 동반한 나팔소리와 함께 하나님의 음성이들렸다(출 19:16, 18, 19).
- 히브리인들은 영원한 법령을 선포하는 도구로 사용했다.
- 규례에 따라 전쟁 때에 제사장들이 나팔을 불었다(민 31:6).
- 법궤를 오벧에돔의 집에서 다윗 성으로 가져올 때(대상 15:24).
- 솔로몬이 성전을 봉헌할 때(대하 5:12)
- 스룹바벨이 제2 성전의 기초를 놓았을 때(스 3:10).
- 예루살렘 성벽 봉헌식 때(느 12:35).
- 예수님이 영광 중에 사도 요한에게 말씀하실 때 나팔소리 같은 음성으로 말씀하셨다(계 1:10, 4:1).
- 예수님도 하나님의 나팔소리와 함께 재림하신다(마 24:31). 바울도 그리스도의 재림 시에 울릴
- 마지막 나팔에 대해 언급했다(고전 15:51,52, 살전 4:16).

본 장에서는 나팔에 대한 규례를 제시하고 있다. 나팔은 백성들의 주의를 끌기 위한 것이며 결국 순종하도록 인도하는 것이다. 나팔 소리는 백성들의 귓가에 하나님의 음성의 권위를 나타내는 증거로 항상 남아 있었다.

"나팔 두 개를 불 때에는 온 회중이 회막 문 앞에 모여서 네게로 나아올 것이요 하나만 불 때에는 이스라엘의 천부장 된 지휘관들이 모여서 네게로 나아올 것이며(3, 4절)." '불 때' 는 '타카(taqa)' 로 여운이 남게 길게 부는 것을 의미한다. 나팔 소리 하나하나에는 독특한 의미가 담겨져 있었다. 길게 부는 것은 한곳으로 모이라는 신호이다. 두 나팔을 길게 불면 모든 백성이 성막 입구에 모이라는 신호다. 나팔을 하나만 길게 불면 각 지파의 대표자들만 모이라는 신호다.

"너희가 그것을 크게 불 때에는 동쪽 진영들이 행진할 것이며 두 번째로 크게 불 때에는 남쪽 진영들이 행진할 것이라 떠나려 할 때에는 나팔 소리를 크게 불 것이며(5, 6절)." 여기서 크게 부는 것(blow an alarm)은 '타카 테루아(taqa teruah)' 로 여운이 남지 않게 짧고 날카롭게 부는 것을 말한다. 개역성경에서는 '울려 불 때' 라 했다. 이 때는 행진이나 전투를 준비하라는 신호이다. 나팔을 짧게 불면 동쪽에 진을 친 지파들이 행진한다. 다시 짧게 불면 남쪽에 진을 친 지파들이 행진하도록 한다. 이와 같이 행진 신호는 나팔을 짧게 분다.

"또 회중을 모을 때에도 나팔을 불 것이나 소리를 크게 내지 말며 그 나팔은 아론의 자손인 제사장들이 불지니 이는 너희 대대에 영원한 율례니라(7, 8절)." 소집 신호는 길게 불도록 하라. 나팔은 아론의 자손인 제사장들만 불어야 한다. 이것은 대대로 지켜야 할 규례다. 아론에게는 두 아들밖에 없어 두 나팔만 필요했지만 나중엔 제사장의 수가 늘어나면서 더 많은 나팔이 필요했다. 여호수아와 다윗 시대에는 7명의 제사장이 있었고, 솔로몬 시대에는 120명의 제사장이 있었다.

"또 너희 땅에서 너희가 자기를 압박하는 대적을 치러 나갈 때에는 나팔을 크게 불지니 그리하면 너희 하나님 여호와가 너희를 기억하고 너희를 너희의 대적에게서 구원하시리라(9절)." 약속의 땅에 도착하여 대적하는 원수들과 싸우러 나갈 때에 나팔을 불어라. 그러면 하나님이 이스라엘을 기억하고 구원을 약속하셨다. 치러 나갈 때는 전투 모형으로 크게 울려 분다. 짧고 날카롭게 분다. 이것은 성도들이 하나님께 기도하는 것과 같다. 하나님은 그 나팔(기도) 소리를 기억하고 대적에게서 구원하신다.

"또 너희의 희락의 날과 너희가 정한 절기와 초하루에는 번제물을 드리고 화목제물을 드리며 나팔을 불라 그로 말미암아 너희의 하나님이 너희를 기억하시리라 나는 너희의 하나님 여호와니라(10절). 이 밖에도 하나님은 기쁜 날과 명절과 매월 초하루(the beginnings of months)에 번제물과 화목 제물을 드릴 때에도 나팔을 불도록 했다. 희락의 날(the day of gladness)은 특별히 즐거워 할 날을 의미한다. 초하루는 월삭을 말한다. 매달 초하루는 새달로 특별한 번제와 화목제, 속죄제를 드리며 제물 외에 나팔을 불어야 했다.

큰 절기의 달인 7월 초하루는 나팔절로 이스라엘의 행정이 공식적으로 시작되는 날이다. 이 날에는 일반적인 월삭에 드리는 제물보다 더 많은 제물을 드려 안식하며 지켜야 했다. 제사를 드리며 나팔을 불면 하나님께서 그 소리를 기억하신다 하셨다. 우리가 예배의 나팔을 불면 하나님은 우리의 예배를 기억하신다.

2. 시내 광야 출발과 진행(11-28절)

"둘째 해 둘째 달 스무날에 구름이 증거의 성막에서 떠오르매 이스라엘 자손이 시내 광야에서 출발하여 자기 길을 가더니 바란 광야에 구름이 머무니라(11, 12절)."

이스라엘 백성이 이집트를 떠나온 지 2년째가 되는 해 2월 20일에 구름이 성막에서 떠올랐다. 이스라엘은 시내 광야에서 머문 지 11개월 20일이 되는 날이었다. 구름이 성막에서 떠오른 것은 이제 출발하라는 하나님의 명령이다. 가나안으로 떠날 준비가 다 되었다는 말이다. 얼마나 기다렸던 명령인가. 그들은 그 구름이 바란 광야(the desert of Paran)에 멈출 때까지 구름을 따라 행진해 나왔다. 바란 광야는 시내 반도 동쪽 중심부에 위치한 곳으로 가나안 쪽 끝자락에 있다. 이스라엘이 시내 광야를 출발하여 기브롯 핫다아와와 하세롯을 거쳐(민 11:34, 35) 세 번째로 머문 곳(민 12:16)이다. 이곳은 이스마엘이 머물렀던 곳(창 21:21)이자 이스라엘이 훗날 가나안으로 정탐꾼을 보낸 곳이기도 하다. 그곳에서 하룻길만 더 가면 가나안 땅이다. 하지만 정탐꾼의 보고를 부정적으로 받아들이고 가나안으로 행진하기를 거부함으로써 사막 길을 돌고 돌아 40년 만에 가나안 땅으로 들어갈 수 있었다.

"이와 같이 그들이 여호와께서 모세에게 명령하신 것을 따라 행진하기를 시작하였는데 선두로 유다 자손의 진영의 군기에 속한 자들이 그들의 진영별로 행진하였으니 유다 군대는 암미나답의 아들 나손이 이끌었고 잇사갈 자손 지파의 군대는 수알의 아들 느다넬이 이끌었고 스불론 자손 지파의 군대는 헬론의 아들 엘리압이 이끌었더라(13-16절)."

시내 광야를 떠난 행진은 하나님께서 모세에게 행진 명령을 내린 후 첫 번째 행진이었다. 선두 행렬 에는 유다 지파 진영에 속한 자들이 기를 앞세우고 행진했다. 유다 자손 진영에 속한 지파는 유다 지파, 잇사갈 지파, 그리고 스불론 지파였고, 각 지파의 군대가 순서대로 행진했다. 유다 지파는 나손이, 잇사갈 지파는 느다넬이, 그리고 스불론 지파는 엘리압이 이끌었다. 이것은 이미 민수기 2장에서 확정된 진행 순서에 따른 것이다.

"이에 성막을 걷으매 게르손 자손과 므라리 자손이 성막을 메고 출발하였으며(17절)." 그리고 나서 성막을 걷은 다음 게르손 자손과 므라리 자손이 각각 그들에게 정해진 성막의 부분들을 메고 그 뒤를 따라 출발하였다.

"다음으로 르우벤 진영의 군기에 속한 자들이 그들의 진영별로 출발하였으니 르우벤의 군대는 스데울의 아들 엘리술이 이끌었고 시므온 자손 지파의 군대는 수리삿대의 아들 슬루미엘이 이끌었고 갓 자손 지파의 군대는 드우엘의 아들 엘리아삽이 이끌었더라(18-20절)." 그 다음으로 르우벤 진영의 군기에 속한 세 지파의 군대가 진영의 기를 앞세우고 출발했다. 르우벤 지파의 군대지휘관은 엘리술이었고, 시므온 자손 지파의 군대의 지휘관은 슬루미엘, 그리고 갓 자손 지파의 군대 지휘관은 엘리아삽이었다.

"고핫인은 성물을 메고 행진하였고 그들이 이르기 전에 성막을 세웠으며(21절)." 그 뒤에는 고핫 자손이 성막의 거룩한 기구들을 메고 행진하였다. 이들이 다음 진영에 도착하기 전에 성막이 세워졌다. 다시 말해 게르손 자손과 므라리 자손이 먼저 도착하여 성막을 세워놓으면 고핫 자손이 성물을 들여놓았다. 레위인은 이처럼 다른 지파들 사이에서 행진했다. 따라서 레위인의 자리를 '진의 중앙' 이라 했다(민 2:17).

"다음으로 에브라임 자손 진영의 군기에 속한 자들이 그들의 진영별로 행진하였으니 에브라임 군대는 암미훗의 아들 엘리사마가 이끌었고 므낫세 자손 지파의 군대는 브다술의 아들 가말리엘이 이끌었고 베냐민 자손 지파의 군대는 기드오니의 아들 아비단이 이끌었더라(22-24절)." 그 다음엔 에브라임 지파 진영에 속한 군대들이 기를 앞세우고 행진했다. 에브라임 지파 군대 지휘관은 엘리사마였고, 므낫세 지파 군대는 가말리엘, 그리고 베냐민 지파 군대 지휘관은 아비단이었다.

"다음으로 단 자손 진영의 군기에 속한 자들이 그들의 진영별로 행진하였으니 이 군대는 모든 진영의 마지막 진영이었더라 단 군대는 암미삿대의 아들 아히에셀이 이끌었고 아셀 자손 지파의 군대는 오그란의 아들 바기엘이 이끌었고 납달리 자손 지파의 군대는 에난의 아들 아히라가 이끌었더라(25-27절)." 맨 뒤에는 단 지파 진영에 속한 자들이 기를 앞세우고 행진했다. 단 지파 군대는 아히에셀이 이끌었고, 아셀 지파 군대는 바기엘이, 그리고 납달리 지파 군대는 아히라가 이끌었다.

“이스라엘 자손이 행진할 때에 이와 같이 그들의 군대를 따라 나아갔더라(28절).” 이상은 이스라엘 각 지파가 진영별로 행진한 대열의 순서다.

3. 모세가 처남을 설득하다(29-32절)

“모세가 모세의 장인 미디안 사람 르우엘의 아들 호밥에게 이르되 여호와께서 주마 하신 곳으로 우리가 행진하나니 우리와 동행하자 그리하면 선대하리라 여호와께서 이스라엘에게 복을 내리리라 하셨느니라 호밥이 그에게 이르되 나는 가지 아니하고 내 고향 내 친족에게로 가리라(29, 30절).”

미디안 사람은 아브라함과 그두라의 소생인 미디안의 후손을 말한다. 여기서 르우엘(Reuel)은 미디안 족속의 제사장이자 모세의 장인으로 ‘이드로’ 라 부르기도 한다. 이 절에서는 르우엘을 모세의 장인이라 했고, 호밥(Hobab)은 르우엘의 아들이라 했다. 호밥이 모세의 처남이 된다는 말이다. 일부 학자는 장인과 처남을 지칭하는 히브리어가 모두 ‘호텐(hoten)’ 이라며 호밥을 르우엘과 같이 보기도 한다. 사사기 4:11에는 호밥을 모세의 장인으로 기록하고 있다.

하루는 모세가 이드로의 아들이자 그의 처남인 호밥에게 말했다. “지금 우리는 약속의 땅으로 가고 있으니 처남도 함께 가세나. 우리가 자네를 잘 돌봐 주겠네. 여호와께서는 이스라엘 백성에게 복을 주시겠다고 약속하셨다네.” 하지만 그는 친척들이 있는 고향으로 돌아가야 한다며 거절했다.

“모세가 이르되 청하건대 우리를 떠나지 마소서 당신은 우리가 광야에서 어떻게 진 칠지를 아나니 우리의 눈이 되리이다 우리와 동행하면 여호와께서 우리에게 복을 내리시는 대로 우리도 당신에게 행하리이다(31, 32절).” 그러자 모세는 더 설득했다. “처남은 이 광야 길을 잘 알고 있으니 우리의 좋은 안내자가 될 걸세. 만일 처남이 우리와 함께 가면 여호와께서 우리에게 주시는 모든 좋은 것을 처남도 함께 누리게 될 것이네." 호밥이 그 제안을 받아들였는지 그 여부는 밝히지 않고 있다. 하지만 사사기에 보면 호밥의 후손이 유다 자손과 함께 아랏 남방 황무지에 살게 된 것을 볼 때(삿 1:16) 승낙한 것이 아닌가 생각된다.

4. 언약궤가 앞서 가자(33-36절)

"그들이 여호와의 산에서 떠나 삼 일 길을 갈 때에 여호와의 언약궤가 그 삼 일 길에(in the three days' journey) 앞서 가며 그들의 쉴 곳을 찾았고 그들이 진영을 떠날 때에 낮에는 여호와의 구름이 그 위에 덮였었더라(33, 34절)." 여기서 '여호와의 산'은 시내 산을 말한다. 이스라엘 백성은 시내 산을 떠나 3일 동안 행진하면서 언약궤, 곧 법궤를 앞세우고 진 칠 곳을 찾았다. '언약궤가 앞서갔다(went before them)'는 것은 비록 호밥의 안내가 있었다 해도 이스라엘의 진정한 인도자는 하나님이심을 밝히고 있다. 그들이 행진할 때 낮에는 여호와의 구름이 그들 위에 있었다는 것이 그 사실을 말해준다.

"궤가 떠날 때에는 모세가 말하되 여호와여 일어나사 주의 대적들을 흩으시고 주를 미워하는 자가 주 앞에서 도망하게 하소서 하였고 궤가 쉴 때에는 말하되 여호와여 이스라엘 종족들에게로 돌아오소서 하였더라(35, 36절)."

모세는 법궤가 떠날 때마다 "여호와여, 일어나셔서 주의 원수들을 흩으시고 주를 미워하는 자들이 주 앞에서 도망하게 하소서." 하고 외쳤다.

그리고 법궤가 멈출 때마다 "오! 여호와여, 수백만의 이스라엘 백성에게 돌아오소서."라 하였다. 이것은 법궤가 떠날 때나 멈출 때 종교적 의식이 있었음을 보여준다. 궤가 떠난다는 것은 하나님이 이스라엘의 대적에 맞서 승리한다는 것을 의미하며, 궤가 멈춘다는 것은 하나님께서 자신의 백성을 모으시고 휴식하신다는 것을 의미한다.

모세는 민수기 10장을 승리의 기도로 맺고 있다. 하나님이 이스라엘과 함께 하시고 승리를 가져다주실 것을 확신한 것이다. 이것은 훗날 가나안 정탐꾼의 보고를 듣고 하나님을 거역하는 이스라엘 백성의 모습과 대조를 이룬다.

제11장

만나와 메추라기

요약

1. 다베라에서 하나님을 원망하다(1-3절)

1) 백성이 악한 말로 하나님을 원망. 하나님의 불이 그들 중에 붙어 진 끝을 사르게 함.
2) 모세가 하나님께 기도. 그 불을 끄게 하니 이곳 이름을 다베라함.

2. 만나에 대한 불평(4-9절)

1) 애굽에 있을 때 고기도 먹고 값없이 생선, 오이, 참외, 부추, 파, 마늘을 먹었는데 이제는 정력이 쇠하여지겠구나
2) 만나 외에는 보이는 것이 없도다 울며 탄식

3. 모세의 불평과 70인 장로를 세우게 하신 하나님(10-17절)

1) 모세가 이 모습을 보고 하나님께 불평. "주여 내가 이 백성을 잉태하고 생산하였나이까? 내가 어디서 얻어 고기를 먹게 할 수 있으리. 차라리 나를 죽여 이 곤고함을 보지 않게 하소서. 책임이 심히 중하여 나 혼자 질 수 없나이다."
2) 하나님이 모세로 70인 장로 모아 회막 앞에 서게 하니 모세에게 임한 신이 그들에게 임하여 모세와 함께 백성의 짐을 담당케 하심.

4. 고기를 주워 먹게 하리라(18-23절)

1) 너희에게 일 개월 간 고기를 주워 먹게 하리라 하시는 하나님.
2) 모세는 보행자가 60만 명이온데 양떼와 소떼를 잡은들 족하오며

바다의 고기를 모은들 족하리이까 함.
3) 하나님은 "하나님의 손이 짧으냐 이제 내 말이 네게 응하는 여부를 보리라" 하심

5. 70인 장로에게 신이 임하다(24-30절)

1) 모세가 여호와의 말씀을 백성에게 알리고 백성의 장로 칠십 인을 모아 장막에 둘러 세움
2) 여호와께서 모세에게 임한 영을 칠십 장로에게도 임하게 하심
3) 70인 장로에 녹명된 자 중 엘닷과 메닷이 회막에 나가지 않았는데도 그들에게도 신이 임하여 진에서 예언함. 여호수아가 금하도록 요청했으나 모세는 하나님께서 그 신을 모든 백성에게 주사 다 선지자 되게 하시기를 원하노라 함.

6. 메추라기를 주신 하나님과 그의 진노(31-35절)

1) 바람이 여호와에게서 나와 메추라기를 몰아 진영 사방으로 내리게 하심
2) 백성이 일어나 그 날 종일 종야와 그 이튿날 종일토록 메추라기를 모음
3) 고기가 아직 이 사이에 있어 씹히기 전에 여호와께서 백성을 치심
4) 그 곳 이름을 기브롯 핫다아와라 불렀고, 욕심을 낸 백성을 거기에 장사함

---

1. 다베라에서 하나님을 원망하다(1-3절)

"여호와께서 들으시기에 백성이 악한 말로 원망하매 여호와께서 들으시고 진노하사 여호와의 불을 그들 중에 붙여서 진영 끝을 사르게 하시매(1절)."

민수기 11장은 인간 실패를 적나라하게 보여주고 있다. 성경은 숨기지 않는다. 주님 앞에선 우리 각자의 행적도 감춰지지 않을 것이다. 그것만으로도 앞으로 우리가 어떤 삶을 살아야 하는가를 보여준다.

광야에서의 여정은 결코 쉬운 일이 아니었다. 걷기도 힘들고, 먹을 것도 옛 같지 않다. 불평이 나올 수밖에 없다. 백성들이 어려움(hardships, NIV)에 처하자 고생스럽다고 불평하기 시작했다. 그들만 나무랄 수 없다. 우리라면 아마 더 불평을 했을 것이다. 불평을 해도 도가 지나치면 문제가 커진다. 특히 당시 이스라엘의 불평은 하나님의 계획에 반역하는 여러 사건들의 시작이라는 점에서 의미심장하다.

1절은 백성의 높아진 원망을 소개한다. '여호와의 들으시기에 악한 말로 원망하매.' 하나님마저 참으실 수 없을 정도로 그 말들이 사악했다. 하나님은 그들이 불평하는 소리를 들으시고 분노하셨다. 그리고 그들에게 불을 내려 진영 한쪽 끝(진 언저리)을 태우기 시작하셨다. 불은 하나님의 임재와 심판의 상징이다. 심판의 불이 진영 끝 일부를 불살라 그들을 심판하셨다. 불 심판이다.

"백성이 모세에게 부르짖으므로 모세가 여호와께 기도하니 불이 꺼졌더라 그 곳 이름을 다베라라 불렀으니 이는 여호와의 불이 그들 중에 붙은 까닭이었더라(2, 3절)." 불이 타오르자 다급해진 백성들이 모세를 찾았다. 기도요청을 한 것이다. 전에도 하나님께서 여러 차례 모세의 기도를 들어주셨기 때문이다. 모세가 하나님께 호소하자 하나님은 진노의 불을 접으셨다. 기도는 하나님을 움직인다. 기도는 그만큼 힘이 있다. 그리고 그 곳 이름을 '다베라(Taberah)'로 불렀다. '불타는(burning)' 이라는 뜻을 가지고 있다. 여호와의 불이 그들 가운데 내려졌음을 의미한다. 다베라는 진영 끝 부분(some outskirts of the camp)에 붙여진 이름이다. 일부를 심판하신 것이다. 넓게 보면 기브롯 핫다아와이다(34절).

2. 만나에 대한 불평(4-9절)

“그들 중에 섞여 사는 다른 인종들이 탐욕을 품으매 이스라엘 자손도 다시 울며 이르되 누가 우리에게 고기를 주워 먹게 하랴 우리가 애굽에 있을 때에는 값없이 생선과 오이와 참외와 부추와 파와 마늘들을 먹은 것이 생각나거늘 이제는 우리의 기력이 다하여 이 만나 외에는 보이는 것이 아무 것도 없도다 하니(4-6절).”

다베라 사건을 겪었다면 다시는 원망이나 불평을 하지 않아야 했다. 그런데 4절부터 만나에 대한 불평이 소개된다. 이 사건으로 다시 많은 사람들이 죽게 된다. 사람들은 과오를 반복한다. 여기서 우리가 주목해야 할 것은 원망과 불평이 전염된다는 사실이다.

불만과 불평은 이스라엘 중에 섞여 사는 무리로부터 시작되었다. NIV는 오합지졸(the rabble)로 표현했다. 섞여 사는 무리에 대한 해석은 여러 가지가 있다. 첫째, 출애굽할 때 이스라엘 백성과 함께 섞여 나온 이방인들을 가리킨다. 다른 인종 또는 잡족이라 한다. 출애굽 때 이스라엘 백성과 뜻을 함께 해 나온 사람들이다. 둘째, 혼혈아, 곧 이집트 남자와 이스라엘 여자 사이에 난 자손들이다. 이들은 이집트에서 멸시를 받았던 사람들이다. 셋째, 이스라엘 백성들이 이집트에서 노예로 산 사람들일 수 있다. 이 경우 노예로 살았던 이스라엘 사람들이 노예를 두고 산 셈이다. 출애굽 때 이스라엘 장정 60만이었다. 남녀노소 다 합하면 200만 명이 될 것으로 추산되고, 잡족까지 합하면 300만 명이 될 것으로 추정될 만큼 대 이동이다.

섞여 사는 무리들은 과거 이집트에서 먹었던 좋은 음식들을 들먹이며 먹는 것에 대한 탐욕을 그대로 드러냈다. 4절은 ‘탐욕을 품으매’ 라며 탐욕을 적시하였다. 탐욕은 모든 죄의 근원이다(약 1:15). 바울은 탐심을 우상숭배에 비유하였다(엡 5:5;골 3:5). 특히 그들의 탐욕은 하나님을 향한 열정보다 자기 육신을 향한 욕구가 더 커져서 하나님의 뜻과 의도를 무시하는 계기가 되었다. 하나님이 그들을 위해 다음 것을 준비하고 계시는 데도 자기 욕심을 버리지 못했다. 탐욕은 감사를 마비시킨다. 탐욕이 낳은 재앙, 그리고 그로 인해 장사된 사람들. 그럼에도 불구하고 지금도 그 탐욕은 계속되고 있다. 하나님의 진노를 부르고 있다.

섞여 사는 무리들로부터 시작된 불만은 삽시간에 이스라엘 자손에게 퍼졌다. 불평불만도 전염된다. 오염된 이스라엘 백성이 울며 불평을 쏟아냈다. "고기 좀 먹어 봤으면 좋겠다. 이집트에서는 생선, 오이. 참외. 부추, 파, 마늘을 공짜로 먹을 수 있었지. 지금 입맛마저 떨어졌는데 보이는 것은 만나밖에 없구나." 그들은 이집트에서 먹었던 좋은 음식들을 생각하며 과거를 그리워했다. 하나님이 준비하신 가나안을 열망하기보다 이집트를 떠나온 것을 후회하는 것은 하나님의 진노를 자초하는 일이다.

원망은 한 두 집이 아니었다. 백성의 온 가족들이 각기 장막에서 울었다(10절). 불만과 원망이 얼마나 쉽게 그리고 빠르게 전염되었는가를 알 수 있다. 그들은 종종 "우리 마음이 박한 식물을 싫어하노라"(민 21:5)고 할 만큼 하나님의 은혜를 잊었다. 하나님이 주신 것을 하찮게 여긴 것이다. 하나님이 주신 만나를 경멸한 것은 곧 하나님을 경멸한 것이다.

곤고한 생활은 불평을 낳는다. 이스라엘은 처음부터 행복을 꿈꾸지 않았을 것이다. 광야를 건너야 한다는 것은 당연했기 때문이다. 그러나 시간이 갈수록 그들은 열악한 환경과 싸워야 했다. 그들의 언어도 악해졌다. 악한 말로 원망하다 이미 여호와의 타는 불로 징계를 받았다. 모세가 중재자로 나서서 그 불을 가라 앉혔다. 그런데 지금 더 심각한 반역이 일어난 것이다. 함께 섞여 있는 족속들의 불평은 하나님의 백성들에게도 옮겨 붙었다. 진노의 불길을 경험했음에도 그들의 원망은 가라앉지 않았다. 그만큼 그들의 처한 상황이 심각했다는 말이다.

그 사건은 광야에서만 일어나지 않는다. 우리 속에서도 일어난다. 그리스도인임을 자처하지만 아직도 세상 방식을 따라 신앙공동체를 파괴하는 무리가 있다. 이들 때문에 고난과 시련을 겪기도 한다. 이스라엘이 악한 자들의 충동을 받았던 것처럼 우리도 충동을 받았다 치자. 이스라엘이 잡족의 불평에 전염되듯 우리도 전염되었다는 것으로 우리의 잘못이 덮일까? 아니다. 이스라엘은 충동을 적극적으로 막아야 했다. 하지만 그렇게 하지 못했다. 오히려 동조하고 함께 울었다. 우리는 지금 어떤가. 조금만 불편해도 참지 못한다. 자기 이익이 조금이라도 침해되면 분노한다. 때론 세상 사람들보다 더 세속화되어 있는 자신의 모습을 보며 놀랄 때가 있다. 우리가 만일 그들과 같이 광야생활을 한다면 지금 어떤 악한 말들을 쏟아내고 있을까? 두렵다. 우리가 더 악을 쏟아내고 있는 것은 아닌가.

"만나는 깟씨와 같고 모양은 진주와 같은 것이라 백성이 두루 다니며 그것을 거두어 맷돌에 갈기도 하며 절구에 찧기도 하고 가마에 삶기도 하여 과자를 만들었으니 그 맛이 기름 섞은 과자 맛 같았더라 밤에 이슬이 진영에 내릴 때에 만나도 함께 내렸더라(7-9절)."

만나(manna)는 당시 주식의 일부로, 하나님의 특별한 은혜로 하늘로부터 내려지는 식재료였다. 백성들이 이것을 보고 "이것이 무엇이냐?"고 물은 데서 붙여진 이름이다. 만나는 그 크기가 깟씨와 같다. 깟씨(coriander seed)는 미나리과에 속하는 고수풀의 씨로 흰색을 띤다. 모양은 진주(resin)와 같다. 진주 빛깔을 띠었다는 말이다. 진주는 히브리어로 '브돌라(bedolach)'다. 나무에서 채취한 백색의 향기로운 수지를 말한다. 영어로는 '베델리엄(bdellium)'이다. 백성이 두루 다니면서 만나를 거두어다 맷돌에 갈거나 절구에 찧고, 냄비에 구워 과자를 만들었다. 그 맛은 기름에 반죽하여 만든 과자 맛과 같았다. 밤이 되어 진에 이슬이 내릴 때면, 만나도 그 위에 내리곤 했다. 만나는 이스라엘이 신 광야에 이르렀을 때 처음 주어졌으며 가나안에 이를 때까지(출 16:35), 다른 기록에 의하면 길갈에 이르러 가나안 땅의 열매를 먹게 될 때까지(수 5:12) 계속되었다.

3. 모세의 불평과 70인 장로를 세우게 하신 하나님(10-17절)

"백성의 온 종족들이 각기 자기 장막 문에서 우는 것을 모세가 들으니라 이러므로 여호와의 진노가 심히 크고 모세도 기뻐하지 아니하여(10절)." 모세는, 백성이 각 가족별로, 제각기 자기 장막 어귀에서 우는 소리를 들었다. 하나님은 이 일로 크게 노하셨다. 노하신 하나님으로 인해 모세의 걱정도 커졌다. 하나님의 노가 폭발하면 어떤 결과를 가져올지 예측할 수 없다.

"모세가 여호와께 여짜오되 어찌하여 주께서 종을 괴롭게 하시나이까 어찌하여 내게 주의 목전에서 은혜를 입게 아니하시고 이 모든 백성을 내게 맡기사 내가 그 짐을 지게 하시나이까 이 모든 백성을 내가 배었나이까 내가 그들을 낳았나이까 어찌 주께서 내게 양육하는 아버지가 젖 먹는 아이를 품듯 그들을 품에 품고 주께서 그들의 열조에게 맹세하신 땅으로 가라 하시나이까(11, 12절)."

백성들의 원망이 높아지자 모세는 하나님께 나아갔다. 지금 이스라엘은 육신적 욕망에만 집착하여 출애굽의 진정한 의미를 망각하고 있다. 백성들의 끝없는 원망 소리에 모세도 나약해졌다. "어찌하여 주님께서는 이 종을 이렇게도 괴롭게 하십니까? 어찌하여 저를 주님의 눈 밖에 벗어나게 하시어, 이 모든 백성을 저에게 짊어지우십니까? 이 모든 백성을 제가 배기라도 했습니까? 제가 그들을 낳기라도 했습니까? 어찌하여 주님은 저더러 마치 유모가 젖먹이를 품듯 그들을 품에 품고 조상에게 맹세하신 땅으로 가라 하십니까?" 모세도 힘들다. 모세도 불평하고 있다. 그러나 그의 불평은 백성들의 불평과는 성격이 다르다. 하나님의 전적인 도우심이 없다면 불가능하다는 것을 말하고 있기 때문이다.

"이 모든 백성에게 줄 고기를 내가 어디서 얻으리이까 그들이 나를 향하여 울며 이르되 우리에게 고기를 주워 먹게 하라 하온즉 책임이 심히 중하여 나 혼자는 이 모든 백성을 감당할 수 없나이다 주께서 내게 이같이 행하실진대 구하옵나니 내게 은혜를 베푸사 즉시 나를 죽여 내가 고난당함을 내가 보지 않게 하옵소서(13-15절)."

모세의 호소는 계속된다. "백성은 저를 보고 울면서 '우리가 먹을 수 있는 고기를 달라!' 하고 외치는데, 이 모든 백성에게 줄 고기를, 제가 어디서 구할 수 있습니까? 저 혼자서는 도저히 이 모든 백성을 짊어질 수 없습니다. 저에게는 너무 무겁습니다. 주님께서 저에게 정말로 이렇게 하셔야 하겠다면, 그리고 제가 주님의 눈 밖에 나지 않았다면, 제발 저를 죽이셔서, 제가 이 곤경을 당하지 않게 해주십시오." 즉시 자신을 죽여 달라는 모세, 백성들에게 얼마나 시달렸으면 이런 말을 했을까 싶다. 그렇다고 그가 이스라엘을 돌보는 일을 그만 두겠다는 것은 결코 아니다. 혼자서는 감당할 수 없다는 것이다. 연약한 인간은 이 일을 해결할 수 없지만 그 모든 것을 해결해주실 하나님의 능력을 갈망한 것이다.

"여호와께서 모세에게 이르시되 이스라엘 노인 중에 네가 알기로 백성의 장로와 지도자가 될 만 한 자 칠십 명을 모아 내게 데리고 와 회막에 이르러 거기서 너와 함께 서게 하라 내가 강림하여 거기서 너와 말하고 네게 임한 영을 그들에게도 임하게 하리니 그들이 너와 함께 백성의 짐을 담당하고 너 혼자 담당하지 아니하리라(16, 17절)."

하나님은 모세에게 응답하셨다. 이미 백성들 사이에 존재하던 장로들 중 70인을 세워 도움을 받게 하겠다는 것이다. 하나님은 그들을 데리고 회막으로 와서 그들과 함께 서도록 하셨다. 그리고 놀라운 선언을 하셨다. "내가 강림하여 거기서 너와 말하고 네게 임한 신을 그들에게도 임하게 하리니 그들이 너와 함께 백성의 짐을 담당하고 너 혼자 지지 아니하리라." 하나님은 그들에게 최고의 선물인 성령을 부어줄 것이라 약속하신 것이다. 이것은 모세가 가지고 있는 영의 은사를 그들에게도 내리시겠다는 것이다. 험난한 인생길을 이길 수 있는 것은 성령님과 함께 할 때 가능하기 때문이다. 이제 모세는 혼자서 애쓰지 않아도 된다.

4. 고기를 주워 먹게 하리라(18-23절)

"또 백성에게 이르기를 너희의 몸을 거룩히 하여 내일 고기 먹기를 기다리라 너희가 울며 이르기를 누가 우리에게 고기를 주워 먹게 하랴 애굽에 있을 때가 우리에게 좋았다 하는 말이 여호와께 들렸으므로 여호와께서 너희에게 고기를 주워 먹게 하실 것이라(18절)."

하나님은 백성에게 이렇게 말하도록 했다. "내일 너희가 고기를 먹게 될 것이다. 너희는 먼저 스스로를 거룩하게 하여라." 메추라기를 주시는 이적을 통해 하나님의 영광을 나타내실 것이므로 이스라엘 백성 모두 몸을 정결하게 하라는 말씀이다. 하나님의 백성은 그의 임재에 거룩함으로 준비해야 한다. 나아가 하나님은 이스라엘이 울며 불평한 말을 들었다고도 했다. 하나님은 우리의 기도만 들으시는 것이 아니라 불평도 들으시는 분이다. 말 한마디 행동 하나 조심하고 또 조심할 일이다.

"하루나 이틀이나 닷새나 열흘이나 스무 날만 먹을 뿐 아니라 냄새도 싫어하기까지 한 달 동안 먹게 하시리니 이는 너희가 너희 중에 계시는 여호와를 멸시하고 그 앞에서 울며 이르기를 우리가 어찌하여 애굽에서 나왔던가 함이라 하라(19, 20절)." 하루만 먹고 그치지는 아니할 것이다. 이틀만도 아니고, 닷새만도 아니고, 열흘만도 아니고, 스무 날 동안만도 아니다. 한 달 내내, 냄새만 맡아도 먹기 싫을 때까지, 줄곧 그것을 먹게 될 것이다. '냄새도 싫어하기까지' 는 '심한 구토가 날 정도로,' '고기 냄새조차 싫어할 정도로' 라는 말로 배반한 이스라엘에 대해 징계하시는 말씀이다. 이스라엘은 그들 가운데 있는 하나님을 거절하고, 하나님 앞에서 울면서 '우리가 왜 이집트를 떠났던가?' 후회했다. 이것은 하나님을 실망시키는 중대한 사건이다.

"모세가 이르되 나와 함께 있는 이 백성의 보행자가 육십만 명이온데 주의 말씀이 한 달 동안 고기를 주워 먹게 하겠다 하시오니 그들을 위하여 양 떼와 소 떼를 잡은들 족하오며 바다의 모든 고기를 모은들 족하오리이까

(21, 22절).” 그 말을 듣자 모세가 놀라 되물었다. “저를 둘러싸고 있는 백성의 보행자(men on foot), 곧 여자와 아이들을 제외한 수가 육십만 명입니다. 그런데 주님께서는 ‘그들에게 내가 고기를 주어, 한 달 내내 먹게 하겠다’ 하고 말씀하십니까? 그들을 먹이려고 양 떼와 소 떼를 잡은들, 그들이 만족해하겠습니까? 바다에 있는 고기를 모두 잡은들, 그들이 만족해하겠습니까?” 불가능한 일이라는 것이다.

“여호와께서 모세에게 이르시되 여호와의 손이 짧으냐(Is the LORD’s arm too short?) 네가 이제 내 말이 네게 응하는 여부를 보리라(23절).” 이에 대해 하나님은 모세에게 말씀하셨다. “나의 손이 짧아지기라도 하였느냐?” 이 말씀은 “내가 할 수 없는 일이 있느냐”는 말씀이다. 하나님은 이제 말한 것이 사실로 이루어지는지 그렇지 아니한지를 볼 것이라 하셨다. 하나님의 말씀은 언제나 확신에 차있다. 모세의 생각과는 전혀 다르다.

5. 70인 장로에게 신이 임하다(24-30절)

“모세가 나가서 여호와의 말씀을 백성에게 알리고 백성의 장로 칠십 인을 모아 장막에 둘러 세우매 여호와께서 구름 가운데 강림하사 모세에게 말씀하시고 그에게 임한 영을 칠십 장로(seventy elders)에게도 임하게 하시니 영(the Spirit)이 임하신 때에 그들이 예언을 하다가 다시는 하지 아니하였더라(24, 25절).”

모세가 나가서 하나님의 말씀을 백성에게 전달하였다. 그는 백성의 장로들 가운데서 일흔 명을 불러 모았다. 그리고 그들을 장막에 둘러 세웠다. 이것은 70명의 장로들이 성막 사면을 둘러쌌다기보다 성막 앞에 반원을 그리며 둘러선 것으로 보인다.

모세 위에 부어진 성령이 장로들에게 부어졌다. 성령님이 그들과 함께 하신다는 사실을 이스라엘 온 백성에게 입증하기 위해 성막 앞에서 모세를 둘러싸고 있는 장로들에게 임한 것이다. 이것은 장로들이 하나님의 뜻을 실행함에 있어서 모세와 같은 직분을 가지고 일하게 될 것임을 보여준다. 이 장로들이 이드로의 조언에 따라 뽑힌 인물들이라면 성령의 부으심을 받음으로 하나님의 재가를 받게 된 것이리라.

25절은 하나님의 신이 임했을 때 그들이 예언을 했지만 다시는 반복되지 않았다고 했다. 이것을 성령님께서 특별히 한 번만 나타나셨다가 그들을 떠나신 것으로 생각할 필요는 없다. 성령님께서 이적으로 나타나신 것은 하나님께서 모세의 조력자인 70명의 장로들을 부르시고 직분과 그에 따른 권위를 주셨다는 것을 백성들에게 보이기 위한 것이었다. 성령을 통해 신적 권위를 위임받은 장로들은 신정체제의 이스라엘에 있어서 모세의 영적 · 국가적 임무의 보조 역할을 수행하였고, 후일 산헤드린의 기원을 이루게 되었다. 모세를 비롯한 70장로들, 곧 이스라엘 지도자들에게 필요한 것은 성령 충만이 아니겠는가.

"그 기명된 자 중 엘닷이라 하는 자와 메닷이라 하는 자 두 사람이 진영에 머물고 장막에 나아가지 아니하였으나 그들에게도 영이 임하였으므로 진영에서 예언한지라 한 소년이 달려와서 모세에게 전하여 이르되 엘닷과 메닷이 진중에서 예언하나이다 하매 택한 자 중 한 사람 곧 모세를 섬기는 눈의 아들 여호수아가 말하여 이르되 내 주 모세여 그들을 말리소서(26-28절)." 그 뿐 아니었다. 70인 명단에 포함되었지만 회막에 나가지 않고 진중에 남아있던 두 장로, 곧 엘닷(Eldad)과 메닷(Medad)에게도 성령이 임하여 그들이 예언을 했다. 약속하신 성령이 임하신 것이다. 엘닷은 '하나님의 벗'이란 뜻을 가지고 있고, 메닷은 '사랑받음' 또는 '친구'라는 뜻을 가지고 있다. 엘닷과 메닷이 성령으로 예언을 하자 놀란 여호수아가 모세에게 간청한다. "내 주 모세여 금하소서." 젊어서부터 모세를 보좌해온 여호수아로서는 모세의 중재 없이 예언을 하는 것은 모세의 권위를 훼손하는 것으로 여겼을 수 있다.

"모세가 그에게 이르되 네가 나를 두고 시기하느냐 여호와께서 그의 영을 그의 모든 백성에게 주사 다 선지자가 되게 하시기를 원하노라 모세와 이스라엘 장로들이 진중으로 돌아왔더라(29, 30절)." 하지만 모세의 생각은 달랐다. 그는 "네가 나를 위하여 시기하느냐"하고, 하나님께서 그 신을 그 모든 백성에게 주사 다 선지자 되게 하시기를 원한다 했다. 하나님의 종으로서 자신의 영광을 추구하지 않고 오직 하나님의 영광을 구한 것이다. 그는 성령이 백성가운데 임한 것을 기뻐하고, 모든 백성이 이 은혜에 참여하기를 바랐다. 모세는 여호수아에게도 이 진리를 가르치고 싶었을 것이다. 신정국가 지도자답다. 이 일 후 모세와 이스라엘 장로들은 함께 진으로 돌아왔다.

6. 메추라기를 주신 하나님과 그의 진노(31-35절)

"바람이 여호와에게서 나와 바다에서부터 메추라기를 몰아 진영 곁 이쪽 저쪽 곧 진영 사방으로 각기 하룻길 되는 지면 위 두 규빗쯤에 내리게 한지라(31절)."

하나님은 바람으로 메추라기(quail) 떼를 몰아오셨다. 시편에 '그 권능으로 남풍을 인도하시고(시 78:26)' 라 한 것을 볼 때 이 바람은 아라비아만에서 불어온 남동풍으로 보인다. 31절에서는 바람이 하나님으로부터 나왔다 했다. 바람은 '르아흐(ruach)' 로, 성령 하나님의 능력이 나타난 사건이 바로 메추라기임을 보여준다.

'각기 하룻길 되는 지면 위 두 규빗 쯤에 내리게 한지라' 는 두 가지 해석이 있다. 하나는 진영에서 사방으로 하룻길 떨어진 지역까지 메추라기가 지상에서 약 90cm 높이, 곧 성인 가슴 높이 정도로 날아다니게 해 쉽게 잡을 수 있게 하셨다는 주장이다. '현대인의 성경' 은 이런 관점에서 해석했다. 다른 하나는 메추라기를 이스라엘 진영에 떨어뜨렸다(let them fall by the camp, brought them down)는 주장이다. KJV이나 NIV, '새번역' 은 이 주장에 따르고 있다. 시편 78: 27에는 '고기를 티끌같이 내리셨다' 했고, 28절에는 '그 진중에 떨어지게 하셨다' 고 했다. 하나님이 공급해 주셨다는 말이다. 이로 보아 후자의 주장이 더 합당한 것으로 보인다. 히브리 원문은 '나타쉬(natash)' 로 떨어지게 하셨음을 보여준다.

하나님은 이스라엘 백성에게 두 번에 걸쳐 메추라기를 제공하셨다. 한번은 출애굽한지 약 6주가 지난 뒤 신 광야에서였고(출 16장), 한번은 그 뒤 1년쯤 되는 민수기 11장의 경우다. 메추라기 떼는 1년 중 봄에 유럽으로 이동한다. '바다에서부터 메추라기를 몰아(drove)' 라 했는데, 이것은 시내 반도를 가로질러 북쪽으로 이동하는 메추라기 떼를 이스라엘 쪽으로 몰아 공급하신 것이다. 중요한 것은 적절한 시기에 메추라기를 이스라엘에 공급하셨다는 사실이다.

"진영 곁 이쪽저쪽 곧 진영 사방으로 각기 하룻길 되는 지면 위"에는 진영을 포함하는지, 진 밖만을 말하는지에 관해서도 논란이 있다. 히브리 원문은 '사빕(sabib)' 으로 캠프를 중심으로 원형으로(circuit, round about) 떨어졌음을 보여준다. '현대인의 성경' 은 '진영과 그 주변 일대에 내리게 하시자 진영에서 사방으로 하룻길 떨어진 지역까지' 라고 함으로써 진영과 진에서 하룻길 떨어진 사방으로 보았다. '새번역' 도 '진을 빙 둘러 이쪽으로 하룻길 될 만한 지역' 이라 했다. 진을 포함해 진 곁 사방(all around the camp)에 두 규빗쯤, 곧 90cm 두께로 떨어졌다는 것이다. 그것도 하룻길을 가야 할 만큼 많다. 메추라기가 떨어지자 백성들은 온통 그것을 주워 담는데 정신이 없었다. 고기를 원하는 이스라엘 백성들에게 하나님은 메추라기를 보내주셨다. 메추라기는 단지 육적 욕망의 충족 도구가 아니다. 하나님의 능력이 나타남이다. 그러나 백성들은 메추라기에만 관심을 두었다. 그들은 결국 하나님의 진노를 자초하게 된다.

"백성이 일어나 그 날 종일 종야와 그 이튿날 종일토록 메추라기를 모으니 적게 모은 자도 열 호멜이라 그들이 자기들을 위하여 진영 사면에 펴 두었더라(32절)." 그 날 온종일, 그리고 밤새도록, 그리고 그 이튿날도 온종일 주워 담았다. 거의 이틀 내내 메추라기를 모으는 데만 정신이 팔렸다는 말이다. 작게 모은 자도 10호멜(homers), 곧 12가마 정도라 했으니 얼마나 정신없이 모았겠는가. '사면에 펴 두었더라(spread them out)' 는 햇볕에 말려서 음식을 보관하는 전통적인 방식으로 메추라기를 잡아 보관했음을 의미한다. 오래 두고 먹고자 한 것이다.

메추라기를 줍는 순간, 그들은 하나님을 생각해야 했었다. 성령의 능력이 얼마나 크신가, 하나님에 대한 그들의 원망이 얼마나 잘못되었는가를 되돌아봐야 했다. 그러나 그런 모습은 전혀 보이지 않았다. 모든 백성에게 성령이 임하기를 바란 모세의 심정이 바로 하나님의 심정이건만 이스라엘 백성들은 먹고 누리는 것에만 관심을 두었다. 하나님의 심정을 전혀 외면한 백성들의 모습, 그저 물질만 탐내는 저들의 모습을 보며 하나님은 얼마나 슬퍼하셨을까.

백성들은 바람이 떼로 몰고 온 메추라기를 보며 자신의 불신과 죄악을 회개했어야 했다. 주님 앞에 무릎을 꿇고, 주님 앞에 나왔어야 했다. 보이는 물질보다 보이지 않는 주님을 보았어야 했다. 그러나 그들은 탐욕에 점령되고 말았다. 하나님은 우리를 향해 "하나님만 믿으라." 하신다. 그럼에도 불구하고 우리는 종종 "고기를 내 놓으라" 소리친다. 오늘도 물질에 점령당한 우리를 향해 주님은 "너는 지금 무엇을 보느냐" 물으신다. 메추라기인가, 아니면 성령인가. 물질인가 하나님인가.

"고기가 아직 이 사이에 있어 씹히기 전에 여호와께서 백성에게 대하여 진노하사 심히 큰 재앙으로 치셨으므로 그 곳 이름을 기브롯 핫다아와라 불렀으니 욕심을 낸 백성을 거기 장사함이었더라(33, 34절)."

하나님은 이스라엘 백성을 치셨다. 하나님은 자기 백성을 사랑하셔서 메추라기를 주셨지만 그들이 하나님께 범한 죄는 간과하지 않으셨다. 하나님의 사랑과 공의는 구원 사역의 양면성을 보여준다. 메추라기는 하나님의 은혜를 증거 하지만 불평을 일삼던 백성들에게는 공의에 입각해 하나님의 심판이 가해진다. 이스라엘 백성은 결국 큰 재앙을 맞았다. 고기가 그들의 입에서 씹히기도 전에 죽임을 당했다. 그것은 탐욕에 대한 하나님의 심판이었다. 탐욕을 부리다 죽임을 당한 것이다. '심히 큰 재앙으로 치셨다' 했는데 이는 심한 전염병(a severe plague)으로 보인다. 집단식중독으로 보는 학자도 있지만 하나님의 심판에 따른 떼죽음으로 보는 것이 합당하다.

사람들은 이곳에 사람들을 장사하고 그곳 이름을 '기브롯 핫다아와(Kibroth Hattaavah)' 라 불렀다. '탐욕의 무덤' 이라는 뜻이다. 탐욕에 빠진 이스라엘, 하나님이 주신 음식보다 다른 음식을 애타게 구한 (craved other food) 이스라엘에 대한 하나님의 진노가 크게 쏟아진 곳이다. 다베라 사건을 경험했음에도 불구하고 사건이 재발 되었다는 점에서 안타깝다.

민수기 11장은 두 장소를 소개하고 있다. 심판이 진영 일부에 미친 다베라와 진영 전체에 미친 기브롯 핫다아와다. 불만과 불평을 하다 하나님의 진노를 산 곳이라는 점에서 공통된다. 크던 적던 이 두 장소는 사실 탐욕과 연관되었다는 점에서 현대를 살아가는 우리에게도 깊은 교훈을 준다. 하나님보다 물질에 매일 때 어떻게 되는가를 보여준다.

민수기 11장에서 이스라엘 백성과 모세는 극명하게 대비된다. 백성들의 관심은 처음부터 끝까지 고기에 있었다. 육적인 만족을 추구한 것이다. 이에 반해 모세는 하나님의 도우심을 구했다. 백성은 물질을 구했고, 모세는 성령을 구했다.

하나님께서 이스라엘 백성들에게 메추라기 고기를 주신 것을 놓고 시편 기자는 이렇게 썼다. "여호와께서 저희의 요구한 것을 주셨을지라도 그 영혼을 파리하게 하셨도다(시 106:15)." 여기서 영원히 적용되어야 할 중요한 원리가 나타나 있다. 하나님이 그들의 육적인 요청을 들어주신 것은 인간의 욕심이 얼마나 어리석은 것인가를 깨우치게 하기 위함이라는 사실이다. 어려운 환경 속에서도 우리가 바라보아야 할 것은 물질이 아니라 하나님이다.

광야의 백성은 탐심으로 인해 죽임을 당했다. 우리도 이 땅에 살면서 물질로 인해 종종 시험을 받는다. 물질을 풍족하게 주시면 얼마나 좋을까. 그러나 하나님은 물질의 풍요보다 영적인 풍요를 누리기를 바라신다. 탐심은 전염병과 같다. “삼가 모든 탐심을 물리치라(눅 12:15).” “탐욕은 그 이름이라도 부르지 말라(엡 5:3).” “너희가 육신대로 살면 반드시 죽을 것이로되 영으로써 몸의 행실을 죽이면 살리니(롬 8:13).” 이것이 성경의 가르침이다. 하나님의 관심과 인간의 관심은 이처럼 다르다.

하나님은 우리가 더 이상 환경이나 물질에 매일 것이 아니라 주님을 의지하며 살라 하신다. 문제에 집착하면 불평과 원망이 나올 수밖에 없다. 그러나 문제를 뛰어넘을 때 주님은 우리에게 더 큰 기쁨과 소망을 주신다. 주님은 문제에 매이지 말고, 성령을 붙잡으라 하신다. 성령 안에 거하면 내 안에 그분으로 채워지고, 순간마다 그분의 음성을 듣게 된다. 성령은 하나님을 향해 기도하게 하시고, 부르심에 충실하게 하신다. 그리고 우리 내면에 하늘의 기쁨을 채우신다.

오늘의 고통을 어떻게 승화시켜 내일의 감사로 이어지게 할 수 있을까? 불평과 불만을 가까이 하지 말라. 불평과 불만은 결국 하나님을 원망하는 것이다. 고난 가운데서도 우리를 그의 자녀로 삼았다는 사실에 오히려 감사하라. 그분은 우리가 걱정하기 이전에 우리를 위해 준비하는 분이시다. 그분은 우리의 구원자시다. 탐욕이 아니라 그의 부르심에 충실 하라. 그분은 우리의 아버지시다. 아버지를 신뢰하고, 성령의 풍성함을 누리라.

“백성이 기브롯 핫다아와에서 행진하여 하세롯에 이르러 거기 거하니라(35절).” 살아남은 백성은 기브롯 핫다아와를 떠났다. 이곳은 탐욕을 부리다 심판당한 곳이다. 많은 식구를 잃었다. 그들은 무거운 마음으로 떠났을 것이다. 그들은 다시 행군했고, 하세롯(Hazeroth)에서 행군을 멈추었다. 하세롯에서도 사건이 일어난다. 이것이 바로 민수기 12장이다.

제12장

미리암과 아론이 모세를 비방하다

요약

1. 미리암과 아론이 모세를 비방하다(1-3절)

1) 모세가 구스 여자를 취하니 미리암과 아론이 모세를 비방했다.
2) "여호와께서 모세와만 말씀하셨느냐 우리와도 말씀하지 아니하셨느냐" 하매 여호와께서 이 말을 들으셨다.
3) 모세는 온유함이 지면의 모든 사람보다 더하더라.

2. 하나님의 진노와 나병에 든 미리암(4-16절)

1) 하나님이 세 사람을 회막으로 모으고 미리암과 아론을 불러 나아가니 "모세는 나의 온 집에 충성된 자로 그와는 내가 대면하여 명백히 말하고 은밀한 말로 아니하며 그는 하나님의 형상을 보겠거늘 어찌 두려움 없이 모세를 비방하느냐" 진노하시고 떠나시니 구름이 장막 위에서 떠나갔고 미리암은 눈과 같이 나병이 들었다.
2) 아론이 이를 보고 모세에게 "슬프도다 내 주여 우리가 어리석은 일을 하여 죄를 지었으나 청하건대 그 벌을 우리에게 돌리지 마소서 그가 살이 반이나 썩어 모태로부터 죽어서 나온 자 같이 되지 않게 하소서" 호소.
3) 모세가 하나님께 고쳐주기를 간구하니 하나님께서 모세에게 이르심. "그의 아버지가 그의 얼굴에 침을 뱉었을지라도 그가 이레 동안 부끄러워하지 않겠느냐 그런즉 그를 진영 밖에 이레 동안 가두

고 그 후에 들어오게 할지니라."
4) 이에 미리암이 진영 밖에 이레 동안 갇혀 있었고 백성은 그를 다시 들어오게 하기까지 행진하지 아니하다가 그 후 하세롯을 떠나 바란 광야에 진을 침.

---

1. 미리암과 아론이 모세를 비방하다(1-3절)

"모세가 구스 여자를 취하였더니 그 구스 여자를 취하였으므로 미리암과 아론이 모세를 비방하니라(1절)." 이스라엘이 행군을 마치고 하세롯에 자리를 잡았다. 하나님은 신실한 70장로들을 세워 모세를 돕게 하였다. 모세는 새 힘을 얻게 되었고 그의 위상도 한층 높아졌다. 그러자 누이 미리암과 형 아론이 그를 시기하기 시작했다. 그럼에도 불구하고 이것에 만족하지 못하고 교만한 마음이 들기 시작했다. 모세의 영적 권위에 대해 시기심이 발동한 것이다. 하세롯에서는 이와 관련된 가족 간의 문제가 등장한다.

이 문제는 모세가 구스(Cushite), 곧 에티오피아 여인와 결혼하자 폭발했다. 모세의 결혼 문제에 대해서는 아내인 십보라가 죽어 재혼했다는 설도 있고, 구스 여인이 원래 십보라였다는 설도 있다. 전자의 주장이 더 타당한 것으로 보인다. 하나님은 이스라엘 백성이 가나안 족속의 딸들과 결혼하는 것을 금했기 때문에 모세의 결혼 자체는 잘못된 것이 아니다.

하지만 이 결혼을 놓고 미리암과 아론이 비방하기 시작했다. 이 과정에서 미리암이 주도적 역할을 한 것으로 보이는 몇 가지 징후가 보인다. 첫째는, 이 구절에서 아론과 미리암이 아니라 미리암과 아론으로 소개하고 있다. 둘째는, '비방하니라(spoke against)' 의 히브리어 동사 '다바르(dabar)' 가 여성 단수형이다. 8절에 '너희가 어찌하여 내 종 모세 비방하기를 두려워하지 아니하느냐' 는 말씀에서 '비방하기' 는 '치다(chidah)' 로 '당황하게 하는 말(perplexing saying),' '어두운 말(dark speech)' 을 뜻한다. 여성 명사다. 끝으로, 그녀에게만 형벌이 내려진 것도 그녀가 선동자였음을 보여준다.

"그들이 이르되 여호와께서 모세와만 말씀하셨느냐 우리와도 말씀하지 아니하셨느냐 하매 여호와께서 이 말을 들으셨더라(2절)." 미리암과 아론은 "여호와가 모세를 통해서만 말씀하셨느냐? 우리를 통해서도 말씀하시지 않았느냐?"며 투덜댔다. 이것은 두 사람의 시기심이 단순한 심리적 시기심이 아니라 영적인 차원의 도전이라는 심각한 수준의 것임을 드러내고 있다.

왜 그럴까? 미리암은 이스라엘의 뛰어난 여선지자였고, 아론은 대제사장으로서 영적인 지도자였다. 제사장과 선지자는 이스라엘 종교의 두 기둥이나 마찬가지다. 모세 역시 제사장과 선지자로 평가되고 있지만 그의 주요 위상은 하나님과 이스라엘 사이의 유일한 중보자라는 직위였다. 따라서 이 사건은 이스라엘의 종교적인 권위를 가진 두 사람이 하나님의 중보자로서의 권위를 가진 모세를 대항한, 즉 종교적 권위가 중보적 권위를 문제 삼은 아주 심각한 사건임을 드러낸다. "여호와께서 모세와만 말씀하셨느냐? 우리와도 말씀하지 아니하셨느냐?" 자기들도 중보적 권위를 가졌다는 말이다. 하나님과의 관계에서 영적 리더십 문제가 제기된 것이다. 하나님은 그들이 투덜대는 말을 들으셨다. 하나님은 기도만 들으시는 분이 아니라 우리의 불만도 들으신다.

"이 사람 모세는 온유함이 지면의 모든 사람보다 더하더라(3절)." 모세는 세상의 그 누구보다 겸손한 사람(very humble man)이었다는 말이다. 모세도 인간적으로 화가 났을 것이다. 하지만 두 사람의 비방해도 참았다. 모세는 자기를 변호하지도 않았고, 하나님을 향해 보복해 달라고 기도하지도 않았다.

2. 하나님의 진노와 나병에 든 미리암(4-16절)

"여호와께서 갑자기 모세와 아론과 미리암에게 이르시되 너희 세 사람은 회막으로 나아오라 하시니 그 세 사람이 나아가매 여호와께서 구름 기둥 가운데로부터 강림하사 장막 문에 서시고 아론과 미리암을 부르시는지라 그 두 사람이 나아가매(4, 5절)." 민수기 12장은 모세가 자기 가족으로 인하여 시련을 겪는 사건을 통해서 하나님이 어떻게 자기의 분노를 나타내시는가를 보여주고 있다. 하나님께서 갑자기 모세와 아론과 미리암을 향해 모두 성막으로 나오라 하셨다. 그들이 성막으로 나아가자 하나님께서 구름 기둥 가운데 내려와 성막 입구에 서셨다. 그리고 아론과 미리암을 부르셨다. 두 사람이 하나님 앞으로 나아갔다. 하나님께서 세 사람의 관계에서 결국 결정적이고 극적인 개입을 하시는 장면이다.

"이르시되 내 말을 들으라 너희 중에 선지자가 있으면 나 여호와가 환상으로 나를 그에게 알리기도 하고 꿈으로 그와 말하기도 하거니와 내 종 모세와는 그렇지 아니하니 그는 내 온 집에 충성함이라 그와는 내가 대면하여 명백히 말하고 은밀한 말로 하지 아니하며 그는 또 여호와의 형상을 보거늘 너희가 어찌하여 내 종 모세 비방하기를 두려워하지 아니하느냐(6, 7, 8절)."

하나님은 이 극적인 개입을 통해 말씀하시고 중보자 모세를 옹호하셨다. "선지자에게는 환상으로 나를 나타내며 꿈으로 말하지만 내 종 모세에게는 그렇게 하지 않는다. 그는 내 집에 충성스러운 종이다. 내가 그와 말 할 때는 직접 대면하여 분명하게 말하고 모호한 말로 하지 않는다. 내 종 모세는 내 모습까지 보는 자인데 너희가 어떻게 두려운 줄 모르고 감히 그를 비난하느냐?" 일반 선지자와는 격이 다르다는 것이다. '내 온 집에' 는 성막을 말하는 것이 아니고 이스라엘의 모든 집, 언약의 백성을 말한다. '여호와의 형상을 보거늘' 은 하나님의 본질을 말하는 것이 아니라 사람의 눈으로 구별할 수 있는 어떤 모양으로 나타나신 것을 말한다. 모세는 여호와의 등을 보았다(출 33:18-23). 여호와의 본질을 보고 살 수 있는 자는 없다(출 33:20).

"여호와께서 그들을 향하여 진노하시고 떠나시매 구름이 장막 위에서 떠나갔고 미리암은 나병에 걸려 눈과 같더라 아론이 미리암을 본즉 나병에 걸렸는지라(9, 10절)." 하나님이 그들에게 분노하고 떠나시자 구름이 성막 위에서 사라졌다. 그리고 미리암의 온 몸이 갑자기 나병에 걸려 하얗게 되었다.

하나님은 그들의 결점과 어리석음을 깨닫게 해 주시고 나서 그 후에 당신의 분노를 나타내셨다. 여호와의 분노가 그들을 향하였다는 것은 하나님의 임재가 떠난 것을 의미한다. 하나님이 떠나시면 우리에게 화가 미친다. 하나님은 분노를 더디 하시고 참으신다. 또한 우리가 죄와 어리석음으로 그를 우리에게서 떠나게 하지 않는 한 하나님은 결코 우리를 먼저 떠나지 아니하신다.

"아론이 이에 모세에게 이르되 슬프도다 내 주여 우리가 어리석은 일을 하여 죄를 지었으나 청하건대 그 벌을 우리에게 돌리지 마소서 그가 살이 반이나 썩어 모태로부터 죽어서 나온 자 같이 되지 않게 하소서(11, 12절)." 이것을 본 아론은 놀라 모세에게 간청한다. 먼저 자신들이 어리석었음을 고백하고, 잘못에 대한 용서를 빌었다. 그리고 미리암이 모태에서 살이 반이나 썩어 죽어서 나온 아기처럼 되지 않게 해달라고 했다. '청하건대 그 벌을 우리에게 돌리지 마소서' 는 '우리가 저지른 죄를, 부디 우리에게 벌하지 마소서' 라는 것으로 용서를 비는 말이다. '모태로부터 죽어서 나온 자' 는 사산된 아기를 말한다.

"모세가 여호와께 부르짖어 이르되 하나님이여 원하건대 그를 고쳐 주옵소서 여호와께서 모세에게 이르시되 그의 아버지가 그의 얼굴에 침을 뱉었을지라도 그가 이레 동안 부끄러워하지 않겠느냐 그런즉 그를 진영 밖에 이레 동안 가두고 그 후에 들어오게 할지니라 하시니(13, 14절).” 모세는 하나님을 향해 미리암을 고쳐 달라 했다. 하나님은 “미리암의 얼굴에 그의 아버지가 침을 뱉었어도, 그가 이레 동안은 부끄러워하지 않겠느냐? 그러니 그를 이레 동안 진 밖에 가두었다가, 그 뒤에 돌아오게 하여라.” 하셨다. 침을 뱉는 것은 불신임과 혐오의 표시다. 하나님이 이 말씀을 하신 것은 그에 대한 하나님의 분노가 그만큼 컸음을 보여준다.

“이에 미리암이 진영 밖에 이레 동안 갇혀 있었고 백성은 그를 다시 들어오게 하기까지 행진하지 아니하다가 그 후에 백성이 하세롯을 떠나 바란 광야에 진을 치니라(15, 16절).”

결국 미리암은 7일 동안 진 밖에 갇혀 있었다. 이스라엘은 미리암이 돌아올 때까지 행군을 하지 않았다. 그가 돌아온 뒤에야 하세롯을 떠났고, 바란 광야에 이르러 진을 쳤다.

제13장

가나안 정탐

요약

1. 가나안 땅에 12 정탐대원을 보내다(1-16절)

1) 바란광야에 있을 때 모세가 하나님의 명을 따라 각 지파에서 지휘관 한 사람씩 뽑아 가나안 땅에 보내 탐지하도록 함.

2) 12명은 삼무아(르우벤), 사밧(시므온), 갈렙(유다), 이갈(잇사갈), 발디(베냐민), 갓디엘(스불론), 갓디(므낫세), 암미엘(단), 스둘(아셀), 나비(납달리), 그우엘(갓), 여호수아(에브라임)

2. 정탐 내용 지시사항(17-20절)

1) 남방 길로 행하여 산지에 올라 그 땅의 어떠함, 곧 거민의 강약과 다소, 그 땅의 호불호, 성읍이 진영인지 산성인지 여부, 토지의 후박정도, 수목의 유무를 알아오도록 함

2) 포도가 처음 익을 즈음이니 그 땅 실과를 가져오라.

3. 정탐활동을 하다(21-24절)

1) 신 광야에서 하맛 어구 르홉, 다시 남방으로 올라 헤브론, 에스골 골짜기까지 정탐

2) 에스겔 골짜기에서 포도 한 송이 달린 가지를 베어 둘이 막대기에 꿰어 메고 또 석류와 무화과를 취함.

4. 정탐대원의 보고(25-33절)

1) 40일간 땅을 탐지한 뒤 온 회중에 나아와 회보하고 그 땅 실과를 보이고 모세에게 보고
2) 과연 그 땅은 젖과 꿀이 흐르는 땅이나 그 땅 거민은 강하고 성읍은 견고하고 심히 크며 거기서 아낙 자손을 보았다. 아말렉인은 남방 땅에 거하고 헷, 여부스, 아모리인은 산지에, 가나안인은 해변과 요단강 가에 살더이다.

5. 둘로 갈라진 의견

1) 갈렙은 백성을 조용하게 하고 우리가 올라가서 그 땅을 취하자 능히 이기리라 함
2) 함께 올라간 다른 사람들은 올라가서 치지 못한다, 그들은 우리보다 강하다 함. 그들은 이스라엘 앞에서 그 탐지한 땅을 악평하여 그 땅은 거민을 삼키는 땅이며, 그 백성들은 신장이 장대, 거기서 네피림 후손인 아낙 자손의 거인들을 보았다. 우리는 스스로 보기에도 메뚜기 같았다. 그들이 보기에도 그와 같았을 것이다.

---

1. 가나안 땅에 12 정찰대원을 보내라(1-16절)

"여호와께서 모세에게 말씀하여 이르시되 사람을 보내어 내가 이스라엘 자손에게 주는 가나안 땅을 정탐하게 하되 그들의 조상의 가문 각 지파 중에서 지휘관 된 자 한 사람씩 보내라(1, 2절)."

하나님께서 각 지파의 지도자들 가운데 한 사람씩 뽑아 약속의 땅 가나안을 탐지해 오도록 하셨다. 이 말씀을 보면 정찰대 파견은 하나님의 의도로 보인다. 그러나 신명기 1:21, 22을 보면 그렇지 않다. 모세는 말했다.

"너희의 하나님 여호와께서 이 땅을 너희 앞에 두셨은 즉 너희 조상의 하나님 여호와께서 너희에게 이르신 대로 올라가서 차지하라 두려워하지 말라 주저하지 말라." 그러자 이스라엘은 반대했다. "우리가 사람을 우리보다 먼저 보내어 우리를 위하여 그 땅을 정탐하고 어느 길로 올라가야 할 것과 어느 성읍으로 들어가야 할 것을 우리에게 알리게 하자." 그래서 각 지파에서 한 사람씩 열둘을 택하게 되었다는 것이다.

이것으로 보아 정찰대원을 보내기로 한 것은 하나님의 진정한 의도가 아니었음을 알 수 있다. 하나님은 그들에게 올라가라 명령하셨지만 이스라엘 백성들은 올라가기를 주저했다. 백성들은 정찰대원을 먼저 보내 알아낸 다음 결정을 하기로 했다. 정찰대의 정보에 따라 행동하겠다는 것이다. 이것은 매우 합리적인 것으로 보이지만 사실은 합리성을 가장한 거부적 태도였다. 이런 신앙을 가리켜 '잠복성 불신앙'이라 한다. 믿는 것 같지만 사실상 믿지 않고 있기 때문이다. 이것은 그들의 마음속에 얼마만큼 두려움이 컸는가를 보여준다.

하지만 모세는 백성들의 제안을 좋게 생각하고 받아들였다. 그리고 이 문제를 하나님께 가지고 나갔다. 이 기도에 대한 응답으로 하나님께서 정찰을 허락하신 것이다. 하나님의 탐지 명령은 전략적 정보를 얻기 위한 것이라기보다 이스라엘의 믿음을 강하게 만들기 위함이었다. 각 지파는 정찰활동에 최적의 인물 12을 선정했다. 인구조사 때나 단 봉헌 때 선발된 족장들은 각 지파의 원로들이었다면 정찰대원으로 뽑힌 인물은 몸이 날렵하고 싸움에 능한 젊은 족장들이 선발되었을 것으로 보인다. 스파이 활동을 하도록 한 것이기 때문에 어떤 일이 일어날지 모른다.

"모세가 여호와의 명령을 따라 바란 광야에서 그들을 보냈으니 그들은 다 이스라엘 자손의 수령 된 사람이라(3절)." 모세는 하나님의 명령대로 바란 광야에서 각 지파의 뽑은 12사람을 정찰대원으로 공식 파견했다.

"그들의 이름은 이러하니라 르우벤 지파에서는 삭굴의 아들 삼무아요 시므온 지파에서는 호리의 아들 사밧이요 유다 지파에서는 여분네의 아들 갈렙이요 잇사갈 지파에서는 요셉의 아들 이갈이요 에브라임 지파에서는 눈의 아들 호세아요 베냐민 지파에서는 라부의 아들 발디요 스불론 지파에서는 소디의 아들 갓디엘이요 요셉 지파 곧 므낫세 지파에서는 수시의 아들 갓디요 단 지파에서는 그말리의 아들 암미엘이요 아셀 지파에서는 미가엘의 아들 스둘이요 납달리 지파에서는 웝시의 아들 나비요 갓 지파에서는 마기의 아들 그우엘이니(4-15절)." 12인물 중 갈렙과 호세아, 곧 여호수아가 있다. 갈렙은 유다 지파를 대표했고, 호세아는 에브라임 지파를 대표했다.

"이는 모세가 땅을 정탐하러 보낸 자들의 이름이라 모세가 눈의 아들 호세아를 여호수아라 불렀더라(16절)." 이들 모두는 정찰대원들의 이름이다. 그런데 모세는 눈의 아들 호세아의 이름을 여호수아로 고쳤다. '호세아(Hoshea)' 는 '구원' 이라는 뜻이다. 이 이름에다 '여호와' 를 붙여 '여호수아(Joshua)' 라 했다. 여호수아는 '하나님의 구원' 을 뜻한다. 구원은 하나님으로부터 온다는 것이다. 예수도 여호수아와 같은 이름이다.

2. 정탐 내용 지시사항(17-20절)

"모세가 가나안 땅을 정탐하러 그들을 보내며 이르되 너희는 네겝 길로 행하여 산지로 올라가서 그 땅이 어떠한지 정탐하라 곧 그 땅 거민이 강한지 약한지 많은지 적은지와 그들이 사는 땅이 좋은지 나쁜지와 사는 성읍이 진영인지 산성인지와 토지가 비옥한지 메마른지 나무가 있는지 없는지를 탐지하라 담대 하라 또 그 땅의 실과를 가져오라 하니 그 때는 포도가 처음 익을 즈음이었더라(17-20절)."

이 구절에서 네 가지 동사 명령문이 나온다. "올라가라(alah, go up), 정탐하라(tur, explore), 담대 하라(chazaq, be strong), 가져오라(laqach, takc)" 는 것이다.

올라갈 때 네게브(Negev) 길을 통해 산지(hill country)에 올라가 그 땅이 어떠한지 알아오도록 했다. 네게브는 '메마른' 이라는 뜻을 가지고 있다. 팔레스타인 남쪽 지역을 말한다. 현 이스라엘 국가의 절반을 차지할 정도로 크고 넓다. 그곳을 지나되 험한 산지에 올라가 적의 지형도 잘 살펴보라는 말씀이다.

탐지 내용은 여러 가지고 자세하다. 거민이 얼마나 강한지와 얼마나 많은지, 그 땅이 좋은지와 나쁜지(땅의 호불호), 성읍이 진영인지 산성인지(도시에 성벽이 있는지 없는지), 토지가 비옥한 지 메마른지(토질), 나무가 있는지 없는지를 알아내는 것이다.

담대 하라. 원문은 "담대하고 담대한 상태를 유지하라(do and be you of good courage)"고 하였다. 모세는 정찰대원 모두에게 정찰 활동을 할 때 마음을 강하게 할 것을 주문하였다.

그리고 그 땅의 실과를 가져오도록 했다. 그 지역에서 7-8월이면 포도가 익기 시작하고 9-10월이면 거두게 된다. 이것을 근거로 보면 7-8월 초순에 밀파된 것으로 보인다.

3. 정탐 활동을 하다(21-24절)

"이에 그들이 올라가서 땅을 정탐하되 신 광야에서부터 하맛 어귀 르홉에 이르렀고(21절)." 정찰대원들은 가나안 땅을 남쪽 끝에서 북쪽 끝까지 정찰했다. 신 광야(Desert of Zin)는 바란 광야의 북동쪽 지역으로 네게브 남쪽에 위치해 있다. 이스라엘이 유랑할 때 통과한 광야가운데 하나이고, 미리암이 이곳에서 죽었다(민 20:1). 이곳은 가나안의 남쪽경계다. 하맛(Lebo Hamath)은 이스라엘 경계의 북쪽 끝으로 여호수아가 죽을 때까지 정복하지 못했던 성이다(수 13장). 그 어귀에 있는 르홉(Rehob)은 이스라엘에서 가장 북쪽에 있는 도시로 단 부근에 위치한 것으로 보인다(삼하

10:8). 그 거리는 약 400km다. 정찰하는데 40일이 걸렸다.

"또 네겝으로 올라가서 헤브론에 이르렀으니 헤브론은 애굽 소안보다 칠 년 전에 세운 곳이라 그 곳에 아낙 자손 아히만과 세새와 달매가 있었더라(22절)." 그들은 가나안 남쪽 네게브를 거쳐 헤브론(Hebron)에 도착하였다. 헤브론은 이집트의 소안(Zoan)보다 7년 먼저 건설된 곳으로 아낙 후손인 아히만과 세새와 달매 자손들이 살고 있었다.

이것은 헤브론이 크고 요새화 되어 있음을 나타낸다. 헤브론은 아브라함과 깊이 연관된 곳이다. 하나님은 그 근처에서 그 땅을 그의 자손에게 주실 것을 약속하셨고, 아브라함은 그 땅을 샀다. 사라는 물론 자기 자신과 여러 족장도 그곳 막벨라 동굴에 묻혔다. 헤브론이라는 이름은 히브리어로 '친구' 를 뜻하는 단어 '흐브르(hbr)' 에서 나왔다. 하나님이 그를 친구로 삼은 데서 유래된 것이다. 모세가 여기서 헤브론을 언급한 것은 그만큼 의미가 크다.

그러나 정탈 당시 그곳엔 아낙 자손들이 살고 있었다. 아낙 자손은 가나안 초기 원주민들로 주로 헤브론 산지를 중심으로 살아왔다. 헤브론은 고대 가나안의 수도로 창세기에서는 '기랏아르바"(Kiryat Arba)' 라 불렀다. 이것은 '4개의 도시' 라는 뜻을 가지고 있다. 그만큼 크고 견고하다는 말이다. 아낙의 자손의 조상은 아르바로 성경에 '아낙의 아비(수 1:15)' 로 소개되어 있다. 아히만(Ahiman), 세새(Sheshai), 달매(Talmai)는 아낙 자손들의 두령이다. 이들은 40년 후 갈렙에 의해 추방된다(수 15:14). 지금은 팔레스타인이 차지하고 있다.

"또 에스골 골짜기에 이르러 거기서 포도송이가 달린 가지를 베어 둘이 막대기에 꿰어 메고 또 석류와 무화과를 따니라 이스라엘 자손이 거기서 포도를 베었으므로 그 곳을 에스골 골짜기라 불렀더라(23, 24절)." 그들은 또 에스골 골짜기로 들어가 포도 한 송이가 달린 가지를 꺾어서 막대기에 꿰어 두 사람이 메고 또 석류와 무화과도 따서 가지고 왔다. 에스골 골짜기는 헤브론에서 가까우며 과일 농사에 적합한 곳이었다. 포도송이를 베어온 것을 볼 때 무더운 시기였음을 보여준다. 포도가 익을 때는 무더운 시기이기 때문이다. 무더운 날임에도 불구하고 열심히 정탐을 한 것이다. 이스라엘 사람들이 거기서 포도송이를 땄으므로 그 곳을 '에스골 골짜기(Valley of Eshcol)' 라고 불렀다. 에스골은 '포도송이' 라는 뜻을 가지고 있다. 에스골은 아브라함의 동맹자의 이름이기도 하다(창 14:13, 14). 그래서 인명이 지명으로 바뀐 것으로 보는 학자도 있다.

4. 정탐대원의 보고(25-33절)

1) 보고(25-29절)

"사십 일 동안 땅을 정탐하기를 마치고 돌아와 바란 광야 가데스에 이르러 모세와 아론과 이스라엘 자손의 온 회중에게 나아와 그들에게 보고하고 그 땅의 과일을 보이고(25, 26절)."

40일간 정찰을 마친 자들이 돌아온 곳은 바란 광야의 북쪽에 위치한 가데스(Kadesh)였다. 가데스는 '거룩한 곳' 이라는 뜻을 가지고 있다. 가데스 바네아와 같은 곳으로 여겨지고 있다. 이곳에서 약속된 땅의 남쪽 지경까지는 불과 64km밖에 되지 않았다. 사실 턱 밑까지 왔는데 이스라엘은 주저하고 있었다. 정탐대원들은 모세와 아론, 그리고 모든 이스라엘 백성에게 자기들이 본 것을 이야기하며 가지고 온 과일을 보여 주었다.

"모세에게 말하여 이르되 당신이 우리를 보낸 땅에 간즉 과연 그 땅에 젖과 꿀이 흐르는데 이것은 그 땅의 과일이니이다(27절)." 그들의 첫 보고는 긍정적인 것이었다. '젖과 꿀이 흐르는 땅' 이었다고 말한 것이 이를 입증한다. 그들이 들고 온 과일이 그것을 입증한다고 했다. 우리는 종종 약속의 땅을 '젖과 꿀이 흐르는 땅' 이라 해서 목축과 양봉이 성행하는 땅일 것으로 생각하기도 하는데, 이것은 상징적인 표현이다. 정탐대원들은 과일을 보고 그 땅의 풍성함을 깨달았고, 하나님의 약속을 믿었다.

"그러나 그 땅 거주민은 강하고 성읍은 견고하고 심히 클 뿐 아니라 거기서 아낙 자손을 보았으며 아말렉인은 남방 땅에 거주하고 헷인과 여부스인과 아모리인은 산지에 거주하고 가나안인은 해변과 요단 가에 거주하더이다(28, 29절)."

보고의 내용은 '그러나' 에서 급선회된다. 긍정적인 보고가 부정적인 보고로 완전히 바뀌기 때문이다. 그곳에 살고 있는 사람들은 강하다(powerful). 그들이 살고 있는 성읍은 아주 크고 성곽으로 둘러싸인(fortified and very large) 요새였다. 게다가 거기에는 거인 아낙(Anak) 자손까지 살고 있다. 그리고 그 땅의 남쪽 지방인 네게브에는 에서의 후손인 아말렉 족속(Amalekites)이, 산간 지방에는 전쟁에 강한 헷 족속(Hittites)과 여부스 족속(Jebusite)과 아모리 족속(Amorites)이, 지중해 연안과 요단 강변에는 가나안 족속(Canaanites)이 살고 있다.

이 보고는 합리적인 보고일 수 있다. 그러나 다른 한편으로는 그들이 얼마나 올라가기를 주저하고 있는가를 보여준다. 이것은 문제 앞에서 그들이 얼마나 흔들리고 있는가를 읽게 한다. 이 보고는 사람들의 마음을 동요시키기에 충분했다. 이 같은 보고나 동요는 그들이 전능하시고 크신 하나님을 의지하지 못하고 문제를 너무 크게 보고 있음을 나타낸다. 문제를 너무 크게 본 나머지 하나님을 잊고만 것이다. 모세는 약속의 땅으로 곧장 들어가고자 했으나 정탐대원들의 보고는 실망을 안겨 주었다.

2) 둘로 갈라진 의견(30-33절)

"갈렙이 모세 앞에서 백성을 조용하게 하고 이르되 우리가 곧 올라가서 그 땅을 취하자 능히 이기리라 하나(30절)."

'능히 이기리라(we can certainly do it)' 는 말은 히브리어로 '야콜(yakol)' 이다. '확실히 할 수 있다,' '충분히 이길 수 있는 힘을 가지고 있다' 는 말이다. 이것이 바로 갈렙의 '야콜' 신앙이다. 그는 하나님을 온전히 좇아 민족을 두 차례 위기에서 구출한 사람이다. 그러나 그는 아무런 대가를 요구하지 않고 오히려 숨어서 지도자와 백성을 섬기며 봉사했다. 이 시대에도 갈렙과 같이 세상 속으로 나아가 어둔 세력을 향해 '야콜' 이라고 외칠 사람이 필요하다. 우리는 야콜의 신앙을 가지고 나가야 한다.

"그와 함께 올라갔던 사람들은 이르되 우리는 능히 올라가서 그 백성을 치지 못하리라 그들은 우리보다 강하니라 하고(31절)." 그러나 다른 대원들은 달랐다. 능히 올라가 칠 수 없다고 했다. 심지어 그들은 이스라엘보다 강하다 했다. 할 수 없다(we are not able)는 것은 '누칼(nukal)' 이다. 야콜의 반대말이다. 갈렙과는 반대되는 신앙이다. 이런 신앙으로는 한 치도 전진할 수 없다.

"이스라엘 자손 앞에서 그 정탐한 땅을 악평하여 이르되 우리가 두루 다니며 정탐한 땅은 그 거주민을 삼키는 땅이요 거기서 본 모든 백성은 신장이 장대한 자들이며(32절)." 젖과 꿀이 흐른다고 보고하던 그들이 그 땅을 가리켜 '거민을 삼키는 땅(the land we explored devours those living in it)' 이라 악평했다. '거민을 삼키는 땅' 이란 그 안에 살아있는 것들을 삼키는 저주받은 땅이라는 것이다. 첫 번 보고와는 아주 다르다. 그 사이에 완전히 달라졌음을 보여준다. 히브리어 원문은 악평을 '디바(dibbah)' 라 했다. '악의적인 보고(evil report)' 라는 것이다. 그들은 땅만 악평한 것이 아니라 그곳에 사는 사람들은 장대한 자라 했다. 기골이 장대하다(great size)는 말이다.

"거기서 네피림 후손인 아낙 자손의 거인들을 보았나니 우리는 스스로 보기에도 메뚜기 같으니 그들이 보기에도 그와 같았을 것이니라(33절)." 그들은 거기서 네피림의 후손인 거인 아낙 자손들도 보았다 했다. 그들은 아낙 자손을 네피림(Nephilim)으로 간주했다. 네피림이란 창세기 6장에 나오는 거인이다. 흔히 반신반인으로 간주된다. 이 네피림은 여성을 유혹하여 성을 문란케 하고 타락시켜 결국 홍수심판을 자초했다. 정탐꾼들은 그들을 네피림의 후손으로 간주함으로써 감히 맞설 수 없음을 강조하였다.

더 나아가 자신들을 메뚜기(grasshopper, locust) 같다 했다. 히브리 원어로 '카우갑(chagab)' 이다. 상대를 네피림으로 보고 자신을 카우갑으로 본 것이다. 우리는 여기서 상대에 대한 네피림 사고와 자신에 대한 카우갑 사고를 읽게 된다. 13장은 '우리가 보기에도 우리 자신들이 메뚜기처럼 느껴졌는데 그들의 눈에도 우리가 그 정도밖에 보이지 않았을 것이다.' 는 말로 끝난다. 철저한 자기 비하다. 이런 사고를 하게 되면 세상은 커 보이고 자기는 심히 작아 보인다. 하나님은 온데 간 데 없고 적만 크게 보인다. 자기의 장점은 하나도 보이지 않고 약점만 보인다. 할 수 있다고 생각하는 것보다 할 수 없다는 부정적이고 패배주의적인 생각이 앞선다. 이런 불신앙의 바이러스에 감염되면 도전성을 잃어버린다. 이런 메뚜기 콤플렉스로 싸움에 나갈 수 있을까.

그렇다면 그들은 왜 '카우갑' 콤플렉스에 휩싸였을까? 첫째, 의심이라는 부정적 마음 때문이다. 자신들이 이길 것이라는 생각은 아예 접었다. '능히 이기지 못하리라' 는 말, 곧 '누칼' 은 하나님에 대한 불신앙을 노출시키고 있다. 누칼은 악한 바이러스와 같다. 우리 안에 잠복하여 불신앙을 키운다. 한번 빠지면 좀처럼 빠져 나올 수 없는 크레파스처럼 우리를 가두고 옴짝달싹 못하게 만든다. 이 바이러스가 확산되면 공동체는 걷잡을 수 없게 된다. 민수기 14장에 울고 원망하는 모습이 소개되고 있다. 이스라엘이 공황상태에 빠진 것이다. 히브리서 기자는 말한다. "형제들아 너희는 삼가 혹 너희 중에 누가 믿지 아니하는 악한 마음을 품고 살아 계신 하나님에게서 떨어질까 조심할 것이요(히 3:12).

둘째, 부정적 자아상을 가졌기 때문이다. '그들 보기에도 메뚜기 같았으리라.' 이 말은 스스로 자신을 제한하고 있음을 보여준다. 싸워보기도 전에 나는 이미 패배했음을 선언하는 말이다. 하나님의 백성이라는 자부심은 보이지 않는다. 승리는 정확한 자기인식에서 출발한다. 라합은 여호수아가 보낸 정탐꾼에게 말한다. "우리가 듣자 곧 마음이 녹았고 너희로 말미암아 사람이 정신을 잃었나니 너희의 하나님 여호와는 위로는 하늘에서도 아래로는 땅에서도 하나님이시니라(수 2:11)." 이스라엘이 올까 두려워하며 떠는 여리고 사람들, 그들은 이미 졌다. 그런데 지금 바란 광야의 이스라엘은 정 반대의 모습을 보이고 있다.

끝으로, 현재에 안주하려는 마음으로 가득 찼기 때문이다. 그냥 이곳 광야에서 살자. 가지 않으면 싸울 일도 없고 죽을 일도 없지 않은가. 그들은 당면한 현실에 도전하지 못하고 주저앉으려 한다. 그들은 광야에서 이집트를 사모했었다. 이미 주저앉았다. 하나님이 그들과 함께 하신다는 확신을 저버린 것이다. 다시 그 병이 도지고 있는 것이다.

그리스도인은 패배주의자가 되어서는 안 된다. 우리 뒤에는 크고 강하신 하나님이 계시기 때문이다. 곰 새끼는 비록 작지만 다른 동물 앞에서 공격적으로 행동한다. 왜냐하면 자기 뒤에 엄마 곰이 지켜보고 있기 때문이다. 우리 뒤에도 하나님이 계신다. 사단의 세력 앞에 주저할 것이 없다.

다윗은 골리앗과 맞서 싸울 때 주저하지 않았다. 사람을 보지 않고 하나님을 보았기 때문이다. 골리앗은 약 2미터70센티미터나 되는 거인이었다. 창의 무게만도 11kg나 되었다고 추정하고 있다. 골리앗이 보기에 다윗은 젖먹이 아이에 불과했다. 그러나 믿음의 눈으로 볼 때 가장 위대하고 크신 분은 하나님이요 골리앗은 메뚜기에 불과했다. 다윗은 얼마든지 양을 해치는 사자를 죽일 수 있었던 것처럼 골리앗도 넘어뜨릴 수 있다고 자신했다. 이것이 바로 메뚜기 사고와 전혀 다른 '다윗의 사고' 이다.

다윗은 이렇게 썼다. "여호와 외에 누가 하나님이며 우리 하나님 외에 누가 반석이뇨 이 하나님이 힘으로 내게 띠 띠우시며 내 길을 완전케 하시며 내 손을 가르쳐 싸우게 하시니 내 팔이 놋활을 당기도다(시 18:31-34).” 하나님을 향해 강한 믿음을 가진 사람은 하나님이 커 보이고 다른 모든 것은 메뚜기로 보이게 된다. 패배주의적 사고를 제거하기 위해서는 무엇보다 자신의 모든 생각을 그리스도께 굴복케 하고(고후 10:5), 항상 하나님의 크고 광대하심을 묵상하고 찬양할 필요가 있다(시 145:3,4).

제14장

정탐 보고에 대한 이스라엘의 불신앙과 하나님의 징벌

요약

1. 정탐 보고에 대한 이스라엘의 반응(1-12절)

1) 백성이 소리 높여 부르짖고 울되 모세와 아론을 원망함
2) 우리가 애굽 땅이나 광야에서 죽었으면 좋았을 것을, 우리가 한 장관을 세우고 애굽으로 돌아가자 함.
3) 모세와 아론이 온 회중 앞에 엎드리니 여호수아와 갈렙이 그 옷을 찢으며 "그 땅은 아름다운 땅이요 젖과 꿀이 흐르는 땅, 주께서 기뻐하시면 우리를 그 땅으로 인도하여 주실 것이라 그 땅 백성을 두려워하지 말고 하나님을 거역하지 말라 그들은 우리의 밥이라" 함.
4) 온 회중이 그들을 돌로 치려 할 때 하나님의 영광이 회막에서 백성들에게 나타나심
5) "이 백성이 어느 때까지 나를 멸시하겠느냐 내가 전염병으로 그들을 쳐서 멸하고 그들보다 크고 강한 나라를 이루게 하리라" 말씀하심

2. 모세의 중보기도(13-19절)

1) 이 백성을 한 사람같이 죽이시면 주의 명성을 들은 열국이 하나님이 맹세한 땅에 인도할 능이 없어 광야에서 죽였다 하리니
2) 권능을 나타내시고 노하기를 더디 하시며 인자가 광대하사 죄악과 과실을 사하나 형벌 받을 자는 결단코 사하지 않고 아비 죄를 자

손 3-4대까지 이르게 하리라 하신 하나님, 이 백성의 죄악을 사하소서.

3. 하나님이 불신앙을 징벌하심(20-38절)

1) 모세의 말대로 사하나 나의 영광과 이적을 보고도 이같이 10번이나 나를 시험하고 내 목소리를 청종치 아니한 사람들은 맹세한 땅을 결단코 보지 못하리라
2) 갈렙은 나를 온전히 좇았은즉 내가 그를 그 땅으로 인도하여 그 자손이 그 땅을 차지하리라
3) 아말렉인과 가나안인이 골짜기에 거하니 너희는 내일 돌이켜 홍해길로 하여 광야로 들어가라
4) 갈렙과 여호수아 외에 20세 이상 계수함을 받은 자, 곧 나를 원망하는 자 전부가 그 땅에 들어가지 못하고 광야에서 죽을 것이요 사로잡히겠다고 하던 너희 유아들은 하나님이 인도 그 땅을 보리라
5) 너희 자녀는 너희의 패역한 죄를 지고 너희 시체가 광야에서 소멸되기까지 40년을 광야에서 유리하는 자가 되리라. 40년은 그 땅을 탐지한 날수 40일의 하루를 1년으로 환산하여 40년간 너희 죄악을 질 것
6) 이로 너희가 나의 싫어버림을 알 것이요 광야에서 죽어 소멸되리라. 갈렙과 여호수아 외에 그 땅을 탐지하고 악평하여 모세로 원망케 한 자들은 하나님 앞에서 재앙으로 죽을 것.

4. 범죄로 인한 이스라엘의 패배(39-45절)

1) 모세가 이 모든 말씀을 백성에게 고하매 크게 슬퍼하며 아침 일찍 일어나 허락한 땅으로 올라가리라 우리가 범죄했음이라 함
2) 모세가 "하나님의 명령을 범하지 말라. 너희가 하나님을 배반하여 하나님이 너희 중에 계시지 아니하니 아말렉과 가나안 대적 앞에 패할까 하노라." 하며 올라가지 말라 함.

3) 그래도 그들이 산꼭대기에 오르니 모세와 언약궤는 진을 떠나지 아니하였음
4) 그 날 아말렉과 산지에 사는 가나안 인이 내려와 쳐서 파하고 호르마까지 이름

---

1. 정탐 보고에 대한 이스라엘의 반응(1-12절)

"온 회중이 소리를 높여 부르짖으며 백성이 밤새도록 통곡하였더라(1절)." 정찰대원들의 부정적 보고는 백성들에게 불신앙의 바이러스를 퍼뜨려 심한 공포 속에 빠뜨렸다. 백성들은 소리 높여 밤새도록 통곡했다.

"이스라엘 자손이 다 모세와 아론을 원망하며 온 회중이 그들에게 이르되 우리가 애굽 땅에서 죽었거나 이 광야에서 죽었으면 좋았을 것을 어찌하여 여호와가 우리를 그 땅으로 인도하여 칼에 쓰러지게 하려 하는가 우리 처자가 사로잡히리니 애굽으로 돌아가는 것이 낫지 아니하랴(2, 3절)." 백성들은 한결같이 모세와 아론을 원망했다. 이집트에서나 광야에서 죽었으면 좋았을 터인데 무엇 때문에 하나님이 우리를 이 땅으로 인도하여 칼날에 죽게 하려는가? 아내와 자식들이 다 잡혀갈 바에야 차라리 이집트로 돌아가는 것이 낫지 않겠는가! 이집트에서 겪었던 쓰라린 기억들은 희미해졌고, 심지어 이집트로 돌아가기를 희망했다.

"이에 서로 말하되 우리가 한 지휘관을 세우고 애굽으로 돌아가자 하매(4절)." 그 희망은 실제 제안으로 이어진다. 여기저기서 '지도자(a leader)를 뽑아 세우고 이집트로 돌아가자' 고 한다. 하나님도 불신하고 모세도 불신하고 있다. 하나님의 구원계획을 완전히 거부한 것이다. 심각한 영적인 도전이 아닐 수 없다.

"모세와 아론이 이스라엘 자손의 온 회중 앞에서 엎드린지라(5절)." 모세와 아론이 백성 앞에서 그들의 얼굴을 땅에 대고 엎드렸다(fell facedown). 이것은 백성들의 험악한 분위기에 눌린 나머지 자기들의 생명을 구걸하거나 진정시키기 위함이 결코 아니다. 백성들이 하나님을 반역하고 모독하게 된 결과가 너무나 두렵기 때문이다. 모세와 아론은 백성들이 순종의 태도로 돌아올 것을 바랐지만 실패했다. 그들의 엎드림은 하나님을 향해 도우심을 간구하는 엎드림이다. 필연코 하나님의 진노가 임할 것이기 때문이다(민 16:22).

"그 땅을 정탐한 자 중 눈의 아들 여호수아와 여분네의 아들 갈렙이 자기들의 옷을 찢고(6절)." 그때 함께 땅을 탐지하러 갔던 여호수아와 갈렙이 옷을 찢었다(tore their clothes). 옷을 찢는 것은 큰 슬픔을 나타낸다. 그들은 옷을 찢음으로 백성들이 지금 하나님을 배반하고 있으며 오직 하나님을 신뢰하지 않으면 안 된다는 것을 가르쳐 준다.

"이스라엘 자손의 온 회중에게 말하여 이르되 우리가 두루 다니며 정탐한 땅은 심히 아름다운 땅이라 여호와께서 우리를 기뻐하시면 우리를 그 땅으로 인도하여 들이시고 그 땅을 우리에게 주시리라 이는 과연 젖과 꿀이 흐르는 땅이니라(7, 8, 9절)." 여호수아와 갈렙은 그들이 정찰한 가나안 땅에 하나님의 말씀처럼 좋고 아름답다는 것을 강조하였다. 하나님이 약속하신 것처럼 젖과 꿀이 흐르는 땅이라는 것이다.

"다만 여호와를 거역하지는 말라 또 그 땅 백성을 두려워하지 말라 그들은 우리의 먹이라 그들의 보호자는 그들에게서 떠났고 여호와는 우리와 함께 하시느니라 그들을 두려워하지 말라 하나(9절)." 그리고 두 사람은 계속해서 백성들에게 말한다. "하나님을 거역하지 말라(do not rebel against the LORD)." 하나님을 거역하지 말라는 것은 이스라엘이 지금 반역을 하고 있다는 말이다. "그 땅 백성을 두려워하지 말라. 하나님께서 우리와 함께 하신다." 그들은 하나님이 이스라엘과 함께 하심을 강조하였다. 하나님을 향해 절대적인 신뢰를 보내고 있다.

두 사람은 "그들은 우리의 먹이다(we will swallow them up)"라 선포했다. 우리가 그들을 삼킨다는 말이다. 이 말은 다른 대원들이 '그 거민을 삼키는 땅' 이라 한 것과 극명하게 대조를 이루고 있다. 두 사람은 다른 대원들과 아주 달랐다.

나아가 "그들의 보호자는 그들에게서 떠났다." 선언한다. '그들의 보호자' 는 문자적으로 작열하는 태양으로부터의 피난처를 말한다. '그들의 그늘,' 곧 그들의 수호신을 말한다. 그런데 그 수호신이 그들에게서 떠났다고 말한다. 그들이 신뢰하는 모든 것이 그들에게서 떠났다는 것이다. 우상이 무엇을 할 수 있다는 말인가. 그러니 그들은 더 이상 두려워할 대상이 아니다.

"온 회중이 그들을 돌로 치려 하는데 그 때에 여호와의 영광이 회막에서 이스라엘 모든 자손에게 나타나시니라(10절)." 군중들은 일제히 분노하며 그들을 돌로 쳐 죽이려고 위협했다. 돌로 맞아야 할 자들이 오히려 돌을 들었다. 자기들이 스스로 재판관이 된 것이다. 그러자 갑자기 여호와의 영광의 광채가 성막 위에 나타났다. 돌로 치려 한 것은 약속의 땅을 바라보면서도 방향을 돌리게 하는 계기가 되었다. 그 후 38년간 광야에서 방황하며 죽어야 했다.

"여호와께서 모세에게 이르시되 이 백성이 어느 때까지 나를 멸시하겠느냐 내가 그들 중에 많은 이적을 행하였으나 어느 때까지 나를 믿지 않겠느냐(11절)." 하나님은 모세를 찾으셨다. 그리고 오히려 자신이 멸시를 당하였다 하셨고, 이스라엘의 믿음 없음을 나무라셨다. "도대체 언제까지 나를 멸시할 작정이냐? 내가 그들 가운데 그렇게 많은 기적을 행했는데도 언제까지 나를 믿지 않을 작정이냐?" 왜 하나님의 약속을 믿고 그 명령에 순순히 따르지 않느냐는 말씀이다.

"내가 전염병으로 그들을 쳐서 멸하고 네게 그들보다 크고 강한 나라를 이루게 하리라(12절)." 하나님은 이스라엘에 대한 중대 조치를 언급하셨다. "내가 무서운 전염병으로 그들을 쳐서 죽이고 너를 통하여 그들보다 더 크고 강한 나라를 세우겠다." 전염병은 히브리어로 '데베르(deber)' 다. 파멸, 파괴를 뜻한다. 전염병이라 한 것은 악성 전염병으로 온 이스라엘 백성을 파멸시킨다는 뜻으로 사용되었다. 나아가 하나님은 모세를 통해 지금의 이스라엘보다 더 크고 강한 나라를 세우겠다 하셨다. 거역하는 백성으로는 더 이상 안 되겠다는 말이다.

2. 모세의 중보기도(13-19절)

"모세가 여호와께 여짜오되 애굽인 중에서 주의 능력으로 이 백성을 인도하여 내셨거늘 그리하시면 그들이 듣고 이 땅 거주민에게 전하리이다 주 여호와께서 이 백성 중에 계심을 그들도 들었으니 곧 주 여호와께서 대면하여 보이시며 주의 구름이 그들 위에 섰으며 주께서 낮에는 구름 기둥 가운데에서, 밤에는 불기둥 가운데에서 그들 앞에 행하시는 것이니이다(13, 14절)."

모세는 하나님께 호소한다. 주의 능력으로 이 백성을 이집트에서 인도해 내셨는데 그리하시면 어떻게 되겠는가 하는 것이다. 하나님이 만일 그렇게 하시면 이집트 사람들이 그 소문을 듣고 사람들에게 말할 것이라는 것이다. 이 곳 사람들도 하나님이 이스라엘과 함께 하시고 구름기둥과 불기둥으로 인도하신 일을 이미 들어서 잘 알고 있는데 그러시면 안 된다는 것이다. 여기서 모세는 하나님을 '주,' 곧 '아도나이(adonai)' 라 불렀다. 하나님 앞에서 하나님의 거룩하신 이름 '여호와' 를 감히 부를 수 없었기 때문이다.

"이제 주께서 이 백성을 하나 같이 죽이시면 주의 명성을 들은 여러 나라가 말하여 이르기를 여호와가 이 백성에게 주기로 맹세한 땅에 인도할 능력이 없었으므로 광야에서 죽였다 하리이다(15, 16절)." 주님이 이 백성을 다 죽이실 경우 주의 명성을 들은 나라들이 하나님이 약속한 땅으로 인도할 수 없기 때문에 광야에서 그들을 죽였다고 말할 것이라는 것이다. 금송아지 사건 때도 모세는 하나님이 힘이 없어서 이스라엘의 조상들과 맺은 언약을 깨뜨렸다고 말할 것이라 했다. 하나님의 진노를 누그러뜨리고자 하는 모세의 의도적인 발언이었다. 모세는 지금 여기에서도 같은 논리를 사용해 용서를 구했다. 모든 것이 수포로 돌아가니 자비를 구한다는 것이다.

"이제 구하옵나니 이미 말씀하신 대로 주의 큰 권능을 나타내옵소서 이르시기를 여호와는 노하기를 더디 하시고 인자가 많아 죄악과 허물을 사하시나 형벌 받을 자는 결단코 사하지 아니하시고 아버지의 죄악을 자식에게 갚아 삼사 대까지 이르게 하리라 하셨나이다(17, 18절)." 모세는 이제 주께서 말씀하신 대로 주의 능력(the Lord's strength)을 나타내실 것을 간구한다. 그 능력은 주권자로서의 용서와 심판이다. 주께서는 쉽게 노하시지 않고 사랑과 자비가 많아서 죄와 잘못을 용서하신다. 하지만 그렇다고 범죄한 자를 벌하지 않은 채 그대로 두지는 않으신다. 그 죄에 대하여 자손 삼사 대까지 벌할 것이라고 말씀하셨다. 이 말씀은 하나님의 성품을 드러내는 출애굽기 34:6,7의 말씀을 인용한 것이다.

"구하옵나니 주의 인자의 광대하심을 따라 이 백성의 죄악을 사하시되 애굽에서부터 지금까지 이 백성을 사하신 것같이 사하시옵소서(19절)." 모세는 간구한다. 이 백성을 이집트에서부터 지금까지 용서해 주신 것처럼 주의 변함없는 크신 사랑으로 이들을 용서하여 주옵소서. '주의 인자의 광대하심을 따라' 의 인자는 '헤세드(checed)' 로 자애, 사랑을 의미한다.

3. 하나님이 불신앙을 징벌하심(20-38절)

"여호와께서 이르시되 내가 네 말대로 사하노라(20절)." 하나님은 모세의 기도대로 그들을 용서해 주겠다 약속하셨다. 중보의 효과가 나타난 것이다. 그렇다고 마땅히 받아야 할 벌을 면한 것은 아니다. 이스라엘이 배반했을 경우 때가 되면 징벌할 것을 이미 말씀하셨기(출 32:34) 때문이다.

"그러나 진실로 내가 살아 있는 것과 여호와의 영광이 온 세계에 충만할 것을 두고 맹세하노니(21절)." 용서해줌에 불구하고 나 하나님이 살아 있는 한, 그리고 온 세상이 하나님의 영광으로 가득 차 있는 한 이스라엘에 대해 분명히 취할 조치가 있다는 말씀이다.

"내 영광과 애굽과 광야에서 행한 내 이적을 보고서도 이같이 열 번이나 나를 시험하고 내 목소리를 청종하지 아니한 그 사람들은 내가 그들의 조상들에게 맹세한 땅을 결단코 보지 못할 것이요 또 나를 멸시하는 사람은 한 사람도 그것을 보지 못하리라(22, 23절)." 그것은 바로 그들 중 한 사람도 약속의 땅에 들어가지 못한다는 것이다. 그들은 하나님의 영광을 보고 또 이집트와 광야에서 행한 기적들을 보았으면서도 하나님을 열 번이나 시험하고 순종하지 않았기 때문이다. '열 번이나' 에서 열 번은 '완전,' '채움' 을 의미한다. 불순종의 수가 가득 찼고 이제 은혜의 날을 더할 수 없다는 말이다. 그들은 약속한 땅을 절대로 보지 못한다. 또한 하나님을 멸시한 자도 그 땅을 보지 못한다.

"그러나 내 종 갈렙은 그 마음이 그들과 달라서 나를 온전히 따랐은즉 그가 갔던 땅으로 내가 그를 인도하여 들이리니 그의 자손이 그 땅을 차지하리라(24절)." 하지만 갈렙만은 예외다. 하나님은 그를 '내 종' 이라 불렀다. 그만큼 순종했다는 말이다. 갈렙만은 그들과 다른 정신을 가지고 전적으로(wholeheartedly) 하나님을 따랐기 때문에 그가 탐지한 땅으로 하나님이 그를 인도하고, 그의 후손들이 그 땅을 차지할 것이라 약속하셨다. 여기서 여호수아가 빠진 것은 다른 정탐대원들의 보고에 대해 갈렙이 여호수아보다 적극적이었음을 나타내고자 한 것으로 보인다. 갈렙은 부정적인 보고를 반박하고 가나안 사람들과 싸워 이길 수 있다고 하였다.

"아말렉인과 가나안인이 골짜기에 거주하나니 너희는 내일 돌이켜 홍해 길을 따라 광야로 들어갈지니라(25절)." 그 땅 계곡에는 지금 아말렉족과 가나안족이 살고 있다. 아말렉족은 초지를 따라 이동하는 유목민족이고 가나안인, 특히 아모리 족속은 아말렉과 동맹관계를 맺고 있다. 그러므로 그들과 맞닥뜨리지 마라. (그렇게 부정적인 생각으로 싸워봤자 결과는 뻔하다.) 그러므로 너희는 내일, 곧 이후로는 돌아서 홍해로 가는 길을 따라 광야로 들어가도록 하셨다. 홍해로 가는 길(the route to the Red Sea)은 출애굽 때 건넌 그 길로 돌아가라는 것이 아니라 지금의 아카바만, 곧 홍해의 북쪽 지류를 따라 광야로 들어가라는 말씀이다. 아카바만도 홍해에 속한다. 그 길을 따라 광야로 들어간다는 것은 앞으로 그들에게 험한 행로가 있을 것을 말해준다. 그들은 '광야에서 죽었으면 좋았을 것(2절)' 이라 불평하지 않았는가. 이제 그것이 현실이 될 것이다.

"여호와께서 모세와 아론에게 말씀하여 이르시되 나를 원망하는 이 악한 회중에게 내가 어느 때까지 참으랴 이스라엘 자손이 나를 향하여 원망하는 바 그 원망하는 말을 내가 들었노라(26, 27절)." 하나님은 모세와 아론에게 말씀하신다. "이 악한 백성(this wicked community)이 언제까지 나에게 해대는 불평(grumble)을 듣고 참고만 있을 것인가? 나는 이들이 원망하는 소리를 다 들었다."

"그들에게 이르기를 여호와의 말씀에 내 삶을 두고 맹세하노라 너희 말이 내 귀에 들린 대로 내가 너희에게 행하리니(28절)." 내가 나의 살아있음을 두고 맹세한다. 살아있는 한, 곧 죽은 하나님이 아니신 한 그렇게 하시겠다는 말씀이다. 여호와의 사심을 두고 맹세하시는 말씀이다. 변함없이, 꼭 이루시겠다는 말씀이다. 너희가 나의 귀에 들리도록 말한 그대로, 내가 반드시 너희에게 하겠다. 너희가 말한 그대로 해 주겠다는 말씀이다. 이것은 우리의 말 하나가 얼마나 무서운 결과를 가져올 수 있는가를 보여준다.

"너희 시체가 이 광야에 엎드러질 것이라 너희 중에서 이십 세 이상으로서 계수된 자 곧 나를 원망한 자 전부가 여분네의 아들 갈렙과 눈의 아들 여호수아 외에는 내가 맹세하여 너희에게 살게 하리라 한 땅에 결단코 들어가지 못하리라(29, 30절)." 이스라엘 가운데 20세 넘은 사람, 인구조사를 받은 모든 사람, 곧 나를 원망한 사람들은 이 광야에서 시체가 되어 뒹굴게 될 것이다. 나는 너희에게 땅을 주어 살게 하겠다고, 손을 들어(uplifted hand) 맹세까지 하였다. 그러나 너희는 철저히 불순종했다. 이제 너희는 그 땅으로 들어가지 못한다. 다만 갈렙과 여호수아만이 들어갈 것이다.

"너희가 사로잡히겠다고 말하던 너희의 유아들은 내가 인도하여 들이리니 그들은 너희가 싫어하던 땅을 보려니와 너희의 시체는 이 광야에 엎드러질 것이요 너희의 자녀들은 너희 반역한 죄를 지고 너희의 시체가 광야에서 소멸되기까지 사십 년을 광야에서 방황하는 자가 되리라(31, 32, 33절)." 너희는 너희 자녀들이 사로잡혀갈 것이라고 말했다. 약탈(plunder) 된다는 말이다. 그러나 나는 그들을 인도하여 너희가 거절한 땅으로 들어가 살게 하겠다. 그 땅을 즐기게 하겠다(enjoy the land)는 것이다. 하지만 너희는 이 광야에서 쓰러져 죽을 것이다. 나를 불신한 죄 때문에 너희 자녀들은 너희가 한 사람도 남지 않고 다 죽을 때까지 광야에서 40년 동안 방랑자가 될 것이다. NIV는 목자(shepherds)가 되리라 하였다. 방랑하는 목자다.

"너희는 그 땅을 정탐한 날 수인 사십 일의 하루를 일 년으로 쳐서 그 사십 년간 너희의 죄악을 담당할지니 너희는 그제 서야 내가 싫어하면 어떻게 되는지를 알리라 하셨다 하라(34절)." 너희가 그 땅을 사십 일 동안 탐지하였다. 그 날 수대로 하루를 일 년으로 쳐서(one year for each of the forty days), 사십 년 동안 너희의 죄의 짐을 너희가 져야 한다. 그 죄 때문에 고통을 당해야 한다(suffer for your sins)는 것이다. 그제야 비로소 하나님이 너희를 싫어하면 어떻게 되는지를 알게 될 것이다. 40년은 한 사람이 가지는 삶의 기간이다. 이 기간 동안 하나님을 배반한 이스라엘 성인 세대는 모두 바뀌게 될 것이라는 말씀이다.

"나 여호와가 말하였거니와 모여 나를 거역하는 이 악한 온 회중에게 내가 반드시 이같이 행하리니 그들이 이 광야에서 소멸되어 거기서 죽으리라(35절)." 한데 어울려 나를 거역한, 이 악한 온 회중에게는 내가 말한 그대로 하고야 말겠다. 그들은 이 광야에서 최후를 맞을 것이다. 그들은 여기서 죽는다."

"모세의 보냄을 받고 땅을 정탐하고 돌아와서 그 땅을 악평하여 온 회중이 모세를 원망하게 한 사람 곧 그 땅에 대하여 악평한 자들은 여호와 앞에서 재앙으로 죽었고(36, 37절)." 정탐대원 중 그 땅에 대하여 나쁜 소문을 퍼뜨리면서 온 회중을 선동하여 모세를 원망하게 한 사람들은 주님 앞에서 재앙을 받아 죽었다. 이 재앙은 '막게파(maggephah)' 로 징벌에 따른 염병의 뜻을 가지고 있다. 하나님이 그들을 치셨다는 말씀이다. 다른 사람을 선동해 시험에 빠뜨린 자는 더 큰 죄악을 범하는 것이다.

"그 땅을 정탐하러 갔던 사람들 중에서 오직 눈의 아들 여호수아와 여분네의 아들 갈렙은 생존하니라(38절)." 하나님의 말씀대로 여호수아와 갈렙만 살아남았다.

4. 범죄로 인한 이스라엘의 패배(39-45절)

"모세가 이 말로 이스라엘 모든 자손에게 알리매 백성이 크게 슬퍼하여(39절)." 모세가 하나님의 말씀을 그대로 전하자 매우 슬퍼했다. 크게 슬퍼하며 울었다(mourned bitterly)는 말이다. 뒤늦은 후회다.

"아침에 일찍이 일어나 산꼭대기로 올라가며 이르되 보소서 우리가 여기 있나이다 우리가 여호와께서 허락하신 곳으로 올라가리니 우리가 범죄하였음이니이다(40절)." 다음날, 그들은 일찍 일어나 산꼭대기, 곧 산간 지대(high hill country)로 올라가면서 외쳤다. "주님께서 말씀하신 그 곳으로 올라갑시다. 우리가 하나님께 죄를 범했다."

"모세가 이르되 너희가 어찌하여 이제 여호와의 명령을 범하느냐 이 일이 형통하지 못하리라 여호와께서 너희 중에 계시지 아니하니 올라가지 말라 너희의 대적 앞에서 패할까 하노라 아말렉인과 가나안인이 너희 앞에 있으니 너희가 그 칼에 망하리라 너희가 여호와를 배반하였으니 여호와께서 너희와 함께 하지 아니하시리라 하나(41, 42, 43절).” 모세는 적극적으로 말렸다. “왜 하나님의 말씀을 거역하려는 것인가? 올라가지 말라. 결코 성공하지 못한다. 하나님은 더 이상 너희 가운데 계시지 않는다. 당신들은 적에게 패한다. 아말렉 사람과 가나안 사람이 거기에서 당신들을 기다리고 있다. 당신들은 그들의 칼에 쓰러지고 말 것이다. 당신들이 하나님을 저버렸기 때문에 하나님이 당신들과 함께 하시지 않는다.” 모세가 그토록 말렸지만 그들에겐 그 말이 귀에 들려오지 않았다. 망한다는데, 마음이 더 급해졌다.

“그들이 그래도 산꼭대기로 올라갔고 여호와의 언약궤와 모세는 진영을 떠나지 아니하였더라 아말렉인과 산간지대에 거주하는 가나안인이 내려와 그들을 무찌르고 호르마까지 이르렀더라(44, 45절).” 여호와의 법궤와 모세가 진영(camp)을 떠나지 않았는데도 그들은 산간 지대로 올라갔다. 그러자 아말렉족과 가나안족이 기다렸다는 듯이 내려와 그들을 공격해 대파시키고 호르마(Hormah)까지 추격하였다. 처참한 결과를 초래한 것이다. 호르마는 가데스 근처에 있다.

히브리서 기자는 이 사건을 두고 말한다. “형제들아 너희는 삼가 혹 너희 중에 누가 믿지 아니하는 악한 마음을 품고 살아 계신 하나님에게서 떨어질까 조심할 것이요 오직 오늘이라 일컫는 동안에 매일 피차 권면하여 너희 중에 누구든지 죄의 유혹으로 완고하게 되지 않도록 하라 우리가 시작할 때에 확신한 것을 끝까지 견고히 잡고 있으면 그리스도와 함께 참여한 자가 되리라(히 2:12-14).”

제15장

기타 제사에 관한 규례

요약

1. 기타 제사(소제, 전제, 거제)에 관한 규례(1-21절)

1) 가나안 땅에 들어가 화제, 번제, 서원제, 낙헌제, 절기제 때 소나 양으로 하나님께 향기롭게 드릴 때 소제로 고운가루 에바 10분의 1에, 기름 한 힌의 4분의 1일 섞어 드린다.
2) 어린 양이면 전제로 포도주 한 힌의 4분의 1을, 수양이면 고운 가루 에바 10분의 1에 기름 한 힌의 3분의 1을 섞어 소제로, 포도주 한 힌의 3분의 1을 전제로 하나님 앞에 향기로운 화제를 삼을 것.
3) 수송아지, 수양, 어린 수양, 어린 염소는 마리 수마다 이같이 하고 각기 수효에 맞게 예비할 것.
4) 본토 소생이나 너희 중 우거하는 타국인이나 한 법도, 한 규례니라. 범죄자에 대한 법도 동일하다. 하나님을 멸시, 훼방하면 그 명령을 파괴했으므로 백성 중에서 끊어지고 그 죄악이 자기에게 돌아감.
5) 가나안 땅에 들어가 그 땅의 양식을 먹을 때 처음 익은 곡식 가루 떡을 타작마당의 거제같이 거제로 하나님 앞에 대대로 드릴 것.

2. 부지 중 죄를 범한 경우의 제물(22-31절)

1) 온 회중이 모세로 말한 하나님의 명령을 지키지 못하여 부지중 범죄한 경우 온 회중은 수송아지 하나를 화제로 드리고 규례대로 소

제와 전제를 드린 후 수염소 하나를 속죄제로 드릴 것이며 제사장 이 회중을 위해 속죄할 것.

2) 한 사람이 그릇 범죄하면 일 년 된 암염소로 속죄제를 드리고, 제사장이 속죄하여 그 죄를 속하여 사함을 얻게 한다.

3. 안식일을 범한 자의 죽음(32-36절)

1) 광야에서 안식일에 나무한 자는 온 회중이 진 밖에서 돌로 그를 쳐 죽인다.

4. 옷단에 만든 술(37-41절)

1) 옷단 귀에 술을 만들고 그 귀의 술에 청색 끈을 더하라

2) 이는 대대로 지킬 것. 이 술은 너희로 보고 하나님의 계명을 기억하여 준행하고 방종케 하는 마음과 눈의 욕심을 좇지 않게 하기 위함임.

---

1. 기타 제사에 관한 규례(1-21절)

"여호와께서 모세에게 말씀하여 이르시되 이스라엘 자손에게 말하여 그들에게 이르라 너희는 내가 주어 살게 할 땅에 들어가서(1, 2절)." 여기선 언급된 '내가 주어 살게 할 땅,' 곧 약속의 땅에 들어갈 수 있는 자는 20세 미만으로 병적을 위해 계수할 때 빠진 젊은 세대들이다. 이들은 아직 부모의 슬하에 있으며 배워야 할 세대다. 이 절에서는 그들이 배워야 할 제사, 그리고 가나안에 가서 지켜야 할 규례들이 소개되어 있다. 이 규례들을 소개하는 것은 비록 20세 이상의 성인들은 광야에서 죽게 되겠지만 하나님께서는 그의 자녀들을 약속의 땅으로 인도하시고, 그들의 제사를 받으시겠다는 것을 보여준다. 14장과 15장 사이에 시간적인 간격이 있다고 보는 학자

도 있다. 14장에서 정탐보고에 대한 반응과 그 결과에 대해 소개하다 15절에 갑자기 제사 규례가 소개되고 있기 때문이다.

"여호와께 화제나 번제나 서원을 갚는 제사나 낙헌제나 정한 절기제에 소나 양을 여호와께 향기롭게 드릴 때에(3절)."

화제(火祭, offerings made by fire)는 거제와 요제와 함께 제사를 드리는 세 가지 방법 가운데 하나로, 제물을 번제단 위에서 태워드리는 것을 말한다. 제물을 불에 태워 그 향기로운 냄새를 하나님께 드리는 제사다. 거제(擧祭)는 제물을 번제단 위에 높이 들어 올려 드리는 방법이다. 요제(搖祭)의 문자적인 뜻은 '흔드는 제사' 다. 하지만 들어 올려 바친다는 것이 더 정확하다. 성소에서 하나님께 제물로 바치고자 하나 아직 소유권이 주인에게 있는 제물을 먼저 들어 올려 바친다는 의미의 봉헌의식을 치렀다.

번제(burnt offering)는 제물을 불에 완전히 태워 향기로 하나님께 드리는 제사다. 자신의 몸과 영혼을 여호와께 드린다는 의미다. 히브리어 '올라(olah)' 는 연기나 불꽃이 위로 올라가듯 상승하는 것, 곧 '올라가는(ascent) 것' 이라는 뜻이다. 화제와 구별하여 제단에 올리는 모든 제물로 해석하기도 한다.

서원제(offering for special vows)는 서원이 이루어진 경우에 드리는 제사다. 낙헌제(樂獻祭, freewill offering)는 자원제로 마음에서 우러나와 자발적으로 드리는 제사다. 절기제(festival offerings)는 유월절, 무교절, 칠칠절, 초막절 등 절기에 드리는 제사다.

"그러한 헌물을 드리는 자는 고운 가루 십분의 일에 기름 사분의 일 힌을 섞어 여호와께 소제로 드릴 것이며(4절)." 소나 양을 제물로 드릴 때 예물을 드리는 사람은 소제(素祭, grain offering)도 함께 드린다. 소제는 곡식으로 드리는 제사를 말하며 '피 없는 제사,' '부속 제사' 라 하기도 한다. 이 때 고운 밀가루 2.2리터에 기름 약 1리터를 섞은 소제물, 곧 곡식예물을 바친다. 고운 가루는 고운 밀가루를 말하며 에바 십분의 일을 드리도록 했다. 가루 1에바(ephah)는 22리터다. 기름 1힌(hin)은 3.831리터다. 소제물은 기름과 소금을 함께 드리기도 했다. 이 때 기름은 성령을, 소금은 언약을 상징하는 것으로 해석하기도 한다.

"번제나 다른 제사로 드리는 제물이 어린 양이면 전제로 포도주 사분의 일 힌을 준비할 것이요 숫양이면 소제로 고운 가루 십분의 이에 기름 삼분의 일 힌을 섞어 준비하고 전제로 포도주 삼분의 일 힌을 드려 여호와 앞에 향기롭게 할 것이요(5, 6, 7절)."

번제나 다른 제사에 어린 양을 제물로 바칠 때는 포도주 약 1리터를 전제로 함께 바친다. 수양을 제물로 바칠 때는 고운 밀가루 에바 10분의 2, 곧 4.4리터에 기름은 1힌의 3분의 1, 곧 약 1리터를 섞은 소제물을 바친다. 또한 전제(奠祭, drink offering)로 포도주 1.2리터를 함께 바쳐 여호와를 기쁘게 하는 향기로운 제물이 되게 한다. 전제는 포도주 등과 같은 것을 부어서 드리는 제사를 말한다.

"번제로나 서원을 갚는 제사로나 화목제로 수송아지를 예비하여 여호와께 드릴 때에는 소제로 고운 가루 십분의 삼 에바에 기름 반 힌을 섞어 그 수송아지와 함께 드리고 전제로 포도주 반 힌을 드려 여호와 앞에 향기로운 화제를 삼을지니라(8, 9, 10절)." 번제나 서약을 지키는 제사나 화목제에 수송아지를 바칠 때는 소제와 전제를 드린다. 소제로는 고운 밀가루 6.6리터에 기름 1.8리터를 섞은 소제물을 드리고, 전제로는 포도주 1.8리터를 드린다. 이 모두를 함께 바쳐 여호와를 기쁘게 하는 향기로운 화제가 되게 한다.

"수송아지나 숫양이나 어린 숫양이나 어린 염소에는 그 마리 수마다 위와 같이 행하되 너희가 준비하는 수효를 따라 각기 수효에 맞게 하라(11, 12절)." 이상의 소제물이나 전제물은 수송아지나 수양이나 어린 양이나 어린 염소 한 마리에 해당하는 제물이다. 한 마리 이상 바칠 경우 소제물과 전제물은 그 짐승의 수에 비례하여 많아져야 한다.

"누구든지 본토 소생이 여호와께 향기로운 화제를 드릴 때에는 이 법대로 할 것이요 너희 중에 거류하는 타국인이나 너희 중에 대대로 있는 자나 누구든지 여호와께 향기로운 화제를 드릴 때에는 너희가 하는 대로 그도 그리할 것이라 회중 곧 너희에게나 거류하는 타국인에게나 같은 율례이니 너희의 대대로 영원한 율례라 너희가 어떠한 대로 타국인도 여호와 앞에 그러하리라 너희에게나 너희 중에 거류하는 타국인에게나 같은 법도, 같은 규례이니라(13-16절)." 이 규례를 지켜야 할 대상자는 이스라엘 사람은 물론이고 그들과 함께 사는 외국인도 마찬가지다. 함께 사는 공동체 모두 여호와께 화제(an offering made by fire)를 드릴 때 이 규례를 지킨다. 이 율례는 영원한 율례(a lasting ordinance)로 이스라엘 사람이나 외국인 모두 다 같이 이 규례를 대대로 지켜야 한다. 하나님 앞에서는 모든 사람이 평등하므로(the same before the LORD) 법과 규례가 동일하게 적용되어야 한다.

"여호와께서 모세에게 말씀하여 이르시되 이스라엘 자손에게 말하여 이르라 너희는 내가 인도하는 땅에 들어가거든 그 땅의 양식을 먹을 때에 여호와께 거제를 드리되 너희의 처음 익은 곡식 가루 떡을 거제로 타작마당의 거제 같이 들어 드리라 너희의 처음 익은 곡식 가루 떡을 대대에 여호와께 거제로 드릴지니라(17-21절)." 하나님은 이스라엘 백성이 하나님의 인도하심에 따라 약속의 땅에 들어가 그 땅에서 난 양식을 먹을 때 그 중 일부를 여호와에게 예물로 바치도록 했다. 처음 거둔 곡식으로 떡(빵, a cake)을 만들어서 타작한 곡식을 바칠 때처럼 거제, 곧 들어 올려 바친다. 처음 거둔 곡식으로 떡을 만들어 바치는 이 특별한 예물은 한번으로 끝나는 것이 아니라 하나님께 대대로 바쳐야 한다.

2. 부지 중 죄를 범한 경우의 제물(22-31절)

"너희가 그릇 범죄하여 여호와가 모세에게 말씀하신 이 모든 명령을 지키지 못하되 곧 여호와께서 모세를 통하여 너희에게 명령한 모든 것을 여호와께서 명령한 날 이후부터 너희 대대에 지키지 못하여 회중이 부지중에 범죄하였거든 온 회중은 수송아지 한 마리를 여호와께 향기로운 화제로 드리고 규례대로 소제와 전제를 드리고 숫염소 한 마리를 속죄제로 드릴 것이라(22-24절)."

'부지중에(unintentionally),' '그릇' 은 히브리어 '비스가가(bisgagah)' 로 '실수로(by ignorance)' 라는 뜻을 가지고 있다. 무의식중에 실수로 죄를 저지른 경우라는 말이다. 실수로 죄를 지은 경우 용서함을 받을 수 있다. 이 경우 속죄제를 드려야 한다. 그러나 이스라엘 회중 전체가 알지 못하고 범한 경우와 개인이 알지 못하고 범한 경우 드릴 제물이 다르다. 회중 전체가 무의식중에 저지른 죄, 곧 국가적인 죄에 대해서는 수송아지 한 마리를 번제로 드리고, 수 염소 한 마리를 속죄 제물로 드린다. 규례에 따라 소제와 전제도 드린다. 개인이 부지중에 죄를 범했을 경우 1년 된 암염소로 속죄제를 드린다(27절).

"제사장이 이스라엘 자손의 온 회중을 위하여 속죄하면 그들이 사함을 받으리니 이는 그가 부지중에 범죄함이며 또 부지중에 범죄함으로 말미암아 헌물 곧 화제와 속죄제를 여호와께 드렸음이라 이스라엘 자손의 온 회중과 그들 중에 거류하는 타국인도 사함을 받을 것은 온 백성이 부지중에 범죄하였음이니라(25, 26절)." 제사장이 백성을 위해 속죄하면 모든 백성이 용서받게 된다. 백성 전체가 알지 못하여 죄를 범했지만 여호와께 화제와 속죄제물을 드렸기 때문이다. 잘 알지 못하고 부지중에 범한 잘못에 대해서는 이스라엘 백성은 물론 그들 가운데 함께 사는 외국인도 용서받게 된다.

"만일 한 사람이 부지중에 범죄하면 일 년 된 암염소로 속죄제를 드릴 것이요 제사장은 그 부지중에 범죄한 사람이 부지중에 여호와 앞에 범한 죄를 위하여 속죄하여 그 죄를 속할지니 그리하면 사함을 얻으리라(27, 28절)." 개인이 부지중에 실수로 죄를 범한 경우 1년 된 암염소를 속죄 제물로 드리도록 했다. 레위기 4:28, 32에서는 암염소나 어린 양 암컷 한 마리를 드리도록 했다. 제사장이 여호와 앞에서 그를 위해 속죄하면 용서받게 된다.

"이스라엘 자손 중 본토 소생이든지 그들 중에 거류하는 타국인이든지 누구든 부지중에 범죄한 자에 대한 법이 동일하거니와(29절)." 이스라엘 사람이건 이스라엘 가운데 사는 외국인이건 무의식중에 죄를 범한 자에게는 이와 같은 법이 동일하게 적용된다. 법 적용에 차이가 없다는 말이다. 법 앞에서는 모두가 평등하다.

"본토인이든지 타국인이든지 고의로 무엇을 범하면 누구나 여호와를 비방하는 자니 그의 백성 중에서 끊어질 것이라 그런 사람은 여호와의 말씀을 멸시하고 그의 명령을 파괴하였은즉 그의 죄악이 자기에게로 돌아가서 온전히 끊어지리라(30, 31절)."

그러나 이스라엘 사람(본토인)이든 이스라엘에 우거하는 외국인이든 고의로 하나님의 명령을 어긴 사람은 백성 중에서 끊어진다. 고의적으로 죄를 범하면 여호와를 멸시하는 자이므로 그를 처형시키라는 말이다. 하나님의 말을 무시하고 그 명령을 어겼기 때문에 그 죄로 인해 죽는 것이 마땅하다는 것이다. 이 죄는 하나님과 관련된 죄다. 사람들 사이의 허물에 관한 규례를 정하고 있는 레위기 6:1-7에서는 고의로 죄를 지었다 하더라도 죄를 지은 사람이 공개적으로 자기 죄를 시인하고 피해자에게 손해배상을 한 다음 속건제를 드리면 용서 받을 수 있도록 했다.

3. 안식일을 범한 자의 죽음(32-36절)

"이스라엘 자손이 광야에 거류할 때에 안식일에 어떤 사람이 나무하는 것을 발견한지라 그 나무하는 자를 발견한 자들이 그를 모세와 아론과 온 회중 앞으로 끌어왔으나 어떻게 처치할는지 지시하심을 받지 못한 고로 가두었더니(32, 33, 34절)."

이 단락은 고의적으로 하나님께 죄를 지었을 경우를 예시하고 있다. 이스라엘이 광야에 있을 때 어떤 사람이 안식일에 나무를 하다가 발각되어 모세와 아론과 이스라엘 군중 앞에 끌려왔다. 하지만 그를 어떻게 처리해야할지 몰라서 가두어 두었다. 안식일에 불을 피우지 말라는 규정(출 35:3)은 있지만 땔감을 모으는 것에 대한 규정은 없었기 때문이다.

"여호와께서 모세에게 이르시되 그 사람을 반드시 죽일지니 온 회중이 진영 밖에서 돌로 그를 칠지니라 온 회중이 곧 그를 진영 밖으로 끌어내고 돌로 그를 쳐 죽여서 여호와께서 모세에게 명령하신 대로 하니라(35, 36절)." 하나님은 그를 처형하도록 했다. 모든 군중이 진영 밖에서 그를 돌로 쳐 죽이라는 것이다. 땔감을 모은 행위는 안식일에 불을 피우려는 의도가 있었다고 본 것이다. 안식일은 언약의 상징이었기 때문에 안식일을 범하는 것은 심각한 죄에 속한다. 이스라엘 온 회중이 명령대로 그를 진영 밖으로 끌고 가 돌로 쳐 죽였다.

4. 옷단에 만든 술(37-41절)

"여호와께서 모세에게 말씀하여 이르시되 이스라엘 자손에게 명령하여 대대로 그들의 옷단 귀에 술을 만들고 청색 끈을 그 귀의 술에 더하라(37, 38절)." 하나님은 모세를 통하여 이스라엘 백성에게 대대로 옷단 귀, 곧 옷자락에 술(tassels)을 달고 청색 끈(a blue cord)을 그 술에 더하도록 했다. 술은 히브리어로 '치치트(sisit)' 다. 옷자락에 단 각각의 술은 여덟 가닥의 실과 다섯 개의 매듭으로 되어 있다. 이스라엘 백성의 옷 술에 청색 실을 더한 것은 이스라엘을 제사장 나라이자 거룩한 백성(출 19:6)으로 보았기 때문이다. 청색은 왕권과 신성을 나타낸다. 법궤는 청색 천으로 쌌고 성막은 청색 실을 꼬아 휘장을 만들었다. 제사장 옷도 청색을 사용했다.

"이 술은 너희가 보고 여호와의 모든 계명을 기억하여 준행하고 너희를 방종하게 하는 자신의 마음과 눈의 욕심을 따라 음행하지 않게 하기 위함이라(39절)." 술을 단 목적은 하나님의 명령을 항상 기억하기 위한 것임을 밝히고 있다. 이것을 볼 때마다 하나님의 모든 명령을 기억하고 지키며 하나님을 떠나지 않고 방종한 생각이나 욕심을 따라 살지 않도록 하기 위함이다.

"그리하여 너희가 내 모든 계명을 기억하고 행하면 너희의 하나님 앞에 거룩하리라(40절)." 이스라엘은 옷자락에 술을 닮으로써 하나님의 모든 명령을 기억하고 지켜 행하면 하나님 앞에서 거룩하게 되리라 약속하셨다. 이스라엘 백성은 하나님 앞에서 언제나 거룩하게 사는 것이 마땅하다는 것이다.

"나는 여호와 너희 하나님이라 나는 너희의 하나님이 되려고 너희를 애굽 땅에서 인도해 내었느니라 나는 여호와 너희의 하나님이니라(41절)." 하나님은 이스라엘의 하나님이 되려고 그들을 이집트에서 인도해 낸 하나님 여호와이심을 확실히 하셨다. 그리고 '나는 너희 하나님 여호와(I am the LORD your God)' 이심을 다시금 확인시켜 주셨다. 그 하나님은 우리가 주 안에서 거룩한 삶을 살고, 거룩한 백성이 되기를 바라신다.

제16장

고라당의 반역과 하나님의 징계

요약

1. 고라당의 반역(1-14절)
   1) 고라, 다단과 아비람, 온이 당을 짓고 250족장과 함께 일어나 모세와 아론을 대항함
   2) 반기이유: 너희가 분수에 지나치다. 회중이 다 각각 거룩하고 하나님이 그들 중에 계시거늘 너희가 어찌 하나님 총회 위에 스스로 높이는가.
   3) 모세, "하나님이 백성 중 너희를 구별하여 백성 대신 성막을 봉사케 한 이 일이 작지 아니하거늘 너희 무리가 하나님을 거스려 제사장 직분을 구하며 아론을 원망하느냐"며 고라와 그 무리들을 책망
   4) 모세가 다단과 아비람을 부르러 보내니 그들이 올라가기를 거부하며 "네가 우리를 젖과 꿀이 흐르는 땅에서 이끌어내어 광야에서 죽이려 함이 어찌 작은 일이기에 우리 위해 스스로 왕이 되려 하는가 그 땅으로 인도하지도 아니하고 밭도 포도원도 우리에게 기업으로 주지 않으니 네가 이 사람들의 눈을 빼려느냐" 함.

2. 땅이 반역자들과 그 가족들을 삼킴(15-35절)
   1) 모세가 고라의 무리로 내일 각각 향로를 가져오고(250향로) 고라와 아론도 향로를 가져오게 함

2) 이튿날 불을 피우고 향을 담은 후 모세와 아론이 회막문 앞에 서니 고라가 회중을 회막 문에 모아 두 사람을 대적.
3) 그 때 여호와의 영광이 온 회중에 나타나 "모세와 아론은 이 회중에서 떠나라 내가 순식간에 그들을 멸하려 하노라" 하심
4) 모세가 "한 사람이 범죄하였거늘 온 회중에 진노하지 마옵소서" 하니 하나님이 "회중에게 명하여 고라, 다단, 아비람의 장막에서 떠나라" 하심.
5) 모세가 회중에게 "악인들의 장막에서 떠나 그들의 물건은 아무 것도 만지지 말라 그들의 모든 죄 중에서 너희도 멸망할까 하노라" 하니 무리들이 그들의 장막을 떠남
6) 모세가 다단과 아비람에게 "나를 보내사 이 모든 일을 행하게 함이 하나님이요 나의 임의가 아님을 너희가 알리니 만일 땅이 입을 벌려 이 사람들과 그 모든 소속을 삼켜 산채로 음부에 빠지게 하시면 이 사람들이 하나님을 멸시한 것을 너희가 알리라" 함.
7) 이 말을 마치자 동시에 그들 밑의 땅이 갈라져 그들과 그 가족, 고라에게 속한 모든 사람과 그 물건을 삼키니 그들이 산채로 음부에 빠지며 땅이 그 위에 합함. 회중이 이를 보고 도망.
8) 하나님께로 불이 나와 분향하는 250인을 소멸함.

3. 불탄 자들이 드렸던 놋 향로를 이스라엘의 기념물로 삼으심(36-40절)

1) 모세가 하나님의 명대로 아론의 아들 엘르아살로 불붙는 향로에서 그 불을 타처에 쏟게 함. 그 사람들은 범죄하여 그 생명을 스스로 해했으나 그들이 향로를 하나님께 드렸으므로 그 향로는 거룩하게 되었음이라.
2) 그 향로로 제단을 싸는 편철로 만들어 이스라엘 자손에게 표(기념물)이 되게 함. 이는 아론의 자손 외 외인은 하나님 앞에 분향하러 가까이 오지 못하게 함이며 또 고라와 그 무리와 같이 되지 않게 하기 위함임.

4. 백성들의 원망과 염병(41-50절)

1) 이튿날 온 회중이 모세와 아론을 원망하며 “너희가 하나님의 백성을 죽였다” 하고 모세와 아론을 칠 때 구름이 회막을 덮고 하나님의 영광이 나타나 “너희는 이 회중에서 떠나라 내가 순식간에 그들을 멸하리라” 하니 두 사람이 엎드림

2) 모세가 아론에게 “향로에 단의 불을 담고 그 위에 향을 두어 급히 회중에게 가서 그들을 위해 속죄하라 하나님이 진노하사 염병이 시작되었음이라” 함.

3) 아론이 모세의 말대로 함. 백성 중에 염병이 시작되었더니 이에 백성을 위해 속죄하고 죽은 자와 산자 사이에 섰을 때에 염병이 그침. 염병으로 죽은 자가 14,700명

---

1. 고라당의 반역(1-14절)

“레위의 증손에 고핫의 손자 이스할의 아들 고라와 르우벤 자손 엘리압의 아들 다단과 아비람과 벨렛의 아들 온이 당을 짓고(1절).”

고라당의 반역이 언제 일어났는지는 정확히 알 수 없다. 옷 술에 관한 규례가 선포되고 이스라엘이 제사장 나라요 거룩한 백성임을 다시금 새롭게 했던 시기에 일어난 것으로 보인다. 고리 무리의 말인 3절이 이를 입증하고 있다. 또한 13, 14절을 볼 때 가데스에서 반역이 일어난 후에 발생한 것으로 보인다.

본문에서는 네 사람이 모세와 아론을 반역한 것으로 소개되고 있다. 레위 지파의 고핫 자손 고라(Korah), 르우벤 지파에 속한 다단(Dathan), 아

비람(Abiram), 그리고 온(On)이다. 고핫 자손과 르우벤 지파는 성막 남쪽에 함께 진을 쳐 모세와 아론을 대항할 때 공동전선을 펴기 쉬웠다. 하지만 각자의 생각은 조금 달랐다. 고라는 아론의 제사장 직에 불만을 품었다(3, 10절). 고라는 모세의 사촌 형(출 6:21)으로 오만하고 명예욕이 컸다. 다단, 아비람, 온 등은 가나안에 인도하시려는 하나님의 계획에 불만이 있었다(13, 14절). 르우벤이 장자권을 잃었기 때문에 그 후손으로서 불만이 있을 수 있다. 온은 이후로 다시 언급되지 않는데, 그 음모에서 빠졌을 것으로 보는 학자도 있다.

"이스라엘 자손 총회에서 택함을 받은 자 곧 회중 가운데에서 이름 있는 지휘관 이백오십 명과 함께 일어나서 모세를 거스르니라(2절)." 잘 알려진 이스라엘 백성의 지도자 250명도 이 사건에 가담했다. 이들은 이스라엘 자손 총회에서 택함을 받은 사람들(members of the council)로, 여러 지파에 속한 지도적 인물들이었다.

"그들이 모여서 모세와 아론을 거슬러 그들에게 이르되 너희가 분수에 지나도다 회중이 다 각각 거룩하고 여호와께서도 그들 중에 계시거늘 너희가 어찌하여 여호와의 총회 위에 스스로 높이느냐(3절)." 그들이 몰려와 모세와 아론을 성토했다. "당신들은 분수에 지나친 행동을 하고 있소. 이스라엘 백성은 다 여호와께서 선택한 자들이고 그분은 우리 가운데도 계시는데 어째서 주님의 회중 위에 군림하려 하는가?" 여기서 '여호와의 총회(the LORD's assembly)' 는 이스라엘 회중(congregation)을 가리킨다. 모세는 고라가 레위 지파의 특권을 폐지하려 한 것이 아니라 자기와 자신의 후손이 제사장 직을 얻기 위해 아론을 공격하는 것이라 생각했다(10, 11절). '온 회중이 다 거룩하다' 는 말은 이스라엘 모두 '거룩한 백성' 이라는 점에서 맞는 말이다. 하지만 다른 지파의 지지를 최대한 얻어내기 위해 이 말을 사용한 것으로 보인다. 출 19:6의 '거룩한 백성이 되리라' 는 약속은 '만일 너희가 내 목소리를 청종하고 내 언약을 지키면' 이라는 조건이 붙어있다. 그들은 이 조건 절을 생략했다.

"모세가 듣고 엎드렸다가 고라와 그의 모든 무리에게 말하여 이르되 아침에 여호와께서 자기에게 속한 자가 누구인지, 거룩한 자가 누구인지 보이시고 그 사람을 자기에게 가까이 나아오게 하시되 곧 그가 택하신 자를 자기에게 가까이 나아오게 하시리니(4, 5절)." 모세가 이 말을 듣고 땅에 엎드린(fell facedown) 것을 '현대인의 성경' 과 '새번역' 에서는 엎드려 하나님께 기도한 것으로 번역했다. 리더십 위기 상황에서 그가 할 일은 기도다. 그 후 고라와 그와 함께 한 무리에게 향로를 취하여 분향하라고 했다. 그러면 하나님이 누구를 제사장으로 택했는지 보여주실 것이라 했다. 그들이 제사장이 될 권리를 주장했기 때문이다.

"이렇게 하라 너 고라와 네 모든 무리는 향로를 가져다가 내일 여호와 앞에서 그 향로에 불을 담고 그 위에 향을 두라 그 때에 여호와께서 택하신 자는 거룩하게 되리라 레위 자손들아 너희가 너무 분수에 지나치느니라(6, 7절)." 모세는 고라와 그의 추종자들을 향해 향로에 불을 담고 여호와 앞에서 향을 피우도록 했다. 그러면 하나님께서 택하신 자가 누구인지 곧 알게 될 것이다. 하나님이 택한 자이면 죽음을 당치 않을 것이고, 택하지 않은 자이면 아론의 아들 나답과 아비후가 임의로 향로에 불을 붙여 분향하다가 불에 타 죽은 것처럼 '다른 불' 을 드린 것으로 간주되어 죽임을 당할 것이다. (35절을 보면 250명은 죽임을 당하고 만다.) 모세는 고라를 추종하는 레위인들이 지금 분수에 지나친 행동을 하고 있다고 했다. 제사장이 되는 일은 자기가 하고 싶다 해서 되는 일이 아니고 하나님의 선택에 달려있기 때문이다.

"모세가 또 고라에게 이르되 너희 레위 자손들아 들으라 이스라엘의 하나님이 이스라엘 회중에서 너희를 구별하여 자기에게 가까이 하게 하사 여호와의 성막에서 봉사하게 하시며 회중 앞에 서서 그들을 대신하여 섬기게 하심이 너희에게 작은 일이겠느냐(8, 9절)."

모세는 고라에게 말한다. 하나님이 레위지파를 이스라엘 회중 가운데서 특별히 구별하셔서 하나님께로 가까이 나오게 하셨다. 레위 지파를 다른 지파와 구별하기 위해 성막 주위에 야영지를 치도록 하셨다는 말이다. 나아가 성막 일을 하게 하셨다. 성막을 철거하고 운반하고 세우는 일을 하게 하셨다. 고핫 자손에게는 법궤와 같은 가장 거룩한 비품들을 운반하도록 하셨다. 이것은 제사장 다음 가는 일이다. 그리고 이 지파를 회중 앞에 세워 그들을 돌보게 하셨다. 이것은 결코 작은 일이 아니라는 것이다. "너희에게 작은 일이겠느냐(Isn't it enough for you?)"는 말은 문자적으로 "이것으로 충분치 않다는 말이냐"는 말이다. 다시 말해 하나님께서 너희들에게 맡겨주신 직분도 중한데 그것도 모자라 제사장 직분을 요구하느냐 하는 것이다.

"하나님이 너와 네 모든 형제 레위 자손으로 너와 함께 가까이 오게 하셨거늘 너희가 오히려 제사장의 직분을 구하느냐 이를 위하여 너와 너의 무리가 다 모여서 여호와를 거스르는도다 아론이 어떠한 사람이기에 너희가 그를 원망하느냐(10, 11절)." 하나님은 너희 모든 동료 레위의 자손을 당신과 함께 주님께로 가까이 불러 내셨는데 이제 당신들은 제사장직까지 요구하고 있다. 아론이 제사장이 된 것은 하나님의 임명에 따른 것이다. 따라서 그것을 인정하지 않고 거절하는 것은 하나님을 거역하는 것이다. 아론이 어떤 사람인데, 감히 그를 거역하여 불평을 하는가?

"모세가 엘리압의 아들 다단과 아비람을 부르러 사람을 보냈더니 그들이 이르되 우리는 올라가지 않겠노라 네가 우리를 젖과 꿀이 흐르는 땅에서 이끌어 내어 광야에서 죽이려 함이 어찌 작은 일이기에 오히려 스스로 우리 위에 왕이 되려 하느냐 이뿐 아니라 네가 우리를 젖과 꿀이 흐르는 땅으로 인도하여 들이지도 아니하고 밭도 포도원도 우리에게 기업으로 주지 아니하니 네가 이 사람들의 눈을 빼려느냐 우리는 올라가지 아니하겠노라(12, 13, 14절)."

모세는 사람을 시켜 다단과 아비람을 불렀다. (여기서 온이 제외 된 것은 그가 모반 과정에서 빠진 것으로 간주된다.) 하지만 그들은 거절하며 전갈을 보냈다. 그 내용은 먼저 '올라가지 않겠다' 고 했다. '올라간다' 는 히브리어는 '알라(alah)' 로 진영에서 가장 높은 곳인 성막으로 올라가거나 지도자 모세에게 나아갈 때 사용되는 말이다. 모세에게 가지 않겠다는 말이다.

두 사람은 모세에게 가지 않는 이유를 댔다. "당신이 우리를 비옥한 이집트 땅에서 이끌어내어 이 곳 광야에서 죽이려 한 것도 부족하여 이제는 우리 왕까지 되려고 하는가?" 이것은 '네가 우리 위에 계속 군림하려고 하는가' 라는 말이다. 이들은 호르마에서의 패배원인은 모세이며(14:45), 모세가 그 때 자기들과 함께 법궤를 가지고 올라가지 않은 이유는 가나안 땅에 들어가면 자신이 군림하는 지위를 잃을까 두려운 때문이라고 비난한 것이다. 하지만 이 비난은 자기들의 이기적인 욕망을 은폐한 것에 불과하다. 나아가 그들은 "당신은 우리를 기름지고 비옥한 땅으로 인도하지 않았고 밭이나 포도원도 주지 않았다. 당신이 우리를 끝까지 속일 작정인가?" 비난했다. 그들은 하나님께서 약속하신 땅의 비옥함을 이집트 생활에 빗대어 말했다. 이것은 모세와 아론을 공격하는 것일 뿐 아니라 하나님을 모독하는 것이다.

"네가 이 사람들의 눈을 빼려느냐(Will you gouge out the eyes of these men?)"는 것은 "네가 그들의 눈에 먼지를 더 하려느냐"는 히브리 표현방식이다. 이것은 이스라엘 온 세대가 광야에서 죽으리라는 모세의 선고와 광야에서 쓰러진 자들의 눈을 빼먹는 새들을 염두에 두고 한 말이다(잠 30:17). 거짓 약속을 가지고 백성들의 눈을 어둡게 한다, 즉 속인다는 뜻이다. 모세를 더 이상 믿지 못하겠다는 말이다. 지도자에 대한 불신이다.

두 사람의 말은 제사장 직을 달라는 고라의 요구와 차이가 있다. 이것은 고라의 대담한 요구와는 달리 자기들의 생명에 해가 오지 않을 만큼 적당한 거리를 두고 고라를 지원하려 한 것으로 보인다. 하지만 이 역시 하나님을 기역하는 일이다.

2. 땅이 반역자들과 그 가족들을 삼킴(15-35절)

“모세가 심히 노하여 여호와께 여짜오되 주는 그들의 헌물을 돌아보지 마옵소서 나는 그들의 나귀 한 마리도 빼앗지 아니하였고 그들 중의 한 사람도 해하지 아니하였나이다 하고(15절).” 모세가 크게 분노했다. 20세 이상의 이스라엘이 광야에서 모두 죽을 것이라 선고받은 것은 바로 이 같은 불신앙이었기 때문이다. 그리고 하나님께 청원했다. “주님. 저들의 예물을 받지 마소서. 나는 그들의 당나귀 한 마리도 뺏은 적이 없고 그들 가운데 어느 한 사람에게도 손해를 입힌 적이 없습니다.”

“이에 모세가 고라에게 이르되 너와 너의 온 무리는 아론과 함께 내일 여호와 앞으로 나아오되 너희는 제각기 향로를 들고 그 위에 향을 얹고 각 사람이 그 향로를 여호와 앞으로 가져오라 향로는 모두 이백오십 개라 너와 아론도 각각 향로를 가지고 올지니라(16, 17절).” 그 다음 고라를 향해 말했다. “너와 너의 모든 추종자들은 내일 여호와 앞으로 나오너라. 아론도 거기 나올 것이다. 너의 추종자 250명에게 각각 향로(censer)에 향을 담아 여호와 앞에 가져오게 하고 너도 아론과 함께 향로를 가지고 나아오너라.” 제사장 직분을 요구한 그들뿐 아니라 아론에게 향로에 향을 담아 가져오도록 한 것은 그들 중에 누가 진정 하나님의 부르심을 받았는지 시험해보기 위함이다.

“그들이 제각기 향로를 가져다가 불을 담고 향을 그 위에 얹고 모세와 아론과 더불어 회막 문에 서니라(18절).” 제사장의 직분을 요구했던 고라 당은 향을 드리는 것으로 그들이 하나님께 부르심을 받았는지 시험해보기로 했다. 마침내 그들은 모세와 아론과 함께 성막 입구에 섰다.

“고라가 온 회중을 회막 문에 모아 놓고 그 두 사람을 대적하려 하매 여호와의 영광(the glory of the LORD)이 온 회중에게 나타나시니라(19절).” 그때 고라가 백성을 선동하며 모세와 아론을 대적하려고 했다. 그러자 갑자기 여호와께서 영광스러운 광채로 모든 사람에게 나타나셨다.

"여호와께서 모세와 아론에게 말씀하여 이르시되 너희는 이 회중에게서 떠나라 내가 순식간에 그들을 멸하려 하노라(20, 21절)." 하나님은 모세와 아론을 향해 백성들로부터 떠나도록 했다. 그리고 하나님이 당장 그들을 죽이겠다고 하셨다.

"그 두 사람이 엎드려 이르되 하나님이여 모든 육체의 생명의 하나님이여 한 사람이 범죄하였거늘 온 회중에게 진노하시나이까(22절)." 모세와 아론이 엎드려 애원했다. "하나님은 모든 생명의 근원이신 하나님이십니다. 한 사람이 죄를 지었는데 어찌하여 모든 사람에게 노하십니까?" 그들은 하나님이 이스라엘의 하나님만이 아니라 모든 생명의 창조주이심을 강조했다. 이것은 하나님이 창조주이심과 함께 보존자이심을 말해준다. 모든 육체에 생명을 주신 하나님께서 주동자 고라 한 사람의 죄로 인해 그 많은 사람을 죽이려 하는 것은 안 된다는 것이다. 두 사람은 지금 오히려 백성들에게 자비를 베풀어주실 것을 호소하고 있다.

"여호와께서 모세에게 말씀하여 이르시되 회중에게 명령하여 이르기를 너희는 고라와 다단과 아비람의 장막 사방에서 떠나라 하라(23, 24절)." 하나님은 그들의 간구를 들으셨다. 그리고 백성들로 하여금 고라와 다단과 아비람의 천막에서 떠나도록 하셨다. 분리시키신 것이다.

"모세가 일어나 다단과 아비람에게로 가니 이스라엘 장로들이 따랐더라(25절)." 모세가 다단과 아비람에게로 가자 이스라엘 지도자들도 뒤따랐다.

"모세가 회중에게 말하여 이르되 이 악인들의 장막에서 떠나고 그들의 물건은 아무 것도 만지지 말라 그들의 모든 죄 중에서 너희도 멸망할까 두려워하노라 하매(26절)." 또한 모세는 백성들에게 경고했다. "당신들은 이 악한 사람들의 천막에서 물러서고 그들의 물건에 일체 손을 대서는 안 됩니다. 손을 대는 경우 그들의 죄에 휘말려 함께 망할 것입니다."

"무리가 고라와 다단과 아비람의 장막 사방을 떠나고 다단과 아비람은 그들의 처자와 유아들과 함께 나와서 자기 장막 문에 선지라(27절)." 백성들은 명령에 따라 고라와 다단과 아비람의 천막 주변에서 떠났다. 다단과 아비람은 그들의 처자와 함께 나와 그들의 천막 입구에 섰다.

"모세가 이르되 여호와께서 나를 보내사 이 모든 일을 행하게 하신 것이요 나의 임의로 함이 아닌 줄을 이 일로 말미암아 알리라 곧 이 사람들의 죽음이 모든 사람과 같고 그들이 당하는 벌이 모든 사람이 당하는 벌과 같으면 여호와께서 나를 보내심이 아니거니와 만일 여호와께서 새 일을 행하사 땅이 입을 열어 이 사람들과 그들의 모든 소유물을 삼켜 산 채로 스올에 빠지게 하시면 이 사람들이 과연 여호와를 멸시한 것인 줄을 너희가 알리라(28, 29, 30절)."

그때 모세가 백성들에게 세 가지를 말했다. 첫째, 여러분은 다음 일을 보고 지금까지 내가 한 모든 일이 '나의 임의로,' 곧 내 마음대로 한 것이 아니라 여호와께서 나를 보내셔서 하게 한 일임을 알게 될 것이다.

둘째, 만일 이 사람들이 여호와의 형벌을 받지 않고 보통 사람처럼 죽으면 여호와께서 나를 보내신 것이 아니다. 하나님께서 그냥 두지 않는다는 것을 확신하는 말이다.

셋째, 만일 여호와께서 새로운 기적으로 땅이 갈라지게 하시고, 이들과 이들의 모든 소유물을 삼켜 산 채로 깊은 구렁에 빠져 죽게 할 경우 여러분은 이 사람들이 정말 여호와를 멸시했다는 것을 알게 될 것이다. 그들이 어떤 형벌을 받게 될 것을 예언한 것이다. 스올(sheol)은 '보이지 않는 세계(the unseen world)' 를 뜻한다. 무덤, 죽은 자들의 지하세계, 땅속 등 여러 의미로 사용되고 있다. 여기서는 깊은 땅속을 의미한다.

"그가 이 모든 말을 마치자마자 그들이 섰던 땅바닥이 갈라지니라 땅이 그 입을 열어 그들과 그들의 집과 고라에게 속한 모든 사람과 그들의 재물을 삼키매 그들과 그의 모든 재물이 산 채로 스올에 빠지며 땅이 그 위에 덮이니 그들이 회중 가운데서 망하니라(31, 32, 33절)."

모세의 말이 끝나기가 무섭게 다단과 아비람이 서 있는 땅이 갑자기 갈라져 그들과 그 가족들, 고라와 그의 모든 종들과 그들의 모든 소유물을 삼켜 버렸다. 고라는 다단과 아비람과 함께 삼켜졌다. 그들이 그들의 소유물과 함께 산 채로 깊은 구렁에 빠지자 갈라졌던 땅이 다시 합해졌다. 그들은 생매장 되어 지상에서 영원히 사라졌다. 그러나 당시 분가한 고라의 아들들은 아버지의 반역에 가담하지 않아 죽지 않고(민 26:9-11) 반성하였다. 고라 자손들은 다윗 시대에 성전에서 찬송을 부르고, 성막 문을 지키며, 수종을 드는 역할을 맡았다(대상 6:33;9:19, 31;20:19;26:1). 같은 식구라 할지라도 반역 여부가 중요하다.

"그 주위에 있는 온 이스라엘이 그들의 부르짖음을 듣고 도망하며 이르되 땅이 우리도 삼킬까 두렵다 하였고 여호와께로부터 불이 나와서 분향하는 이백오십 명을 불살랐더라(34, 35절)." 그 주변의 있던 모든 사람들은 그들의 비명 소리를 듣고 놀라 "땅이 우리까지 삼킬까 두렵다!" 소리치며 달아났다. 하나님께서는 불을 보내 분향하던 고라의 추종자 250명도 태워 죽였다. 불은 성소나 제단으로부터 나온 것으로 보인다. 사마리아 오경은 이 사건을 하나로 몰아 '그 불이 고라와 250인을 삼켰다' 고 했다.

3. 불탄 자들이 드렸던 놋 향로를 이스라엘의 기념물로 삼으심(36-40절)

"여호와께서 모세에게 말씀하여 이르시되 너는 제사장 아론의 아들 엘르아살에게 명령하여 붙는 불 가운데에서 향로를 가져다가 그 불을 다른 곳에 쏟으라 그 향로는 거룩함이니라(36, 37절)."

하나님은 모세를 통해 아론의 아들 제사장 엘르아살에게 명하여 불 탄 자리(the smoldering remains)에서 향로들을 모으게 하고, 타다 남은 불(coals)은 다른 곳에 쏟도록 했다. 이 향로들은 하나님께 바쳐진 거룩한 것이므로 아무나 만져서는 안 된다. 당시 아론은 대제사장이었고 향로를 가지고 있었다. 따라서 죽은 자 사이를 다님으로 그들과 접촉되어 그 자신을 더럽힐 수 없어 그의 아들로 하여금 이 일을 맡도록 한 것이다. 250인의 향로는 하나님께 바쳐진 거룩한 것이므로 세속적인 목적에 사용되지 않도록 했다.

"사람들은 범죄하여 그들의 생명을 스스로 해하였거니와 그들이 향로를 여호와 앞에 드렸으므로 그 향로가 거룩하게 되었나니 그 향로를 쳐서 제단을 싸는 철판을 만들라 이스라엘 자손에게 표가 되리라 하신지라(38절)." 그 향로를 가지고 있던 사람들은 죄를 짓고 목숨을 잃었다. 자신의 생명을 스스로 거슬린 것이다. 하지만 그 향로는 그들이 주 앞에 이미 드렸던 것으로, 이미 거룩하게 되었다. 그런 만큼 향로를 망치로 두들겨 펴 철판(sheets)을 만들고 그것을 제단에 씌우도록 했다. 그러면 이것이 이스라엘 자손에게 경고(a sign)가 될 것이다.

"제사장 엘르아살이 불탄 자들이 드렸던 놋 향로를 가져다가 쳐서 제단을 싸서 이스라엘 자손의 기념물이 되게 하였으니 이는 아론 자손이 아닌 다른 사람은 여호와 앞에 분향하러 가까이 오지 못하게 함이며 또 고라와 그의 무리와 같이 되지 않게 하기 위함이라 여호와께서 모세를 시켜 그에게 명령하신 대로 하였더라(39, 40절)."

제사장 엘르아살은 하나님의 명령대로 불에 타 죽은 사람들이 주님께 드렸던 그 놋향로들(bronze censers)을 거두어다가 망치로 두들겨 펴(hammered out) 철판을 만들고, 그것을 제단 위에 씌워(overlay the altar) 기념물로 삼았다. 이렇게 한 것은 이스라엘 백성들에게 두 가지를 상기시키는데(to remind) 목적이 있다. 첫째, 아론 자손이 아닌 다른 사람들은 어느 누구도 절대로 주 앞에 가까이 가서 분향할 수 없다. 둘째, 누구든지 그렇게 했다가는 고라와 그 무리처럼 된다. 한 마디로 그것을 볼 때마다 죄 지은 사람들의 비참한 최후를 생각하고 다시는 그런 죄를 짓지 못하게 한 것이다. 옷단에 다는 술과 아론의 지팡이도 같은 목적을 가지고 있었다.

4. 백성들의 원망과 염병(41-50절)

"이튿날 이스라엘 자손의 온 회중이 모세와 아론을 원망하여 이르되 너희가 여호와의 백성을 죽였도다 하고 회중이 모여 모세와 아론을 칠 때에 회막을 바라본즉 구름이 회막을 덮었고 여호와의 영광이 나타났더라(41, 42절)." 다음 날 모든 이스라엘 백성이 모세와 아론을 찾아와 원망하며(grumbled) 외쳤다. "당신들이 여호와의 백성(the LORD's people)을 죽였소." 대규모 항거였다. 그들은 죽은 250명의 족장을 '여호와의 백성' 으로 보았다. 백성들은 그들의 죽음을 하나님의 진노로 받아들이기보다 모세와 아론의 탓으로 돌렸다. 온 회중이 모세와 아론을 규탄하고 있을 때 모세와 아론이 회막 쪽을 바라보았다. 구름이 갑자기 성막을 덮고 여호와의 영광의 광채가 나타났다. 구름이 성막 위에 머물러 있었지만 구름이 더욱 짙고 눈에 두드려지게 보였다는 말씀이다. 이것은 하나님의 명령을 거역하고 모세와 아론을 제거하려는 백성들로부터 그들을 격리시킨 다음 백성들을 멸망시키기 위한 것이었다.

"모세와 아론이 회막 앞에 이르매 여호와께서 모세에게 말씀하여 이르시되 너희는 이 회중에게서 떠나라 내가 순식간에 그들을 멸하려 하노라 하시매 그 두 사람이 엎드리니라(43, 44, 45절)." 모세와 아론이 성막 앞으로 가자 하나님은 모세에게 말씀하셨다. "너희는 지금 당장 이 사람들에게서 떠나라. 내가 순식간에 그들에게 벌을 내려 죽여 버리겠다." 그때 두 사람은 얼굴을 땅에 대고 엎드렸다.

"이에 모세가 아론에게 이르되 너는 향로를 가져다가 제단의 불을 그것에 담고 그 위에 향을 피워 가지고 급히 회중에게로 가서 그들을 위하여 속죄하라 여호와께서 진노하셨으므로 염병이 시작되었음이니라(46절)." 그리고서 모세가 아론에게 말하였다. "형님은 향로에 제단 불을 담고, 그 위에 향을 피워 빨리 회중에게로 가서 그들을 위해 속죄의 예식을 베푸십시오.

여호와께서 대단히 노하셔서 무서운 전염병(plague)이 발생하였습니다." 재앙이 이미 시작되었다는 것이다. 급한 일이다. 모세는 이런 와중에서도 백성들을 하나님의 진노에서 구원하고자 했다. 지도자답다.

"아론이 모세의 명령을 따라 향로를 가지고 회중에게로 달려간즉 백성 중에 염병이 시작되었는지라 이에 백성을 위하여 속죄하고 죽은 자와 산 자 사이에 섰을 때에 염병이 그치니라(47, 48절)." 아론이 모세의 말에 따라 향로를 가지고 백성들에게 달려갔다. 이미 급성 전염병이 번지고 있었다. 그래서 아론이 향을 피워 그들을 위해 속죄(atonement)의 예식을 베풀었다. 그 다음 아론이 죽은 자들과 살아 있는 자들 사이에 섰을 때에 전염병이 그쳤다. 하나님의 진노가 그친 것이다. 죽은 자와 산 자 사이에 섰다는 것은 아론의 중보자적 직무를 극적으로 보여주고 있다. 아론이 어떤 힘이 있어서가 아니라 하나님이 그를 택하신 까닭에 백성을 속하셨고, 전염병을 그치게 하셨다.

"고라의 일로 죽은 자 외에 염병에 죽은 자가 만 사천칠백 명이었더라 염병이 그치매 아론이 회막 문 모세에게로 돌아오니라(49, 50절)." 이 전염병으로 죽은 자만 14,700명이었다. 이 수는 고라의 일로 죽은 사람 수를 뺀 것이다. 재앙이 그치자 아론은 성막 입구에 있는 모세에게 돌아왔다.

제17장

아론의 싹 난 지팡이

요약

1. 가문을 따라 지팡이 하나씩 증거궤 앞에 두라(1-7절)

1) 하나님이 모세로 "이스라엘 종족을 따라 그 족장에게서 지팡이 하나를 취하고 그 위에 그 사람들의 이름을 쓰게 하라. 레위 지팡이에는 아론의 이름을 쓰라. 이는 종족의 수령이 지팡이 하나씩 있어야 할 것임이라.
2) 그 지팡이 열둘을 회막 안 내가 너희와 만나는 곳인 증거궤 앞에 두라.
3) 내가 택한 자의 지팡이에는 싹이 나리니 이것으로 이스라엘 자손이 너희를 대하여 원망하는 말을 내 앞에서 그치게 하리라" 하여 그리함.

2. 아론의 지팡이에 싹이 나다(8-13절)

1) 이튿날 모세가 보니 아론의 지팡이에 움이 돋고 순이 나며 꽃이 피어 살구열매가 열렸더라.
2) 모세가 백성들로 하나님 앞에서 각각 자기 지팡이를 취하게 하더니
3) 하나님이 아론의 지팡이는 증거궤 앞으로 다시 가져다가 거기 간직하여 패역한 자에 대한 표징이 되게 하고 그들로 내게 대한 원망을 그치고 죽지 않게 하라 하심

4) 이스라엘 자손이 모세에게 "하나님의 성막에 가까이 가는 자마다 다 죽사오니 우리가 다 망하여야 하오리까" 말함.

---

1. 가문을 따라 지팡이 하나씩 증거궤 앞에 두라(1-7절)

"여호와께서 모세에게 말씀하여 이르시되 너는 이스라엘 자손에게 말하여 그들 중에서 각 조상의 가문을 따라 지팡이 하나씩을 취하되 곧 그들의 조상의 가문대로 그 모든 지휘관에게서 지팡이 열둘을 취하고 그 사람들의 이름을 각각 그 지팡이에 쓰되(1, 2절)."

제사장 직분이 아론 가족에게만 국한 된 것을 반대하는 이스라엘의 모든 지파들이 돌아가면서 제사장 직분을 수행해야 한다고 주장함으로써 하나님의 명령을 거역하였다. 이 문제에 대해 하나님은 각 지파마다 지도자들의 지팡이를 가져오게 하고 그 지팡이에 각 지도자의 이름을 쓰게 하셨다.

이 사건은 아론의 대제사장직은 하나님이 주셨다는 것을 입증하는 이야기 중 세 번째에 해당하는 부분이다(16:1-35, 36-50;17:1-13). 앞의 두 사건은 백성의 불평, 하나님이 백성을 진멸하려 하심, 그리고 하나님이 아론을 대제사장으로 부르신 것을 입증하는 순서로 되어 있다. 그러나 세 번째 경우에는 어느 지파가 선택되었는지 시험해볼 것을 하나님이 제안하시고, 백성들이 하나님의 자비를 구하는 형식을 취하고 있다.

"레위의 지팡이에는 아론의 이름을 쓰라 이는 그들의 조상의 가문의 각 수령이 지팡이 하나씩 있어야 할 것임이니라(3절)." 레위 지파의 지팡이에는 아론의 이름을 쓰도록 하셨다. 각 지파마다 그 지도자의 지팡이가 하나씩 있어야 하기 때문이다. 이것은 아론이 레위 지파가운데서 특별한 위치에 있음을 말해준다. 또한 인구조사 때는 레위 지파를 제외하고 요셉 지파를 둘로 나누어 12지파로 했지만 여기에서는 레위 지파를 넣고 에브라임과 므낫세를 한 지파(요셉 지파)로 계산하여 열 두 지팡이가 되게 했다.

"그 지팡이를 회막 안에서 내가 너희와 만나는 곳인 증거궤 앞에 두라(4절)." 하나님은 열 두 지팡이를 성막 안 증거궤, 곧 법궤 앞에 두도록 하셨다.

"내가 택한 자의 지팡이에는 싹이 나리니 이것으로 이스라엘 자손이 너희에게 대하여 원망하는 말을 내 앞에서 그치게 하리라(5절)." 그리고 하나님이 택한 자의 지팡이에 싹이 날 것이며, 이렇게 해서 이스라엘 백성이 너희에게 원망하는 소리를 그치게 하겠다고 하셨다. '내가 택한 자' 는 하나님께서 제사장 직분을 맡겨주신 사람을 말한다.

"모세가 이스라엘 자손에게 말하매 그들의 지휘관들이 각 지파대로 지팡이 하나씩을 그에게 주었으니 그 지팡이가 모두 열둘이라 그 중에 아론의 지팡이(Aaron's staff)가 있었더라 모세가 그 지팡이들을 증거의 장막 안 여호와 앞에 두었더라(6, 7절)." 모세의 말에 따라 각 지파의 지도자들이 각자 하나씩 모두 12개의 지팡이를 가져왔다. 그 가운데는 아론의 지팡이도 있었다. 모세는 그 모든 지팡이를 성막 안에 있는 여호와의 법궤 앞에 두었다.

2. 아론의 지팡이에 싹이 나다(8-13절)

"이튿날 모세가 증거의 장막에 들어가 본즉 레위 집을 위하여 낸 아론의 지팡이에 움이 돋고 순이 나고 꽃이 피어서 살구 열매가 열렸더라(8절)." 다음 날 모세가 성막 안으로 들어 가 보니 레위 지파를 대표하는 아론의 지팡이에 큰 변화가 있는 것을 발견했다. 움이 돋고(sprouted) 순이 나고(budded) 꽃이 피어서(blossomed) 익은 살구들이 달려(produced almonds) 있었던 것이다. 지팡이는 자연적인 방법으로 싹이 돋고 열매를 맺을 수 없다. 그런데 마른 막대기에 새로운 생명을 피우신 것이다. '이튿날' 이라고 시간을 구체적으로 언급한 것은 하나님의 기적이 일어났다는 사실을 확증하고 강조하고 있다.

살구(almond) 나무는 하얀 꽃을 피운다. 성경에서 하얀 색은 순결, 거룩, 하나님 자신을 상징하고 있다. 살구나무는 '쇠케드(shaqed)' 로, 예레미야는 '지키다, 깨어있다' 는 뜻을 가진 '쇠카드(shaqad)' 와 연관시켰다(렘 1:11). 이것은 아론이 하나님 앞에서 이스라엘을 대표하고 그들에게 율법을 가르침으로써 백성들을 깨우고 지켜야(shaqad) 할 책임이 있는 존재임을 보여준다. 살구나무의 꽃은 히브리어로 '시스(tsiyts)' 다. 이 단어는 대제사장이 머리에 쓰는 '관' 이라는 말로도 사용된다.

"모세가 그 지팡이 전부를 여호와 앞에서 이스라엘 모든 자손에게로 가져오매 그들이 보고 각각 자기 지팡이를 집어 들었더라(9절)." 모세가 열두 지팡이 모두 가지고 나와 모든 이스라엘 백성에게 보였다. 그들은 싹 난 지팡이를 보고 놀랐을 것이다. 아론의 지팡이만 싹이 나고 왜 자기들 것은 밋밋할까. 각 지파의 지도자들은 힘없이 각자 자기 지팡이를 찾아갔다.

"여호와께서 또 모세에게 이르시되 아론의 지팡이는 증거궤 앞으로 도로 가져다가 거기 간직하여 반역한 자에 대한 표징이 되게 하여 그들로 내게 대한 원망을 그치고 죽지 않게 할지니라(10절)." 하나님은 아론의 싹 난 지팡이를 법궤 앞으로 다시 가져다 거기 보관하여 반역하는 자들에게 경고가 되게 하고 그들이 하나님을 원망하다가 죽는 일이 다시는 생기지 않도록 했다. 이렇게 해서 아론의 지팡이는 법궤 안에 두게 되었다. 솔로몬 시대에는 법궤 안에 율법이 새겨진 두 돌판만 남아있었다(왕상 8:9). 아론의 지팡이는 블레셋 사람들에게 법궤를 빼앗겼을 때 분실된 것으로 보인다.

"모세가 곧 그 같이 하되 여호와께서 자기에게 명령하신 대로 하였더라(11절)." 모세는 여호와께서 명령하신 그대로 수행했다.

"이스라엘 자손이 모세에게 말하여 이르되 보소서 우리는 죽게 되었나이다 망하게 되었나이다 다 망하게 되었나이다 가까이 나아가는 자 곧 여호와의 성막에 가까이 나아가는 자마다 다 죽사오니 우리가 다 망하여야 하리이까(12, 13절)." 그러나 이스라엘 백성들은 한탄하며 모세에게 말했다. "우리가 죽게 되었습니다. 영락없이 망하게 되었습니다. 다 망하게 되었습니다. 여호와의 성막에 가까이 나갔다가는 모두 죽게 되었으니 우리가 이렇게 전멸되어야 하겠습니까?" 한탄 속에는 깊은 절망이 담겨있다.

이러한 한탄 뒤에는 닥칠 죽음을 면할 수 있는 방법이 없는가, 그 방법을 찾아야 하지 않겠는가에 대한 소망이 담겨있다. 18장은 이 같은 소망에 답을 주고 있다. 이스라엘 백성들은 그들을 대신해서 그들의 죄를 속죄하기 위하여 하나님께 가까이 나아갈 사람이 필요함을 깨달았고, 제사장 직분의 필요성도 깨달았다. 그리하여 제사장을 통해 속죄의 값을 치르도록 했다.

제18장

제사장 및 레위인의 직무와 보수에 관한 규례

요약

1. 제사장과 레위인의 직무에 관한 규례(1-7절)

1) 아론과 그 아들들은 성소에 대한 죄를 함께 담당할 것이요 너희의 제사장 직분에 대한 죄를 함께 담당할 것
2) 레위인은 장막의 모든 직무와 회막의 직무를 지키고 외인을 금지시켜 성소의 직무와 단의 직무를 지켜 하나님의 진노를 피할 것
3) 성소의 기구와 단에는 가까이 못한다. 죽을까함.
4) 아론과 그 자손에게는 레위인을 선물로 주어 성막 일을 하게 함
5) 단과 장 안의 모든 일에 대하여 제사장 직분을 너희에게 선물로 주었은즉 거기 가까이 하는 외인은 죽이라.

2. 제사장 보수에 관한 규례(8-20절)

1) 내가 내 거제물 곧 이스라엘 자손이 거룩하게 한 모든 헌물을 네가 주관하게 하고 네가 기름 부음을 받았음으로 말미암아 그것을 너와 네 아들들에게 영구한 몫의 음식으로 주노라
2) 지성물 중에 불사르지 아니한 것은 네 것이라 그들이 내게 드리는 모든 헌물의 모든 소제와 속죄제와 속건제물은 다 지극히 거룩한즉 너와 네 아들들에게 돌리리니 지극히 거룩하게 여김으로 먹으라 이는 네게 성물인즉 남자들이 다 먹을지니라
3) 여호와께 드리는 모든 생물의 처음 나는 것은 사람이나 짐승이나

다 네 것이로되 처음 태어난 사람은 반드시 대속할 것이요 처음 태어난 부정한 짐승도 대속할 것

4) 이스라엘 자손이 여호와께 거제로 드리는 모든 성물은 내가 영구한 몫의 음식으로 너와 네 자녀에게 주노니 이는 여호와 앞에 너와 네 후손에게 영원한 소금 언약이니라

5) 너는 이스라엘 자손의 땅에 기업도 없겠고 그들 중에 아무 분깃도 없을 것이나 내가 이스라엘 자손 중에 네 분깃이요 네 기업이니라

3. 이스라엘의 십일조와 레위 자손의 기업에 관한 규례(21-24절)

1) 이스라엘 자손이 하나님께 거제로 드리는 십일조를 레위 자손에게 기업으로 주어 회막에서 하는 일을 갚는다.

2) 이 후로는 이스라엘 자손이 회막에 가까이 하지 말 것. 죄값으로 죽을까 하노라

3) 그러나 레위인은 회막에서 봉사하며 자기들의 죄를 담당할 것이요 이스라엘 자손 중에는 기업이 없다.

4) 이스라엘 자손이 여호와께 거제로 드리는 십일조를 레위인에게 기업으로 주었으므로 이스라엘 자손 중에 기업이 없을 것

4. 레위인의 십일조에 관한 규례(25-32절)

1) 레위인은 이스라엘 자손에게서 기업으로 취한 십일조의 십일조를 거제로 하나님께 드려 그 거제물을 아론에게 돌릴 것

2) 너희가 받은 모든 헌물 중에서 아름다운 것 곧 거룩하게 한 부분을 가져다가 여호와께 거제로 드릴 것

3) 아름다운 것을 드리고 남은 것은 너희와 너희의 권속이 어디서든지 이것을 먹을 수 있음. 이는 회막에서 일한 너희의 보수임.

4) 너희가 그 중 아름다운 것을 받들어 드린즉 이로 말미암아 죄를 담당하지 아니할 것이라 너희는 이스라엘 자손의 성물을 더럽히지 말라 그리하여야 죽지 아니하리라

1. 제사장과 레위인의 직무에 관한 규례(1-7절)

"여호와께서 아론에게 이르시되 너와 네 아들들과 네 조상의 가문은 성소에 대한 죄를 함께 담당할 것이요 너와 네 아들들은 너희의 제사장 직분에 대한 죄를 함께 담당할 것이니라(1절)." 싹 난 지팡이로 아론의 제사장직 임명을 분명하게 하신 하나님은 계속해서 아론에게 제사장과 레위인의 공식적인 직무에 관해 말씀하셨다. 이것은 하나님이 모세를 통하지 않고 아론에게만 직접 주신 두 번의 명령 중 하나다. 다른 하나는 레 10:8에 있다.

1절에서 하나님은 아론과 그 자손들이 담당해야할 직무에 대해 말씀하셨다. 성소와 관련된 죄에 대해서는 너와 네 아들들과 네 집안사람들이 다 같이 책임을 지고, 제사장 직분에 관련된 죄에 대해서는 너와 네 아들들만이 책임을 져야 한다는 것이다. 실수로라도 다른 지파 사람들이 제사장이나 레위인의 권리를 침해하면 지키는 직무를 소홀히 한 것으로 판정하고 제사장이나 레위인들이 그 죄에 대해 책임을 져야 한다는 것이다.

성소에 대한 죄(offenses against the sanctuary)는 무지나 부주의 때문에 제사장이나 성물에 관한 규정을 어긴 죄, 성소에 접근하지 못하도록 되어 있는 사람들이 접근함으로써 성소가 더렵혀지는 죄 등을 말한다. 백성들이 하나님께 드리는 성물에 의해서도 성소가 더렵혀질 수 있다. 성소가 더렵혀지면 이스라엘 백성 전체가 범죄한 것이 된다. 성소가 부정해질 경우 그들이 스스로 그 죄악을 감당하고 희생을 통해 속죄해야 한다.

제사장 직분에 대한 죄(offenses against the priesthood)는 제사장 직분에 대항하는 것, 제사장이 자기 직무를 소홀하게 행하는 것, 그리고 인간의 죄성으로 인해 제사장 직무 수행 때 지을 수 있는 모든 죄를 말한다. 대제사장이 매년 속죄일 때 성물을 속죄하고 성결케 하는 것은 이런 죄를 씻기 위함이었다.

"너는 네 형제 레위 지파 곧 네 조상의 지파를 데려다가 너와 함께 있게 하여 너와 네 아들들이 증거의 장막 앞에 있을 때 그들이 너를 돕게 하라(2절)." 아론과 그의 아들들이 성막에서 일할 때 형제인 레위 지파 사람들을 데려다가 너와 함께 일하게 하고 너를 돕도록 하라는 말씀이다.

"레위인은 네 직무와 장막의 모든 직무를 지키려니와 성소의 기구와 제단에는 가까이 하지 못하리니 두렵건대 그들과 너희가 죽을까 하노라(3절)." 레위인은 아론이 맡겨준 직무, 곧 시키는 일을 하되 성막 일과 관련된 모든 업무를 수행한다. 하지만 성소의 여러 기구나 제단에 가까이해서는 안 된다. 그렇게 했다가는 그들뿐만 아니라 너희마저 죽게 될 것이다. 레위인은 성막 앞, 곧 뜰에서만 임무를 수행할 수 있을 뿐 성소의 기구나 단에 가까이 갈 수 없다.

"레위인은 너와 합동하여 장막의 모든 일과 회막의 직무를 다할 것이요 다른 사람은 너희에게 가까이 하지 못할 것이니라(4절)." 레위인만이 너와 함께 일하되 성막에서 시키는 일을 하며 성막에서 하는 모든 의식을 돕는다. 하지만 다른 사람은 너희에게 접근할 수 없다. 다른 사람은 레위인 이외의 모든 사람을 말한다. 레위인만이 아론과 그 아들을 도와 성막의 모든 일을 할 수 있다는 말이다.

"이와 같이 너희는 성소의 직무와 제단의 직무를 다하라 그리하면 여호와의 진노가 다시는 이스라엘 자손에게 미치지 아니하리라(5절)." 성소 안에서 하는 일과 제단에서 하는 일은 너희만이 할 수 있다. 그래야만 이스라엘 자손에게 다시는 진노가 내리지 아니할 것이다. 여기서 너희는 아론과 그의 아들들을 가리킨다. 그들만이 제사장 직무를 수행하도록 택함을 받았다는 말이다.

"보라 내가 이스라엘 자손 중에서 너희의 형제 레위인을 택하여 내게 돌리고 너희에게 선물로 주어 회막의 일을 하게 하였나니(6절)." 하나님은 이스라엘 자손 가운데서 너희의 친족인 레위 사람을 너희에게 선물(a gift)로 주어 하나님께 헌신하게 하고(dedicated) 성막 일을 하게 했다는 것이다.

레위인은 성막 일을 하도록 하나님에게 바쳐진 사람들이다. 레위인은 제사장인 그들을 보좌하기 위해 하나님이 그들에게 특별히 주신 것이다.

"너와 네 아들들은 제단과 휘장 안의 모든 일에 대하여 제사장의 직분을 지켜 섬기라 내가 제사장의 직분을 너희에게 선물로 주었은즉 거기 가까이 하는 외인은 죽임을 당할지니라(7절)." 그러나 제단과 관련된 일이나 휘장 안에서의 일 등 제사장 직무는 너와 네 아들들만 할 수 있다. 이 직분은 내가 너희만 하라고 너희에게 특별히 준 선물이다. 이 직분은 하나님이 주신 것이지 그들이 택한 것이 아니란 말씀이다. 제사장이 아닌 다른 사람이 성소에 접근하면 반드시 죽이도록 했다.

2. 제사장 보수에 관한 규례(8-20절)

"여호와께서 또 아론에게 이르시되 보라 내가 내 거제물 곧 이스라엘 자손이 거룩하게 한 모든 헌물을 네가 주관하게 하고 네가 기름 부음을 받았음으로 말미암아 그것을 너와 네 아들들에게 영구한 몫의 음식으로 주노라(8절)." 하나님이 아론에게 직접 하시는 명령은 계속된다. 8절에서는 하나님에게 가져오는 모든 예물을 너에게 맡긴다 하시고 이스라엘 백성이 나에게 거룩히 구별하여 나에게 바치는 예물을 너와 네 자손의 몫에게 영구히 주겠다 하셨다. 이렇게 하신 것은 아론이 제사장으로서 기름 부음을 받았기 때문이다. '영구한 몫의 음식' 은 불사르지 않아도 되는 모든 예물, 생물과 짐승의 첫 소산, 그리고 첫 아기의 대속에 따른 은 5세겔 등을 말한다. 이것을 거룩한 직분에 종사하는 제사장의 생활대책으로 정하신 것이다.

"지성물 중에 불사르지 아니한 것은 네 것이라 그들이 내게 드리는 모든 헌물의 모든 소제와 속죄제와 속건제물은 다 지극히 거룩한즉 너와 네 아들들에게 돌리리니 지극히 거룩하게 여김으로 먹으라 이는 네게 성물인즉 남자들이 다 먹을지니라(9, 10절)." 지성물(the most holy things), 곧 지극히 거룩한 예물은 소제(grain offering)와 속죄제(sin offering)와 속건제물(trespass offering)을 말한다. 이 지성물 중에서 불로 태우지 않은 것은 네 것이다. 그들이 나에게 바치는 예물 가운데 소제와 속죄제와 속건제물은 가장 거룩하므로 너와 네 아들들, 곧 제사장의 몫이다.

너는 이것들을 거룩한 곳에서 먹어라. '지극히 거룩하게 여김으로' 는 문자적으로 '지극히 거룩한 곳에서(in the most holy place)' 를 뜻한다. 이 곳은 성막 뜰을 말한다. 지성물은 거룩한 것이기 때문에 성소 밖으로 가지고 나갈 수 없고 성막 뜰에서 제사장만이 정결한 마음으로 먹을 수 있었다. 이 제물들은 거룩하므로 남자들, 곧 제사장들만 먹어야 한다.

"네게 돌릴 것은 이것이니 곧 이스라엘 자손이 드리는 거제물과 모든 요제물이라 내가 그것을 너와 네 자녀에게 영구한 몫의 음식으로 주었은즉 네 집의 정결한 자마다 먹을 것이니라(11절)." 11절은 단지 거룩하다고 묘사된 성물(holy things)에 관한 것으로 9절의 지성물과 구별된다. 이에 속한 것으로는 거제물과 요제물, 처음 거둔 곡식(올리브기름, 포도주, 열매 포함), 특별히 드린 모든 것, 처음 난 짐승 등이 있다.

'네게 돌릴 것' 은 '너를 위해 따로 떼어놓은 것(whatever is set aside)' 을 말한다. 이스라엘 백성이 들어 올려 바친 거제(heave offering)물과 흔들어 바친 요제(wave offering) 물도 너의 것이다. 이것은 네 가족, 곧 제사장과 그의 아내, 그리고 그의 가족이 함께 먹을 수 있다. 이것을 제사장 가족의 양식으로 영구히 주겠다는 것이다. 그러나 이 때에도 그들 모두 정결해야 한다. 가족 중 의식상 깨끗한(ceremonially clean) 자만 이 제물을 먹을 수 있다는 말이다. 나그네나 고용된 하인의 경우는 이에 포함되지 않는다(레 22:10-13).

"그들이 여호와께 드리는 첫 소산 곧 제일 좋은 기름과 제일 좋은 포도주와 곡식을 네게 주었은즉 그들이 여호와께 드리는 그 땅의 처음 익은 모든 열매는 네 것이니 네 집에서 정결한 자마다 먹을 것이라(12, 13)." 이스라엘 백성이 약속의 땅에서 거둬들여 첫 열매로 하나님께 바치는 가장 좋은 감람기름(the finest olive oil), 가장 좋은 포도주와 곡식(the finest new wine and grain), 그리고 수확 중 첫 과일(the first fruits) 모두를 너에게 준다. '제일 좋은' 은 '기름진' 으로 번역되기도 한다. 네 가족 중에 의식상 정결한 자는 다 이것들을 먹을 수 있다. 이스라엘 안에서 나의 몫으로 바쳐진 것은 다 너의 것이다.

"이스라엘 중에서 특별히 드린 모든 것은 네 것이 되리라(14절)." 특별히 드린 것이란 하나님께 구별해 드린(devoted) 모든 예물을 뜻한다. 새번역은 '이스라엘 안에서 나의 몫으로 바쳐진 것' 이라 했고, 공동번역에서는 '이스라엘에서 여느 사람은 손대지 못하는 것' 이라 하였다. 이것을 제사장과 그 가족에게 준다는 것이다.

"여호와께 드리는 모든 생물의 처음 나는 것은 사람이나 짐승이나 다 네 것이로되 처음 태어난 사람은 반드시 대속할 것이요 처음 태어난 부정한 짐승도 대속할 것이며(15절)." 하나님께 바치는 모든 생물의 처음 난 것은 사람이나 짐승이나 모두 네 것이다. 그러나 장자와 처음 난 짐승 중 흠이 있는 것은 대속(redeem), 곧 대신 속전(돈)으로 받는다. 이것은 이스라엘이 이집트에 있을 때 이집트의 장자와 짐승의 초태생은 모두 죽었지만 이스라엘의 장자와 처음 난 짐승은 구원을 받은 데서 유래한다. '부정한 짐승(unclean beasts)' 은 레위기 11장에 언급된 짐승을 말하는 것이 아니라 몸에 흠이 있거나 병신이든지 하여 부정한 것으로 여겨지는 것을 말한다. 이 경우 흠 있는 것을 하나님께 바칠 수 없으므로 속전을 내야 한다는 것이다. 정해진 값의 5분의 1일 더하여 속하도록 되어 있다(레 27:27). 대속을 원치 않을 경우 그 짐승을 죽여 버림으로써 속전을 내지 않아도 된다. 하지만 사람의 경우는 그럴 수 없기 때문에 속전을 내야 한다.

"그 사람을 대속할 때에는 난 지 한 달 이후에 네가 정한 대로 성소의 세겔을 따라 은 다섯 세겔로 대속하라 한 세겔은 이십 게라이니라(15, 16

절).” 장자가 태어난 지 1개월이 되면 몸값으로 성소의 세겔(the shekel of the sanctuary), 곧 성소에서 정한 세겔에 따라 은 5세겔(shekel), 곧 은 57그램을 속전으로 드려야 한다. 이것은 노동자 6개월 품삯에 해당한다. 1세겔은 20게라(gerah)이고, 1게라는 약 0.6그램이다.

“오직 처음 태어난 소나 처음 태어난 양이나 처음 태어난 염소는 대속하지 말지니 그것들은 거룩한즉 그 피는 제단에 뿌리고 그 기름은 불살라 여호와께 향기로운 화제로 드릴 것이며(17절).” 하지만 흠이 없는 소나 양이나 염소의 첫 새끼에 대해서는 돈으로 대신 받아서는 안 된다. 그것들은 나 여호와에게 완전히 바쳐진 것들이다. 너는 그 피를 단에 뿌리고 그 기름은 불살라 여호와를 기쁘게 하는 향기로운 제물이 되게 한다.

“그 고기는 네게 돌릴지니 흔든 가슴과 오른쪽 넓적다리 같이 네게 돌릴 것이니라(18절).” 흔들어 바친 가슴(갈비)과 오른쪽 넓적다리(뒷다리)가 제사장에게 돌아간 것과 같이 여기서도 그 고기가 제사장들에게 돌아간다는 말씀이다.

“이스라엘 자손이 여호와께 거제로 드리는 모든 성물은 내가 영구한 몫의 음식으로 너와 네 자녀에게 주노니 이는 여호와 앞에 너와 네 후손에게 영원한 소금 언약이니라(19절).” 이스라엘 백성이 들어 올려 하나님께 거제로 바친 모든 거룩한 예물은 영원한 분깃으로 제사장인 너와 네 자손의 양식으로 주겠다. 이것은 내가 너와 네 후손과 맺는 영원한 소금언약(a covenant of salt), 곧 불변의 계약이다. 팔레스타인에서는 소금이 견실함과 영구함의 상징으로 소금으로 협정을 확정지었다. 소제를 드릴 때 반드시 소금을 치도록 했는데, 이것을 언약의 소금이라 했다(레 2:13). 소금은 제사음식이 상하지 않도록 했다. 제사장이 받는 보수에 관한 규정을 ‘영원한 소금언약’이라 한 것은 이 약속의 말씀이 하나님과 제사장 사이에 영원히 변치 않는 약속임을 말해준다.

“여호와께서 또 아론에게 이르시되 너는 이스라엘 자손의 땅에 기업도 없겠고 그들 중에 아무 분깃도 없을 것이나 내가 이스라엘 자손 중에 네 분깃이요 네 기업이니라(20절)." 하나님은 아론에게 이스라엘 땅에서는 네가 물려받을 유산이나 그들과 함께 나눌 몫도 없다 하시고, 나 여호와만이 너의 재산이요 유산이라 하셨다. 오직 하나님만 의지하라는 말씀이다. 아론을 비롯해 레위 지파 모두 이스라엘 백성 중에서 아무런 기업도 받지 못했다. 하나님이 그들의 기업이 되셨기 때문이다. 레위인은 하나님이 주신 것을 먹고 산다. 하나님을 소유한 사람은 모든 것을 소유한 사람이다. 하나님께 경배 드리는 것은 땅을 경작하는 것보다 무한한 기쁨을 주고 더 생산적이다.

3. 이스라엘의 십일조와 레위 자손의 기업에 관한 규례(21-24절)

"내가 이스라엘의 십일조를 레위 자손에게 기업으로 다 주어서 그들이 하는 일 곧 회막에서 하는 일을 갚나니(21절)." 이 단락에서는 레위 자손에 관한 것이다. 이스라엘은 십일조(tithe)를 바쳐야 하며, 하나님은 레위 자손이 성막에서 일하는 대가로 이스라엘의 모든 십일조를 그들에게 주겠다고 하셨다. 이것은 십일조를 드리는 것이 가능한 가나안 땅의 정착을 바라보면서 레위인이 십일조를 받게 될 것을 규정한 것이다. 십일조는 성막에서 봉사한 보수로 주어지는 것이다. 레위인의 생계를 위해 십일조가 주어진다는 사실이 여기서 처음 언급되었다.

"이 후로는 이스라엘 자손이 회막에 가까이 하지 말 것이라 죄 값으로 죽을까 하노라(22절)." 그러나 이제부터는 제사장과 레위인을 제외한 일반 사람이 성막에 가까이 오지 못하도록 해야 한다. 이 규례를 어기고 가까이 하는 사람은 죽임을 당할 것이다. 레위인은 성물을 취급하기 때문에 자신들도 자칫 실수하면 하나님의 심판으로 죽을 수도 있다. 나아가 이스라엘 백성이 성막에 접근하여 죽게 될 수 있으므로 이것을 미리 막아야 했다.

"그러나 레위인은 회막에서 봉사하며 자기들의 죄를 담당할 것이요 이스라엘 자손 중에는 기업이 없을 것이니 이는 너희 대대에 영원한 율례라(23절).”

23절은 24절과 연결되어 있다. 오직 레위인들만 성막에서 일한다. 따라서 이스라엘 백성이 바친 십일조를 보상으로 받는다. 하지만 성막 일을 잘 못했을 때는 그들이 스스로 책임을 져야 한다. 1절에서 말한 '성소에 대한 죄' 다. 나아가 레위인은 땅을 기업으로 받지 못한다. 레위인은 이스라엘 자손 중에서 물려받을 유산이 없다. 이것은 너희가 대대로 지켜야 할 규례다.

“이스라엘 자손이 여호와께 거제로 드리는 십일조를 레위인에게 기업으로 주었으므로 내가 그들에 대하여 말하기를 이스라엘 자손 중에 기업이 없을 것이라 하였노라(24절).” 이스라엘 백성이 하나님께 바치는 예물의 십일조를 레위인에게 유산으로 주었으므로 그들은 땅을 기업으로 받지 못할 것이라는 말씀이다. 가나안에 정착하면서 다른 지파는 땅을 분배받지만 레위 지파는 이곳저곳에 흩어진 48개의 마을을 받았다.

4. 레위인의 십일조에 관한 규례(25-32절)

“여호와께서 모세에게 말씀하여 이르시되 너는 레위인에게 말하여 그에게 이르라 내가 이스라엘 자손에게 받아 너희에게 기업으로 준 십일조를 너희가 그들에게서 받을 때에 그 십일조의 십일조를 거제로 여호와께 드릴 것이라(25, 26절).” 다시 모세를 통한 말한 말씀이다. 하나님은 레위인이 이스라엘 자손에게서, 십일조를 받을 때는 그것의 십분의 일을 떼어 하나님께 정성껏 예물로 바치도록 했다. 이것이 바로 '십일조의 십일조(a tenth of that tithe)' 다.

“내가 너희의 거제물을 타작마당에서 드리는 곡물과 포도즙 틀에서 드리는 즙 같이 여기리니(27절).” 레위인이 드리는 십일조는 비록 백성들에게서 받은 것이지만 그것을 땅에서 처음 거둔 곡식과 포도즙으로 드리는 예물처럼 여기겠다는 것이다. 레위인 스스로 땀 흘려 수고하여 생산한 것으로 여기겠다 말씀이다.

"너희는 이스라엘 자손에게서 받는 모든 것의 십일조 중에서 여호와께 거제로 드리고 여호와께 드린 그 거제물은 제사장 아론에게로 돌리되(28절)." 이스라엘 백성에게서 받은 십일조 가운데서 나에게 바친 레위인의 십일조를 제사장 아론에게 주도록 했다.

"너희가 받은 모든 헌물 중에서 너희는 그 아름다운 것 곧 거룩하게 한 부분을 가져다가 여호와께 거제로 드릴지니라(29절)." 레위인은 이스라엘 백성에게서 받은 모든 예물 중에서 아름다운 것, 곧 가장 좋은 것을 하나님께 바쳐야 한다는 말씀이다. 백성들로부터 받은 것 중에서 최상의 것을 하나님께 드리라는 것이다.

"이러므로 너는 그들에게 이르라 너희가 그 중에서 아름다운 것을 가져다가 드리고 남은 것은 너희 레위인에게는 타작마당의 소출과 포도즙 틀의 소출 같이 되리니 너희와 너희의 권속이 어디서든지 이것을 먹을 수 있음은 이는 회막에서 일한 너희의 보수임이니라(30, 31절)."

이스라엘 백성들이 추수하여 예물을 바치고 남은 것을 갖는 것처럼 레위인도 제일 좋은 것을 십일조로 바치고 남은 것은 가지도록 한다. 이것은 성막에서 일한 대가로 받는 보수이므로 레위 가족이 어디서든지 먹을 수 있다. 타작마당(threshing floor)은 곡식밭이나 곡식밭 근처에 마련된 원형의 평지다.

"너희가 그 중 아름다운 것을 받들어 드린즉 이로 말미암아 죄를 담당하지 아니할 것이라 너희는 이스라엘 자손의 성물을 더럽히지 말라 그리하여야 죽지 아니하리라(32절)." 레위인이 백성이 드린 십일조 가운데 가장 좋은 것을 십일조의 십일조로 하나님께 바친 후에야 그 나머지를 먹으면 죄가 되지 않는다. 개인적 사용이 허락되었기 때문이다. 그러나 이스라엘 백성이 드린 거룩한 예물을 먹은 경우 예물을 더럽히는 죄를 범하게 된다. 이 경우 죽음을 면치 못한다. 바치기 전에 손을 대는 것은 하나님께 드려진 예물이자 제사장에게 가져가야 할 것을 부당하게 소유하는 행위이기 때문이다. 이 말씀은 이스라엘이 바친 거룩한 예물을 구별하여 더럽히지 않도록 하라는 말씀이다.

제19장

붉은 암송아지 재와 정결의 물에 관한 규례

요약

1. 붉은 암송아지 재에 관한 규례(1-10절)

1) 온전하여 흠이 없고 아직 멍에 메지 아니한 붉은 암송아지를 네게로 끌어오게 하고 제사장 엘르아살로 잡게 한다.
2) 그 피를 손가락에 그 피를 찍어 회막 앞에 7번 뿌리고 그 가죽, 고기, 피, 똥을 불사른다.
3) 백향목과 우슬초와 홍색 실을 가져다가 암송아지를 사르는 불 가운데에 던진다.
4) 정한 자가 그 재를 거두어 진 밖 정한 곳에 두고 부정을 깨끗하게 하는 물을 만드는 데 쓸 것.
5) 제사장과 송아지를 불사른 자는 그 옷을 물로 빨고 그 몸을 씻은 후 진에 들어간다. 그는 저녁까지 부정하다.

2. 시체를 만진 자에 대한 정결 규례(11-13절)

1) 사람의 시체를 만진 자는 이레 동안 부정하다. 셋째 날과 일곱째 날에 잿물로 자신을 정결하게 한다. 그 날에 자신을 정결하게 하지 아니하면 그냥 부정하다.
2) 시체를 만지고 자신을 정결하게 하지 아니하는 자는 성막을 더럽힘이라 그가 이스라엘에서 끊어질 것은 정결하게 하는 물을 그에게 뿌리지 아니하므로 그 부정함이 그대로 있기 때문이다.

3. 장막에서 사람이 죽은 경우와 그 정결 절차에 관한 규례(14-20절)

1) 장막에서 사람이 죽을 때 그 장막에 들어가는 자와 그 장막에 있는 자는 이레 동안 부정하다.
2) 뚜껑을 열어 놓고 덮지 아니한 그릇은 모두 부정하다,
3) 들에서 칼에 죽은 자나 시체나 사람의 뼈나 무덤을 만진 경우 이레 동안 부정하다.
4) 그 부정한 자를 위하여 죄를 깨끗하게 하려고 불사른 재를 가져다가 흐르는 물과 함께 그릇에 담고 정결한 자가 우슬초를 가져다가 그 물을 찍어 장막과 그 모든 기구와 거기 있는 사람들에게 뿌리고 또 뼈나 죽임을 당한 자나 시체나 무덤을 만진 자에게 뿌린다.
5) 정결한 자가 셋째 날과 일곱째 날에 부정한 자에게 뿌려서 일곱째 날에 그를 정결하게 한다. 그는 자기 옷을 빨고 물로 몸을 씻어야 한다. 저녁이면 정결하게 된다.

4. 부정한 자에 대한 정결 규례(20-22절)

1) 사람이 부정하고도 자신을 정결하게 하지 아니하면 여호와의 성소를 더럽히는 것이므로 회중 가운데에서 끊어질 것이다. 그는 정결하게 하는 물로 뿌림을 받지 아니하였은즉 부정하다.
2) 정결하게 하는 물을 뿌린 자는 자기의 옷을 빨 것이며 정결하게 하는 물을 만지는 자는 저녁까지 부정할 것이다.
3) 부정한 자가 만진 것은 무엇이든지 부정할 것이며 그것을 만지는 자도 저녁까지 부정하다.

---

1. 붉은 암송아지 재에 관한 규례(1-10절)

"여호와께서 모세와 아론에게 말씀하여 이르시되 여호와께서 명령하시는

법의 율례를 이제 이르노니 이스라엘 자손에게 일러서 온전하여 흠이 없고 아직 멍에 메지 아니한 붉은 암송아지를 네게로 끌어오게 하고(1, 2절)."

고라 당의 반역으로 인해 많은 사람들이 죽었다. 죽음은 시체나 뼈, 무덤을 만진 사람이나 시체가 있는 장막에 들어가는 것만으로도 부정하게 되는 상황이었다. 부정한 상황에서 하나님의 부르심에 부응할 수도 없었다. 이런 상황에서 하나님은 그들을 향한 언약을 잊지 않도록 부정에서 깨끗하게 되는 수단을 주셨다. 붉은 암송아지(a red heifer)를 태워 그 재로 정결하게 하는 물을 만들어 부정한 자에게 뿌리는 것이다.

하나님은 모세를 통해 먼저 붉은 암송아지에 관한 규례를 주셨다. 흠이나 결점이 없고 멍에를 메지 않은 순전한 붉은 암송아지를 드리라는 것이다. 희생제물을 색깔로 말한 것은 이 구절밖에 없다. 붉은 색은 피의 색깔로 생명을 의미하기도 하고, 이기적이고 탐욕스런 마음과 죄를 상징하기도 하며, 구속을 위해 필요한 피를 상징하기도 한다. 여기서 붉은 암송아지는 죄로 물든 인간의 모습을 상징한다. 이 송아지를 잡아 불살라 죄를 씻는 재를 만든다. 따라서 이 규례의 목적은 이스라엘 백성의 삶 전체가 죄에 물들어있고 그 결과는 죽음뿐임을 일깨워주기 위함임을 알 수 있다.

"너는 그것을 제사장 엘르아살에게 줄 것이요 그는 그것을 진영 밖으로 끌어내어서 자기 목전에서 잡게 할 것이며(3절)." 끌어온 붉은 암송아지를 제사장 엘르아살에게 준다. 이것은 그가 아론의 계승자로 인정받고 있음을 보여준다. 그 송아지는 진영 밖(outside the camp)으로 끌고 가 그가 보는 데서 잡도록 했다. 이 송아지는 불살라 죄를 씻는 재를 만드는 것은 일반적인 희생제사와 달리 진 밖에서 치르도록 했다. 이것은 백성의 죄를 속죄하여 하나님과의 교제를 회복하기 위한 것이 아니라 단지 주검으로 부정하게 된 것을 깨끗하게 하기 위함이기 때문이다.

"제사장 엘르아살은 손가락에 그 피를 찍고 그 피를 회막 앞을 향하여 일곱 번 뿌리고(4절)." 그런 다음 엘르아살은 손가락으로 그 피를 찍어 성막 정면을 향하여 일곱 번 뿌린다. 회막을 향해 피를 뿌리는 것은 암송아지가 하나님께 속한다는 것을 의미한다. 7번 뿌리는 것은 완전수를 의미하는 숫자 7처럼 이 제사가 완전성을 요구하고 있음을 나타낸다.

"그 암소를 자기 목전에서 불사르게 하되 그 가죽과 고기와 피와 똥을 불사르게 하고(5절)." 그 송아지는 그가 지켜보는 가운데서 가죽과 고기와 피와 내장(offal)을 포함하여 고스란히 불사른다. 여기서 '불사르다(burn)' 는말은 '사라프(saraph)' 로, 제단에서 희생제물을 불태우는 '히크티르(hiqtir)' 와 다르다. 히크티르는 '향기로운 냄새가 되다' 는 뜻을 가지고 있다. 사라프는 이것과는 거리가 멀다.

"동시에 제사장은 백향목과 우슬초와 홍색 실을 가져다가 암송아지를 사르는 불 가운데에 던질 것이며(6절)." 제사장은 백향목과 우슬초와 홍색 실을 가져다가 송아지가 타고 있는 불 속에 던진다. 백향목(cedar wood)은 생명이 소멸되지 않고 계속되는 것을 상징한다. 주검으로 인한 부정은 일시적으로 보기 때문이다. 아름다움, 영광, 성실한 믿음을 상징하기도 한다. 우슬초(hyssop)는 주검으로 인한 부정에서 정결하게 되는 것을 상징한다. 유월절 때 문지방에 피를 뿌리는 도구로 사용되었다. 홍색실(scarlet wool)은 가장 강렬한 생명력을 상징하고 있다. 이 세 가지는 나병의 정결의식에서처럼 죄를 씻고 정결하게 하는 제사와 연관되어 있다(레 14:4).

"제사장은 자기의 옷을 빨고 물로 몸을 씻은 후에 진영에 들어갈 것이라 그는 저녁까지 부정하리라(7절)." 이 일에 참여한 사람들, 곧 제사장, 불사른 사람, 재를 모아 깨끗한 곳에 둔 사람 모두 그로 인해 부정하게 되었다. 속죄 제물에 옮겨진 죄와 죽음 때문이다. 따라서 제사장은 자기 옷을 빨고 목욕을 해야 한다. 그런 다음에야 진영에 들어갈 수 있다. 하지만 저녁까지는 부정하다.

"송아지를 불사른 자도 자기의 옷을 물로 빨고 물로 그 몸을 씻을 것이라 그도 저녁까지 부정하리라(8절)." 송아지를 불사른 사람(man who burns heifer)도 자기의 옷을 빨고 목욕을 해야 한다. 그도 저녁까지는 부정하다.

"이에 정결한 자가 암송아지의 재를 거두어 진영 밖 정한 곳에 둘지니 이것은 이스라엘 자손 회중을 위하여 간직하였다가 부정을 씻는 물을 위해 간직할지니 그것은 속죄제니라(9절)." 의식상 정결한 자가 그 송아지의 재(ashes of the heifer)를 거두어 진영 밖 깨끗한 곳(ceremonially clean place)에 둔다. 이 재는 그 곳에 두었다가 이스라엘 백성이 부정을 없애는 물(water of cleansing)을 만드는 데 사용하도록 한다. 이것은 속죄제, 곧 죄를 씻기 위한 것이다.

레위기에 따르면 정결케 하는 방법이 크게 두 가지가 있다. 하나는 물로 씻거나 저녁까지 기다린다. 다른 하나는 심각한 부정일 경우 7일을 기다린 후 제물을 드린다. 그러나 지금 광야의 이스라엘의 경우 사람이 죽었을 때 제물을 드리는 것이 어렵고 경비가 많이 들어 가족이나 친지에게 부담이 크다. 따라서 이 장에서는 주검으로 인해 부정하게 되었을 때 정결케 하는 또 다른 방법으로 암송아지 재를 탄 물을 사용하도록 한 것이다.

"암송아지의 재를 거둔 자도 자기의 옷을 빨 것이며 저녁까지 부정하리라 이는 이스라엘 자손과 그중에 거류하는 외인에게 영원한 율례니라(10절)." 암송아지 재를 거둔 자(man who gathers up the ashes of the heife)도 부정하게 되었으므로 옷을 빨고 목욕을 해야 한다. 그러나 그도 저녁까지는 부정하다. 이 규례는 이스라엘 백성뿐 아니라 그들 가운데 사는 외국인도 영원히 지켜야 할 규정이다.

2. 시체를 만진 자에 대한 정결 규례(11-13절)

"사람의 시체를 만진 자는 이레 동안 부정하리니(11절)." 누구든지 사람의 시체(dead body)를 만진 자는 7일 동안 부정하다. 여기선 시체를 생명,

숨, 생령에 사용되는 단어 '네페쉬(nepes)'를 사용했다는 점에서 특이하다. 학개 2:13절에도 시체를 네페쉬라 했다.

"그는 셋째 날과 일곱째 날에 잿물로 자신을 정결하게 할 것이라 그리하면 정하려니와 셋째 날과 일곱째 날에 자신을 정결하게 하지 아니하면 그냥 부정하니(12절)." 이런 자는 시체를 만진 지 3일째 되는 날과 7일째 되는 날에 잿물, 곧 정결하게 하는 물로 자신을 깨끗이 해야 한다. 그러면 깨끗하게 된다. 그러나 3일째 되는 날과 7일째 되는 날에 그렇게 하지 않으면 깨끗해지지 않는다. 일반적으로 짐승의 시체를 만져서 부정하게 된 자는 단지 그 날 저녁까지만 부정했다. 이것이 비해 사람의 시체를 만진 경우 7일 동안 부정하게 되었다는 것은 정결 규례로 볼 때 그만큼 심각하다는 것을 말해준다.

"누구든지 죽은 사람의 시체를 만지고 자신을 정결하게 하지 아니하는 자는 여호와의 성막을 더럽힘이라 그가 이스라엘에서 끊어질 것은 정결하게 하는 물을 그에게 뿌리지 아니하므로 깨끗하게 되지 못하고 그 부정함이 그대로 있음이니라(13절)." 누구든지 시체를 만지고 자신을 깨끗하게 하지 않는 사람은 성막을 더럽히는 자이다. 따라서 그런 사람은 이스라엘 백성 가운데서 제거된다. 정결하게 하는 물을 자기 몸에 뿌리지 않아서 깨끗해지지 못하고 그 부정이 그대로 남아있기 때문이다.

3. 장막에서 사람이 죽은 경우와 그 정결 절차에 관한 규례(14-20절)

"장막에서 사람이 죽을 때의 법은 이러하니 누구든지 그 장막에 들어가는 자와 그 장막에 있는 자가 이레 동안 부정할 것이며(14절)." 장막에서 사람이 죽을 때에 지켜야 할 법이다. 그 장막 안으로 들어가는 사람이나 그 장막 안에 있는 사람은 모두 7일 동안 부정하다.

"뚜껑을 열어 놓고 덮지 아니한 그릇은 모두 부정하니라(15절)." 장막 안에 있는 그릇 중 어떤 그릇이든지 뚜껑을 열어 놓고 덮지 아니한 그릇(open container)들도 부정하게 된다.

"누구든지 들에서 칼에 죽은 자나 시체나 사람의 뼈나 무덤을 만졌으면 이레 동안 부정하리니(16절)." 집밖에서 시체를 만지게 되는 경우다. 들판에 있다가 칼에 맞아 죽은 사람이나 그냥 죽은 사람(natural death)이나 죽은 사람의 뼈나 그 무덤에라도 몸이 닿은 사람은 누구든지 7일 동안 부정하다. 무덤을 만지는 것이 부정하게 된다는 규례 때문에 훗날 무덤을 하얗게 칠하는 관습이 생기게 되었다.

"그 부정한 자를 위하여 죄를 깨끗하게 하려고 불사른 재를 가져다가 흐르는 물과 함께 그릇에 담고(17절)." 17-19절은 시체와 접촉하여 부정하게 된 자를 정결하게 하기 위한 절차가 소개되어 있다. 부정하게 되었을 때에는 시체로 인해 부정하게 되지 않은 정한 사람이 진 바깥 정한 곳에 있는 재, 곧 속죄제물인 붉은 암송아지를 불사른 재를 그릇에 가져다가 거기에 흐르는 물, 곧 생수(fresh water)를 부어 죄를 씻는 물을 만든다.

"정결한 자가 우슬초를 가져다가 그 물을 찍어 장막과 그 모든 기구와 거기 있는 사람들에게 뿌리고 또 뼈나 죽임을 당한 자나 시체나 무덤을 만진 자에게 뿌리되(18절)." 불사른 재로 정결케 하는 물을 만든 다음 의식상 정결한 사람(a man who is ceremonially clean)이 우슬초를 가져 와서 그것으로 그 물을 찍어 장막 위, 모든 기구 위, 거기에 있는 사람들 위, 뼈나 살해당한 자나 죽은 자나 무덤에 몸이 닿은 사람 위에 뿌린다.

"그 정결한 자가 셋째 날과 일곱째 날에 그 부정한 자에게 뿌려서 일곱째 날에 그를 정결하게 할 것이며 그는 자기 옷을 빨고 물로 몸을 씻을 것이라 저녁이면 정결하리라(19절)." 정결한 사람이 3일 째 되는 날과 7일 째 되는 날 부정한 사람에게 이 잿물을 뿌려 준다. 그러면 7일 째 되는 날 그 사람은 정결하게 된다. 그러나 잿물을 뿌린 자는 부정하게 되어 옷을 빨고 물로 몸을 씻어야 한다. 저녁때가 되면 깨끗하게 된다.

4. 부정한 자에 관한 정결 규례(20-22절)

"사람이 부정하고도 자신을 정결하게 하지 아니하면 여호와의 성소를 더럽힘이니 그러므로 회중 가운데에서 끊어질 것이니라 그는 정결하게 하는 물로 뿌림을 받지 아니하였은즉 부정하니라(20절)." 부정하면서도 자신을 깨끗하게 하지 않는 자는 정결하게 하는 물로 뿌림을 받지 않았기 때문에 부정이 그대로 있다. 이런 사람은 백성 가운데서 제거된다. 여호와의 성소(sanctuary)를 더럽혔기 때문이다.

"이는 그들의 영구한 율례니라 정결하게 하는 물을 뿌린 자는 자기의 옷을 빨 것이며 정결하게 하는 물을 만지는 자는 저녁까지 부정할 것이며(21절)." 이것은 이스라엘이 영원히 지켜야 할 규례이다. 그리고 그 물을 뿌린 사람(man who sprinkles the water of cleansing)도 그 후에 자기 옷을 빨아야 한다. 누구든지 그 물을 만지는 사람은 저녁까지 부정하기 때문이다.

"부정한 자가 만진 것은 무엇이든지 부정할 것이며 그것을 만지는 자도 저녁까지 부정하리라(22절)." 부정한 사람(unclean person)이 만지는 것은 무엇이든지 부정하게 되고, 부정한 사람이 만진 것을 만지는 자도 저녁까지 부정하게 된다.

제20장

므리바 물 사건과 아론의 죽음

요약

1. 미리암의 죽음(1절)

1) 첫째 달에 이스라엘이 신 광야에 이르러 가데스에 거할 때 미리암이 죽으매 거기에 장사

2. 물이 없어 백성이 모세와 다툼(2-9절)

1) 회중이 물이 없으므로 모세와 다투어 말하되 우리 형제들이 여호와 앞에서 죽을 때에 우리도 죽었더라면 좋을 뻔 하였도다.
2) 너희가 어찌하여 이 광야로 인도하여 다 여기서 죽게 하느냐. 이곳에는 파종할 곳이 없고 무화과도 없고 포도도 없고 석류도 없고 마실 물도 없도다.
3) 모세와 아론이 회중 앞을 떠나 회막 문에 이르러 엎드리매 여호와의 영광이 그들에게 나타남.
4) 지팡이를 가지고 그들의 목전에서 반석에게 명령하여 물을 내라. 그 반석이 물을 내게 하여 마시게 할지니라. 모세가 명령대로 여호와 앞에서 지팡이를 잡음.

3. 므리바 물 사건, 모세와 아론이 약속의 땅으로 인도 거부되다(10-13절)

1) 모세와 아론이 회중을 그 반석 앞에 모으고 모세가 이르되 반역한

너희여 들으라 우리가 너희를 위하여 이 반석에서 물을 내랴 하고 모세가 그의 손을 들어 그의 지팡이로 반석을 두 번 치니 물이 많이 솟아나오므로 회중과 그들의 짐승이 마시니라.

2) 여호와께서 모세와 아론에게 이르시되 너희가 나를 믿지 아니하고 이스라엘 자손의 목전에서 내 거룩함을 나타내지 아니한 고로 너희는 이 회중을 내가 그들에게 준 땅으로 인도하여 들이지 못하리라 하심.

3) 이스라엘 자손이 여호와와 다투었으므로 이를 므리바 물이라 함. 여호와께서 그들 중에서 그 거룩함을 나타내셨더라.

4. 에돔이 이스라엘의 통과를 거부하다(14-21절)

1) 모세가 가데스에서 에돔 왕에게 사신을 보내며 이르되 이제 우리가 당신의 변방 모퉁이 한 성읍 가데스에 있사오니 당신의 땅을 지나가게 하소서 왕의 큰길로만 지나가고 당신의 지경에서 나가기까지 왼쪽으로나 오른쪽으로나 치우치지 아니 하리이다.

2) 에돔 왕이 대답하되 너는 우리 가운데로 지나가지 못하리라 내가 칼을 들고 나아가 너를 대적할까 하노라.

3) 이스라엘 자손이 이르되 우리가 큰길로만 지나가겠고 우리나 우리 짐승이 당신의 물을 마시면 그 값을 낼 것이라. 에돔 왕이 많은 백성을 거느리고 나와서 강한 손으로 막음.

4) 에돔 왕이 그의 영토로 지나감을 용납하지 아니하므로 이스라엘이 그들에게서 돌이킴.

5. 아론의 죽음(22-29절)

1) "이스라엘이 가데스를 떠나 호르 산에 이르렀더니 모세와 아론에게 말씀하시니라. 아론은 그 조상들에게로 돌아가고 내가 이스라엘 자손에게 준 땅에는 들어가지 못하리니 이는 너희가 므리바 물에서 내 말을 거역한 까닭이니라.

2) 너는 아론과 그의 아들 엘르아살을 데리고 호르 산에 올라 아론의 옷을 벗겨 그의 아들 엘르아살에게 입히라 아론은 거기서 죽어 그 조상에게로 돌아가리라.
3) 모세가 여호와의 명령을 따라 그들과 함께 회중의 목전에서 호르 산에 오름. 모세가 아론의 옷을 벗겨 그의 아들 엘르아살에게 입히매 아론이 그 산 꼭대기에서 죽음. 모세와 엘르아살이 산에서 내려오니 온 회중이 아론이 죽은 것을 보고 그를 위하여 삼십 일 동안 애곡.

---

1. 미리암의 죽음(1절)

"첫째 달에 이스라엘 자손 곧 온 회중이 신 광야에 이르러 백성이 가데스에 이르더니 미리암이 거기서 죽으매 거기에 장사되니라(1절)." 첫째 달에 신 광야에 도착하여 가데스(Kadesh)에 진을 쳤다. 이 때 미리암이 130세로 죽었다. 그는 이곳에 묻혔다.

그가 죽은 해는 광야 유랑의 38년 말기, 곧 이집트에서 나온 지 40년 째 되는 해 1월이었다. 가나안 입성 1년 전이었다. 그의 죽음은 이집트에서 나온 세대 가운데 20세 이상은 가나안 땅에 들어가지 못하고 광야에서 죽게 되리라는 하나님의 말씀을 생각나게 한다. 그의 동생인 아론과 모세도 같은 해에 같은 길을 가게 된다.

2. 물이 없어 백성이 모세와 다툼(2-9절)

"회중이 물이 없으므로 모세와 아론에게로 모여드니라 백성이 모세와 다투어 말하여 이르되 우리 형제들이 여호와 앞에서 죽을 때에 우리도 죽었더라면 좋을 뻔 하였도다(2, 3절).” 그들이 진 친 곳에는 마실 물이 없었다. 가데스는 신 광야에서 넓은 지역을 차지하고 있어 어떤 곳에서는 물이 부족할 수도 있다. 이 지역은 '가데스 므리바'로 불리고 있다.

백성들이 모세와 아론에게 몰려와 집단으로 항의했다. 항의 내용은 참으로 극단적이었다. 하나님께서 우리 형제들을 죽이실 때, 즉 고라 당이 하나님의 재앙으로 죽임을 당할 때 함께 죽지 못한 것이 한스럽다는 것이었다. 얼마나 열악한 환경이었을까 하는 마음도 든다. 하지만 차라리 그 때 죽었으면 좋았을 것이라는 말은 하나님을 따르는 백성으로서 정도를 넘어섰다.

“너희가 어찌하여 여호와의 회중을 이 광야로 인도하여 우리와 우리 짐승이 다 여기서 죽게 하느냐 너희가 어찌하여 우리를 애굽에서 나오게 하여 이 나쁜 곳으로 인도하였느냐 이 곳에는 파종할 곳이 없고 무화과도 없고 포도도 없고 석류도 없고 마실 물도 없도다(4, 5절).” 광야에는 곡식도 없고 과일도 없고 물도 없다. 백성들은 모세와 아론을 향해 왜 자기들을 이 나쁜 땅, 곧 황무지로 데려와 죽게 하느냐고 불평한다. 백성들이 원망하는 말을 들어볼 때 이 사건은 출애굽기 17장의 사건과 매우 유사함을 느낄 수 있다. 하지만 이것은 서로 다른 사건이다. 출애굽기 17장에서는 모세만 언급되어 있지만 여기서는 모세와 아론 두 사람이 언급되어 있다. 출애굽기 17장에서는 모세를 향해 반석을 치라(6절) 하셨지만 민수기 20장에서는 바위를 향해 '물을 내라(7절)' 명령하도록 하셨다. 치라는 것과 명령하라는 것은 행동에 있어서 차이가 있다. 더욱이 민수기에서의 초점은 모세의 불순종에 맞춰져 있다.

“모세와 아론이 회중 앞을 떠나 회막 문에 이르러 엎드리매 여호와의 영광(the glory of the LORD)이 그들에게 나타나며(6절).” 모세와 아론이 그들을 떠나 성막 입구로 가서 여호와 앞에 엎드렸다(fell facedown). 하나님께 엎드려 기도드렸다는 말씀이다. 하나님은 영광의 광채로 그들에게 나타나셨다.

"여호와께서 모세에게 말씀하여 이르시되 지팡이를 가지고 네 형 아론과 함께 회중을 모으고 그들의 목전에서 너희는 반석에게 명령하여 물을 내라 하라 네가 그 반석이 물을 내게 하여 회중과 그들의 짐승에게 마시게 할지니라(7, 8절)." 하나님은 모세를 향해 네 지팡이를 가지고 아론과 함께 백성을 모으고 그들 앞에서 바위를 향해 '물을 내라' 고 말하도록 했다. 바위에게 명령을 내리면 그 바위가 물을 나오게 할 것인데 그것을 백성과 모든 짐승이 마시도록 하라는 것이다.

"모세가 그 명령대로 여호와 앞에서 지팡이를 잡으니라(9절)." 모세는 그 명령을 수행하기 위해 하나님 앞에 두었던 지팡이를 가져왔다. 이 지팡이는 출애굽 때 하나님이 여러 기적을 보이실 때 사용되었던 것이고 르비딤에서 물을 낼 때도 사용된 바 있다. 하나님의 간섭하심을 상징하는 이 지팡이는 평소 성소에 놓여 있었다. 이제 하나님의 명령에 따라 하나님 앞에서 그 지팡이를 든 것이다. 이제 지팡이를 들어 바위를 향해 물을 내라 명령하면 전능하신 하나님의 능력이 나타나리라.

3. 므리바 물 사건, 모세와 아론이 약속의 땅으로 인도 거부되다(10-13절)

"모세와 아론이 회중을 그 반석 앞에 모으고 모세가 그들에게 이르되 반역한 너희여 들으라 우리가 너희를 위하여 이 반석에서 물을 내랴 하고 모세가 그의 손을 들어 그의 지팡이로 반석을 두 번 치니 물이 많이 솟아나오므로 회중과 그들의 짐승이 마시니라(10, 11절)."

아론과 함께 백성을 그 바위 앞에 모아 놓은 모세는 그들의 반역하는 행위에 더는 참을 수 없어 외쳤다. "이 반역의 무리여, 우리가 당신들을 위해 이 바위에서 물을 내야 하겠소?" 마침내 분노가 폭발한 것이다. 시편 기자는 "이는 그들이 그의 뜻을 거역함으로 말미암아 모세가 그의 입술로 망령

되이 말하였음이로다(시 106:33)" 하였다. 그의 행동을 교만으로 해석하기도 한다. 그리고 지팡이를 높이 들어 바위를 두 번이나 쳤다. 바위를 향해 물을 내라 명령만 해도 될 일인데 과잉행동을 한 것이다. 얼마나 화가 났으면 그랬을까 싶다. 하지만 이것은 하나님이 명령하신 것과는 완전히 다른 행동이었다.

그러나 하나님은 약속을 지키셨다. 물이 분수처럼 솟구쳐 나왔기 때문이다. 시편 기자는 "또 바위에서 시내를 내사 물이 강 같이 흐르게 하셨다(시 78:16)" 했다. 백성과 그들의 짐승이 하나님의 진노로 죽지 않고 그 물을 마셨다. 은혜의 물이 아닐 수 없다.

"여호와께서 모세와 아론에게 이르시되 너희가 나를 믿지 아니하고 이스라엘 자손의 목전에서 내 거룩함을 나타내지 아니한 고로 너희는 이 회중을 내가 그들에게 준 땅으로 인도하여 들이지 못하리라 하시니라(12절)." 하지만 하나님은 모세와 아론에게 엄중하게 세 가지를 지적하였다.

첫째, "너희가 나를 믿지 않았다." 모세의 불신앙은 화가 나서 백성에게 한 말과 반석을 향해 명령하는 대신 지팡이로 두 번 내리친 것을 말한다. 이 행동으로 물이 나오기는 했지만 그 행동 자체는 하나님에 대한 반역이고 불신앙으로 여겨졌다. 말려야 할 아론도 모세를 따라 믿음이 흔들렸다.

둘째, "백성들 앞에서 나의 거룩함을 나타내지 않았다." 두 사람의 행동은 백성의 지도자로서, 대제사장으로서 하나님이 각자에게 맡겨주신 직분에 어울리지 않는 것이었다. 결국 그들의 행동은 이스라엘 백성들 앞에서 자기 자신들뿐 아니라 하나님을 거룩한 자로 높이지 않은 결과를 초래했다. 성스러운 직임을 맡은 자는 하나님이 요구하시는 행동으로 거룩함을 드러내야 한다는 말씀이다.

끝으로, "너희 두 사람은 약속의 땅으로 들어가지 못한다." 하셨다. 이것은 죄의 결과로 자초한 것이었다. 이 말을 들었을 때 모세와 아론은 얼마나 놀랐을까.

"이스라엘 자손이 여호와와 다투었으므로 이를 므리바 물이라 하니라 여호와께서 그들 중에서 그 거룩함을 나타내셨더라(13절)." 여기서 이스라엘 백성이 여호와와 다투었으므로 이 곳 물을 '므리바(Meribah)' 물이라 하였다. 므리바는 '싸우다' '다투다' 를 뜻하는 히브리 동사 '리브(rib)' 에서 나온 말이다. 이것은 이스라엘이 머물던 장소의 이름이다. '가데스 므리바' 다. 신 광야의 르비딤과는 구별된다.

나아가 하나님은 자신이 거룩한 분임을 그들에게 보여 주셨다. 거룩함을 모세와 아론에게 보여주셨다는 것은 무슨 뜻일까? 하나님은 부정한 사람이 하나님께 접근하면 심판하심으로 자신의 거룩함을 나타내신다. 심판은 즉시 내려질 수도 있고 늦춰질 수도 있다. 나답과 아비후는 제단 불에서 취하지 않은 다른 불로 향을 피워 드리는 순간 죽임을 당했다. 하지만 지금 모세와 아론은 그들에 비해 가벼운 판결을 받았다. 즉각 죽임을 당하지 않았기 때문이다. 물론 그들이 백성들을 약속의 땅으로 인도할 수 없게 된 것은 본인들이나 이스라엘 백성들에게 충격적인 사건이다. 하지만 이것으로도 하나님의 거룩하심을 나타내기에 충분하다.

4. 에돔이 이스라엘의 통과를 거부하다(14-21절)

"모세가 가데스에서 에돔 왕에게 사신을 보내며 이르되 당신의 형제 이스라엘의 말에 우리가 당한 모든 고난을 당신도 아시거니와 우리 조상들이 애굽으로 내려갔으므로 우리가 애굽에 오래 거주하였더니 애굽인이 우리 조상들과 우리를 학대하였으므로 우리가 여호와께 부르짖었더니 우리 소리를 들으시고 천사를 보내사 우리를 애굽에서 인도하여 내셨나이다 이제 우리가 당신의 변방 모퉁이 한 성읍 가데스에 있사오니(14, 15, 16절)."

모세는 가데스에서 에돔(Edom) 왕에게 사신을 보내 정중하게 길을 내줄 것을 요청했다. 당시 에돔은 왕을 세워 섬기고 있었다. 모세가 에돔을 정중하게 대한 이유가 있다. 에돔은 야곱의 형 에서의 후손들이기 때문이다. 하나님은 모세로 하여금 친척의 나라인 에돔, 모압, 암몬 사람을 대항하지 말라고 하셨다. 친척 간이기 때문이다. 모세는 자신들이 당신의 친척 이스라엘의 후손임을 밝히고, 하나님의 적극적인 도우심으로 이집트에서 해방되었음을 알렸다. 그리고 지금 당신 영토의 경계 지역인 가데스에 있다고 했다.

"청하건대 우리에게 당신의 땅을 지나가게 하소서 우리가 밭으로나 포도원으로 지나가지 아니하고 우물물도 마시지 아니하고 왕의 큰길로만 지나가고 당신의 지경에서 나가기까지 왼쪽으로나 오른쪽으로나 치우치지 아니하리이다 한다고 하라 하였더니(17절)." 모세는 에돔의 땅을 통과만 할 수 있도록 허락해 줄 것을 정중히 요청했다. 지나갈 때 밭이나 포도원으로 통과하지 않고 우물물도 마시지 않으며 큰 길로만 통과해 왕의 땅을 다 지나갈 때까지 그 길에서 벗어나지 않겠노라 약속했다. 왕의 큰 길(the king's highway)은 다마스쿠스에서 아카바 만까지 남북으로 연결된 간선도로로 대상들이 교역을 위해 이용하는 중요한 도로였다. 왕의 큰 길, 곧 왕의 대로라 한 것은 낙타 대상들의 긴 행렬이 마치 왕의 대열이 지나가는 것과 같다 하여 붙여진 이름이다.

"에돔 왕이 대답하되 너는 우리 가운데로 지나가지 못하리라 내가 칼을 들고 나아가 너를 대적할까 하노라(18절)." 그러나 에돔 왕은 한 마디로 거절했다. 자기 땅에 발을 들여 놓으면 자기가 나가서 칼로 치겠다고 선언했다. 사실 이스라엘이 두려운 것이다.

"이스라엘 자손이 이르되 우리가 큰길로만 지나가겠고 우리나 우리 짐승이 당신의 물을 마시면 그 값을 낼 것이라 우리가 도보로 지나갈 뿐인즉 아무 일도 없으리이다 하나 그는 이르되 너는 지나가지 못하리라 하고 에돔 왕이 많은 백성을 거느리고 나와서 강한 손으로 막으니(19, 20절)." 그러나 모세는 사신을 다시 보내 큰 길로만 가고, 에돔의 물을 마시게 되면 그 값을 다 치르겠다고 약속했다. 이스라엘이 원하는 것은 그 땅을 통과하는 것뿐이라는 것이다. 에돔에 호소한 것이다. 하지만 왕은 통과를 거부하고 오히려 많은 군대를 거느리고 국경 지대로 나왔다. '강한 손으로 막으니' 는 강력한 군사(powerful army)를 동원했다는 말이다. 완전 전투태세다.

"에돔 왕이 이같이 이스라엘이 그의 영토로 지나감을 용납하지 아니하므로 이스라엘이 그들에게서 돌이키니라(21절)." 에돔이 완강하게 나오자 이스라엘은 하는 수 없이 거기서 발길을 돌릴 수밖에 없었다. 약속의 땅으로 가는 길이 녹록치 않음을 보여준다.

5. 아론의 죽음(22-29절)

"이스라엘 자손 곧 온 회중이 가데스를 떠나 호르 산에 이르렀더니 여호와께서 에돔 땅 변경 호르 산에서 모세와 아론에게 말씀하시니라 이르시되 아론은 그 조상들에게로 돌아가고 내가 이스라엘 자손에게 준 땅에는 들어가지 못하리니 이는 너희가 므리바 물에서 내 말을 거역한 까닭이니라(22, 23, 24절)."

이스라엘이 가데스를 출발하여 에돔 국경 지대인 호르 산(Mount Hor)에 도착하였다. 그 때 하나님께서 모세와 아론에게 아론이 죽게 될 것을 말씀하셨다. "아론은 내가 이스라엘 백성에게 준 땅에 들어가지 못하고 죽게 될 것이다." 그 이유는 두 사람이 므리바에서 하나님의 명령을 거역했기 때문이다. 아론을 먼저 보낸다는 것이다. '그 조상들에게 돌아가고(gathered to his people)' 는 죽음에 대한 구약의 표현방식, 곧 히브리 식 수사법이다. 이 말은 죽음으로 모든 것이 끝나는 것이 아니라 죽어서는 아브라함, 이삭, 야곱 등 여러 족장들과 다른 가족들과의 만남, 곧 저 세상에서 다시 만남을 암시하고 있다.

이 단락에서는 이스라엘 최초의 대제사장 아론의 죽음을 아주 담담하게 그려내고 있다. 그의 죽음은 이스라엘 전체에 충격적인 일이고, 감정을 충분히 드러내도 모자란 형편이다. 그런데도 모든 감정을 애써 감춘 채 담담히 묘사하고 있는 것은 므리바에서의 불순종으로 인한 심판을 피할 수 없다고 보았기 때문이다.

"너는 아론과 그의 아들 엘르아살을 데리고 호르 산에 올라 아론의 옷을 벗겨 그의 아들 엘르아살에게 입히라 아론은 거기서 죽어 그 조상에게로 돌아가리라(25, 26절)." 하나님은 모세에게 엄중한 명령을 내리셨다. 아론과 그의 아들 엘르아살을 데리고 호르 산으로 올라가라는 것이다. 거기서 아론의 제사장복을 벗겨(remove Aaron's garments) 그의 아들 엘르아살에게 입히도록(put them on his son Eleazar) 했다. 이것은 아론이 대제사장 직에서 물러나고 그의 아들이 그 직을 승계한다는 의미를 담고 있다. 한 시대를 마감하고 새로운 시대를 열겠다는 말씀이다. 그 뒤 아론은 거기서 죽게 된다. 결국 죽음의 산 오름이다.

"모세가 여호와의 명령을 따라 그들과 함께 회중의 목전에서 호르 산에 오르니라 모세가 아론의 옷을 벗겨 그의 아들 엘르아살에게 입히매 아론이 그 산 꼭대기에서 죽으니라 모세와 엘르아살이 산에서 내려오니 온 회중 곧 이스라엘 온 족속이 아론이 죽은 것을 보고 그를 위하여 삼십 일 동안 애곡하였더라(27, 28, 29절)." 모세는 여호와께서 명령하신 그대로 따랐다. 모든 백성이 지켜보는 가운데 그들을 데리고 호르 산에 올랐다. 모세가 아론의 옷을 벗겨 그의 아들 엘르아살에게 입혔다. 그러자 아론은 산꼭대기에서 죽었고 모세와 엘르아살은 그 산에서 내려왔다. 모든 백성은 아론이 죽었다는 말을 듣고 30일 동안 그의 죽음을 슬퍼하였다. 신명기 10:6에 따르면 아론이 죽은 곳은 모세라(Moserah)였고 그는 그곳에 장사되었다. 미리암, 아론, 모세 모두 같은 해에 죽었다. 아론은 호르 산에서 5월 1일 123세로 죽었다. 가나안 입성 약 8개월 전이었다. 모세는 40년 11월 1일 느보 산에서 120세에 죽었다. 가나안 입성 약 2개월 전이었다(신 32:50;34:1, 5).

제21장

불뱀 사건, 아모리 왕과 바산 왕을 물리침

요약

1. 호르마에서 아랏을 물리치다(1-3절)

1) 가나안 사람 아랏의 왕이 이스라엘이 아다림 길로 온다 함을 듣고 이스라엘을 쳐서 그 중 몇 사람을 사로잡음
2) 이스라엘이 여호와께 서원, 주께서 만일 이 백성을 내 손에 넘기시면 내가 그들의 성읍을 다 멸하리이다
3) 여호와께서 이스라엘의 목소리를 들으시고 가나안 사람을 그들의 손에 넘기시매 그들과 그들의 성읍을 다 멸함. 그 곳 이름을 호르마라 함.

2. 이스라엘이 원망하자 불뱀을 보내다(4-9절)

1) 백성이 호르 산에서 출발하여 홍해 길을 따라 에돔 땅을 우회하려 하였다가 길로 말미암아 백성의 마음이 상함.
2) 백성이 하나님과 모세를 향하여 원망. 어찌하여 우리를 애굽에서 인도해 내어 이 광야에서 죽게 하는가 이 곳에는 먹을 것도 없고 물도 없도다 우리 마음이 이 하찮은 음식을 싫어하노라.
3) 여호와께서 불뱀들을 보내어 물게 하시므로 이스라엘 백성 중에 죽은 자가 많음.
4) 백성이 모세에게 우리가 여호와와 당신을 향하여 원망함으로 범죄하였사오니 여호와께 기도하여 이 뱀들을 우리에게서 떠나게 하소

서 함.

4) 모세가 백성을 위하여 기도하매 여호와께서 불뱀을 만들어 장대 위에 매달아라 물린 자마다 그것을 보면 살리라 하심. 모세가 놋뱀을 만들어 장대 위에 다니 뱀에게 물린 자가 놋뱀을 쳐다본즉 모두 살아남.

3. 오봇에서 비스가산까지 이스라엘이 거쳐 온 지역들(10-20절)

1) 오봇을 떠나 모압 앞쪽 해 돋는 쪽 광야 이예아바림에 진을 침
2) 거기를 떠나 세렛 골짜기에 진을 쳤고 거기를 떠나 아르논 강 건너편에 진을 침. 아르논은 모압과 아모리 사이에서 모압의 경계가 된 곳임.
3) 거기서 브엘에 이름. 브엘은 여호와께서 물을 주리라 하시던 우물이 있는 곳임.
4) 그들은 광야에서 맛다나, 나할리엘, 바못을 거쳐 비스가 산꼭대기에 이르렀음.

4. 아모리 왕 시혼을 물리치다(21-32절)

1) 이스라엘이 아모리 왕 시혼에게 사신을 보내어 당신의 땅을 지나가게 하소서 우물물도 마시지 아니하고 당신의 지경에서 다 나가기까지 왕의 큰길로만 지나가리이다 함.
2) 시혼이 지나감을 용납하지 않고 이스라엘을 치러 야하스에 이르러 이스라엘을 침.
3) 이스라엘이 그들을 무찌르고 그 땅을 아르논에서부터 얍복까지 점령함.
4) 이스라엘이 그 모든 성읍을 빼앗고 아모리인의 모든 성읍 헤스본과 그 모든 촌락에 거주함.
5) 헤스본은 아모리인의 왕 시혼의 도성이라 시혼이 그 전 모압 왕을 치고 그의 모든 땅을 아르논까지 그의 손에서 빼앗았던 곳임 (시

인의 시 소개)

6) 모세가 또 사람을 보내어 야셀을 정탐하게 하고 그 촌락들을 빼앗고 그 곳에 있던 아모리인을 몰아냄.

5. 바산 왕 옥을 물리치다(33-35절)

1) 그들이 돌이켜 바산 길로 올라가매 바산 왕 옥이 그들을 맞아 에드레이에서 싸우려 함.
2) 여호와께서 모세에게 그를 두려워하지 말라 내가 그와 그의 백성과 그의 땅을 네 손에 넘겼나니 너는 헤스본에 거주하던 아모리인의 왕 시혼에게 행한 것같이 그에게도 행 할지니라 하심.
3) 이에 그와 그의 아들들과 그의 백성을 다 쳐서 한 사람도 남기지 아니하고 그의 땅을 점령함.

---

1. 호르마에서 아랏을 물리치다(1-3절)

"네겝에 거주하는 가나안 사람 곧 아랏의 왕이 이스라엘이 아다림 길로 온다 함을 듣고 이스라엘을 쳐서 그 중 몇 사람을 사로잡은지라(1절)."

아랏(Arad)은 에돔으로 가는 간선도로에 위치해 있으며 동부 네게브의 주요 도시다. 아랏 왕은 이스라엘이 아다림 길로 자기들에게 접근해 온다는 말을 듣고 이스라엘을 공격하여 그들 가운데 몇 사람을 생포하였다. 이스라엘은 가데스를 떠나 다음 행군진로를 정하지 못한 상태에서 당한 것으로 보인다. 아다림(Atharim) 길을 '정찰병들의 길' 이라 해석하기도 한다. 아랍에서는 '발자국들' 이라는 뜻으로 이 단어를 사용했는데, 이것은 이곳이 대상들의 통로였음을 말해준다.

"이스라엘이 여호와께 서원하여 이르되 주께서 만일 이 백성을 내 손에 넘기시면 내가 그들의 성읍을 다 멸하리이다 여호와께서 이스라엘의 목소리를 들으시고 가나안 사람을 그들의 손에 넘기시매 그들과 그들의 성읍을 다 멸하니라 그러므로 그 곳 이름을 호르마라 하였더라(2, 3절).”

이 때 이스라엘은 아랏 왕과 그의 백성을 정복할 수 있도록 도와주시면 그들의 성들을 완전히 섬멸해 버리겠다고 서원했다. 하나님은 그들의 서약을 받으시고 그들을 도와 주셨다. 이스라엘 백성은 가나안 사람들과 그 성들을 완전히 소탕해 버렸다. 그 후로 그 곳 이름을 ‘호르마(Hormah)’ 라 불렀다. 호르마는 ‘봉헌’, ‘완전’ 이라는 뜻을 가지고 있다. 이곳은 가사와 브엘세바 사이에 위치해 있으며 가나안 정복 전쟁 후 유다 지파에게 분배되었다가 시므온 지파에게 양도되었다. 이스라엘의 이 승리는 모세의 지휘아래 얻어진 첫 번째 승리라는 점에서 큰 의미를 가지고 있다. 호르마가 이 장에 기록된 것도 이 때문으로 보인다.

2. 이스라엘이 원망하자 불뱀을 보내다(4-9절)

“백성이 호르 산에서 출발하여 홍해 길을 따라 에돔 땅을 우회하려 하였다가 길로 말미암아 백성의 마음이 상하니라(4절).” 이스라엘 백성은 왕의 대로로 가고자 했으나 거절당했다. 에돔은 한 발짝도 자기 땅에 들어옴을 허락하지 않았다. 그렇다고 친족인 에돔과 싸울 수도 없다. 결국 에돔 땅을 돌아가는 길을 택했다. 호르 산을 떠나 홍해 길, 곧 홍해로 가는 길을 따라 갔다. 이 길은 ‘아라바 길’ 이라고도 한다. 사해의 밑바닥으로부터 아라바(아카바만) 쪽으로 남진한 것이다. 이 지역은 그들의 여정 가운데 가장 견디기 어려운 지역 가운데 하나였다. 이 때문에 그들의 마음이 상했다(impatient). 길을 돌아가면서 겪는 고생을 참아내지 못한 것이다. 신앙의 힘이 가장 필요한 시기에 쇠퇴한 것이다.

“백성이 하나님과 모세를 향하여 원망하되 어찌하여 우리를 애굽에서 인도해 내어 이 광야에서 죽게 하는가 이 곳에는 먹을 것도 없고 물도 없도다 우리 마음이 이 하찮은 음식을 싫어하노라 하매(5절)." 험한 길로 가자 그들은 다시 고질적인 불평을 쏟아냈다. 하나님이 기적을 베풀어 주시는 음식도 '이 하찮은 음식(this miserable food)' 이라 폄하하고, 이것을 싫어한다고 했다.

"여호와께서 불뱀들을 백성 중에 보내어 백성을 물게 하시므로 이스라엘 백성 중에 죽은 자가 많은지라(6절)." 하나님은 불평하는 그들 가운데 불뱀(venomous snakes), 곧 독사를 보내셨다. 많은 사람들이 독사에 물려 죽었다. 불뱀은 문자적으로 '불타는 뱀' 이다. 물릴 경우 불에 닿은 듯 한 고통을 느끼며 죽게 된다는 데서 나온 말이다. 맹독성 뱀으로 여기서는 이스라엘을 심판하는 도구로 사용되었다.

"백성이 모세에게 이르러 말하되 우리가 여호와와 당신을 향하여 원망함으로 범죄하였사오니 여호와께 기도하여 이 뱀들을 우리에게서 떠나게 하소서 모세가 백성을 위하여 기도하매 여호와께서 모세에게 이르시되 불뱀을 만들어 장대 위에 매 달아라 물린 자마다 그것을 보면 살리라(7, 8절)." 많은 사람들이 죽어나가자 사람들이 모세에게 간청을 했다. "하나님과 당신을 원망하여 죄를 지었사오니 제발 하나님께 기도하여 이 뱀들을 없애 주십시오." 다급한 애걸이었다. 모세가 그들을 위해 기도하자 하나님은 불뱀 하나(a snake)를 만들어 장대에 매달도록하고, 뱀에 물린 자가 그것을 보면 살 것이라 하셨다.

"모세가 놋뱀을 만들어 장대 위에 다니 뱀에게 물린 자가 놋뱀을 쳐다본즉 모두 살더라(9절)." 모세는 하나님의 말씀대로 놋뱀(a bronze snake) 하나를 만들어 장대 위에 달았다. 그리고 뱀에 물린 자는 누구나 그것을 쳐다보면 살 것이라 했다. 쳐다본 자는 모두 살았다. 본즉 살리라. 놋뱀을 치유의 수단으로 삼으신 것이다. 예수님도 '모세가 광야에서 뱀을 든 것같이 인자도 들려야 하리라(요 3:14).' 하셨다. 이것은 우리는 죄를 지었을 때 예수님을 바라봄으로 살 수 있음을 예표한다. 이스라엘이 죽어가는 그 때 놋뱀을 본 자는 살아난 것처럼 예수를 바라보는 자는 생명을 얻는다.

그 후 이스라엘 사람들은 모세가 만든 놋뱀을 숭배하기 시작했다. 그것을 향해 분향한 것이다. 700년 후 히스기야는 이것을 부수고 '느후스단(Nehushtan)' 이라 했다(왕하 18:4). 느후스단이란 그저 '동으로 만든 것,' '놋 조각' 이란 말이다.

3. 오봇에서 비스가산까지 이스라엘이 거쳐 온 지역들(10-20절)

"이스라엘 자손이 그 곳을 떠나 오봇에 진을 쳤고 오봇을 떠나 모압 앞쪽 해 돋는 쪽 광야 이예아바림에 진을 쳤고(10, 11절)." 이 단락에서는 아랏을 점령한 뒤 그들이 행진해온 여러 지역을 소개하고 있다. 약속의 땅에 가까울수록 여행의 진행 속도가 빨라지고 있고, 노래까지 소개되는 것을 볼 때 약속의 땅이 가까웠음에 대한 기쁨이 넘쳤음을 볼 수 있다.

오봇은 모압에 가까운 곳이다. 이예아바림은 문자적으로 '아바림의 폐허,' '건너편 지경의 폐허' 라는 뜻을 가지고 있다. 모압 동남쪽으로 보기도 하고, 아로논 강 근처로 보기도 한다.

"거기를 떠나 세렛 골짜기에 진을 쳤고 거기를 떠나 아모리인의 영토에서 흘러 나와서 광야에 이른 아르논 강 건너편에 진을 쳤으니 아르논은 모압과 아모리 사이에서 모압의 경계가 된 곳이라 이러므로 여호와의 전쟁기에 일렀으되 수바의 와헙과 아르논 골짜기와 모든 골짜기의 비탈은 아르 고을을 향하여 기울어지고 모압의 경계에 닿았도다 하였더라(12-15절)."

여기서는 세렛 골짜기와 아르논 강 건너편에 진 쳤음을 말하고 있다. 세렛 골짜기(Zered Valley)는 이스라엘이 광야의 방랑을 끝내면서 건넜던 시내다. 금방 건널 수 있는 물길이다. 하지만 역사의 한 획을 긋는다는 점에서 의미가 크다. 이곳은 사해의 동남쪽 끝으로 흘러 들어가는 '와디 엘 헤사'

로 간주되고 있다. 비가 오지 않을 때는 물길인지 광야인지 구별하기 어렵다.

그러나 그들이 닿은 아르논 골짜기(Arnon Gorge)는 다르다. 골짜기라 하지만 협곡이다. 협곡의 비탈은 두려움을 줄 만큼 깊고 험하다. 그 협곡 아래에 아르논 강이 흐른다. 아르논은 모압과 아모리의 경계를 이루고 있다. '여호와의 전쟁기(the Book of the Wars of the LORD)' 에도 이곳에 대해 기록되어 있다고 했는데, 이 책에 대해서는 이곳 이외에는 소개되지 않아 잘 모르고 있다. 다만 '야셀의 책' 처럼 이스라엘의 승전가를 모아놓은 책일 것으로 추측할 뿐이다.

"거기서 브엘에 이르니 브엘은 여호와께서 모세에게 명령하시기를 백성을 모으라 내가 그들에게 물을 주리라 하시던 우물이라 그 때에 이스라엘이 노래하여 이르되 우물물아 솟아나라 너희는 그것을 노래하라 이 우물은 지휘관들이 팠고 백성의 귀인들이 규와 지팡이로 판 것이로다 하였더라 그들은 광야에서 맛다나에 이르렀고(16-18절)." 그 다음 진 친 곳이 하나님께서 모세를 통해 우물을 주신 브엘(Beer)이었다. 이곳에 대해 언급하면서 '우물의 노래' 를 소개하고 있다.

"우물물아 솟아나라! 너희는 이 물을 노래하라! 이 우물은 귀족들이 판 우물이요 백성의 지도자들이 홀(笏, scepter)과 지팡이로 판 우물이라네."

이 노래는 우물 파는 것을 격려하는 노래로 하나님께서 생명수를 공급하시던 것을 나타내고 있다. 홀은 고대 왕이 손에 잡고 있던 지휘봉으로 왕의 권위를 상징한다. 규(圭)라고도 한다. 여기선 백성의 지도자들이 이 홀을 가졌다고 말한다. 이 노래도 '여호와의 전쟁기' 에 기록된 것으로 간주되고 있다. 이스라엘은 브엘에서 맛다나로 이동했다. 맛다나(Mattanah)는 '선물' 이라는 뜻으로 아르논에서 아모리 왕 시혼의 땅으로 들어가는 도중에 머문 곳이다.

"맛다나에서 나할리엘에 이르렀고 나할리엘에서 바못에 이르렀고 바못에서 모압 들에 있는 골짜기에 이르러 광야가 내려다보이는 비스가 산꼭대기에 이르렀더라(19, 20절).” 이스라엘은 맛다나에서 로마시대 온천지역으로 유명했던 나할리엘(Nahaliel), 그리고 바못(Bamoth)을 거쳐 마침내 비스가(Pisgah) 산 밑 모압 땅 계곡에 도달했다. 바못은 ‘높은 곳’이라는 뜻으로 나할리엘과 비스가산 중간에 있는 요단 동편 땅이다. 비스가 산은 여리고 반대편 아바림 산맥에 위치한 산으로, 그 산꼭대기에 서면 여리고를 비롯해 광야가 내려다보인다.

14-20절의 내용은 아모리인의 영토를 통과하는 내용으로, 다음에 이어질 아모리 왕 시혼과 바산 왕 옥과의 전쟁 결과를 예상한 것으로 보인다.

4. 아모리 왕 시혼을 물리치다(21-32절)

“이스라엘이 아모리 왕 시혼에게 사신을 보내어 이르되 우리에게 당신의 땅을 지나가게 하소서 우리가 밭에든지 포도원에든지 들어가지 아니하며 우물물도 마시지 아니하고 당신의 지경에서 다 나가기까지 왕의 큰길로만 지나가리이다 하나 시혼이 이스라엘이 자기 영토로 지나감을 용납하지 아니하고 그의 백성을 다 모아 이스라엘을 치러 광야로 나와서 야하스에 이르러 이스라엘을 치므로(21-23절).”

이스라엘이 아모리 왕 시혼(Sihon)의 왕국 동쪽 경계에 이르자 지난 번 에돔 왕에게 했듯이 사신을 보내 아모리 땅을 통과할 수 있도록 정중하게 요청했다. 시혼은 사해 북단 동쪽에 있는 헤스본 성읍의 아모리 왕이다. 이스라엘은 밭이나 포도원에 들어가지 않고 우물물도 마시지 않고 다 지나갈 때까지 왕의 대로로만 가겠다고 약속했다. 평화의 말을 한 것이다. 그러나 시혼 왕은 거절하고 군대를 동원하여 광야(the desert)로 나왔다. 이 광야는 사해 북서쪽에 있는 광야지대를 말한다. 그리고 야하스(Jahaz)에서 이스라엘을 공격했다. 요단강에 이르는 유일한 길을 가로 막고 나선 것이다. 시혼은 자기 손으로 자기 운명을 결정하고 나선 것이다.

"이스라엘이 칼날로 그들을 쳐서 무찌르고 그 땅을 아르논에서부터 얍복까지 점령하여 암몬 자손에게까지 미치니 암몬 자손의 경계는 견고하더라(24절)." 이스라엘 백성은 이에 대항하여 시혼 왕과 많은 군사를 죽이고 아르논 강에서부터 암몬 사람의 국경 지대인 얍복(Jabbok) 강까지 점령하였다. 암몬의 국경 수비도 막강했다. 그래서 일단 거기서 멈췄다. 이스라엘도 전열을 정비해야 한다. 지금까지 모세는 에돔 등 친족의 나라에 대해선 공격을 피해왔다. 하나님의 명령 때문이다. 하지만 아모리 공격에는 끝까지 대항해 빼앗았다. 이것은 가나안 족속에 대한 하나님의 심판이기도 하다.

"이스라엘이 이같이 그 모든 성읍을 빼앗고 그 아모리인의 모든 성읍 헤스본과 그 모든 촌락에 거주하였으니(25절)." 이스라엘은 아모리 사람의 모든 성을 점령하고 헤스본(Heshbon)과 그 주변 부락에 살았다. 이스라엘이 아모리 족속의 도시에 정착했다는 것은 역사적으로 뒤에 있을 사건을 미리 언급한 것이다. 민수기 32장에 따르면 훗날 모세는 르우벤과 갓 지파에게 이 땅을 주었다. 그리고 그 때 비로소 그 땅에 정착하게 된다.

"헤스본은 아모리인의 왕 시혼의 도성이라 시혼이 그 전 모압 왕을 치고 그의 모든 땅을 아르논까지 그의 손에서 빼앗았더라(26절)." 헤스본은 시혼 왕의 수도였고, 시혼은 한때 모압 왕과 싸워 아르논강에 이르는 그의 모든 땅을 점령한 왕이었다.

"그러므로 시인이 읊어 이르되 너희는 헤스본으로 올지어다 시혼의 성을 세워 견고히 할지어다 헤스본에서 불이 나오며 시혼의 성에서 화염이 나와서 모압의 아르를 삼키며 아르논 높은 곳의 주인을 멸하였도다 모압아 네가 화를 당하였도다 그모스의 백성아 네가 멸망하였도다 그가 그의 아들들을 도망하게 하였고 그의 딸들을 아모리인의 왕 시혼의 포로가 되게 하였도다 우리가 그들을 쏘아서 헤스본을 디본(Dibon)까지 멸하였고 메드바(Medeba)에 가까운 노바(Nophah)까지 황폐하게 하였도다 하였더라(27-30절)."

이스라엘이 헤스본을 점령할 때 그곳은 아모리 왕 시혼 왕국의 수도였다. 그러나 그곳은 원래 모압 족속의 땅이었다. 시혼이 그것을 쳐서 빼앗은 것이다. 27-30절에 소개되는 시인의 시는 이 역사적 사실을 기념해 아모리인이 읊은 것이다.

민수기에서 이 노래를 기록한 이유가 있다. 이곳이 모압의 땅이었으면 공격을 하지 않았을 것이다. 친족 국가이기 때문이다. 하지만 이제 가나안 아모리 족속의 땅이므로 이스라엘이 헤스본을 차지할 명분이 있다. 이것을 입증하기 위한 것이다. 모압이 헤스본을 돌려 달라 할 근거가 없다. 나아가 이스라엘이 모압 족속을 쳐서 이긴 시혼을 다시 이겼다. 그러므로 이스라엘은 이제 모압보다 강하다는 것을 암시하고 있다.

시에서 모압을 '그모스(Chemosh)의 백성' 이라 했다. 그모스는 모압 족속의 신으로 '정복자' '주인' 이라는 뜻을 가지고 있다. 모압 족속은 이 신에게 자식을 번제로 드리기도 했다. 솔로몬이 예루살렘 지역의 높은 곳에 그모스를 위한 전을 만든 바 있는데 요아스가 이것을 모조리 파괴했다.

"이스라엘이 아모리인의 땅에 거주하였더니 모세가 또 사람을 보내어 야셀을 정탐하게 하고 그 촌락들을 빼앗고 그 곳에 있던 아모리인을 몰아내었더라(31, 32절)." 이렇게 해서 이스라엘이 아모리 족속의 땅에서 정착하게 되었다. 나아가 모세는 사람을 보내 야셀(Jazer)을 정탐하게 한 뒤 그 주변 부락들을 점령하였다. 그리고 그곳에 살고 있던 아모리 사람들을 쫓아냈다. 야셀은 헤스본 북쪽에 있는 도시로, 이 도시의 정복은 아모리 족속의 남은 영토까지 이스라엘이 차지했음을 보여준다. 완전 정복이다.

5. 바산 왕 옥을 물리치다(33-35절)

"그들이 돌이켜 바산 길로 올라가매 바산 왕 옥이 그의 백성을 다 거느리고 나와서 그들을 맞아 에드레이에서 싸우려 하는지라(33절)." 그 후 이스라엘은 바산(Bashan)을 향하여 올라갔다. 그러자 바산 왕 옥(Og)이 군대를 거느리고 나와 에드레이(Edrei)에서 이스라엘군과 맞서 싸우려 했다.

"여호와께서 모세에게 이르시되 그를 두려워하지 말라 내가 그와 그의 백성과 그의 땅을 네 손에 넘겼나니 너는 헤스본에 거주하던 아모리인의 왕 시혼에게 행한 것같이 그에게도 행할지니라(34절)."

그때 하나님은서 모세에게 말씀하셨다. "그를 두려워하지 말라. 내가 그와 그의 백성과 그의 모든 땅을 네 손에 넘겼다. 너는 그와 그의 군대를 이기고 그 땅을 점령하게 될 것이다. 너는 아모리의 왕 시혼에게 한 것처럼 그에게도 하라." 하나님이 이 땅을 이스라엘에게 넘기셨으니 더 이상 두려울 것이 없다.

"이에 그와 그의 아들들과 그의 백성을 다 쳐서 한 사람도 남기지 아니하고 그의 땅을 점령하였더라(35절)." 이스라엘은 하나님의 말씀에 따라 옥과 그의 아들들과 그의 모든 군대(his whole army)를 하나도 남김없이 다 죽였다. 생존자가 없었다는 말이다. 그리고 그 땅을 점령하였다.

여기서는 바산 왕 옥을 물리친 것을 짧게 언급하고 있지만 신명기 3:1-11절에서는 더 자세하게 언급하고 있다. 훗날 이스라엘은 아모리 왕 시혼과 바산 왕 옥을 물리친 것을 아주 자랑스럽게 여겼다. 이 지역은 이스라엘 지파들이 모세의 지휘아래 그 땅의 거민을 몰아내고 정착한 첫 번째 정착지이자 앞으로 요단강을 건너 약속의 땅을 정복하고 정착할 수 있다는 꿈을 심어주었다는 점에서 매우 의미가 깊다.

제22장

모압 왕 발락이 술사 발람을 초청하다

요약

1. 모압 평지에 도달한 이스라엘(1절)

1) 이스라엘 자손이 또 길을 떠나 모압 평지에 진을 쳤음. 요단 건너편 곧 여리고 맞은편임.

2. 발락, 이스라엘을 저주하라(2-6절)

1) 십볼의 아들 발락 모압 왕이 이스라엘이 아모리인에게 행한 모든 일을 보았으므로 모압이 이스라엘 자손 때문에 번민함.

2) 미디안 장로들에게 이르되 이제 이 무리가 소가 밭의 풀을 뜯어먹음 같이 우리 사방에 있는 것을 다 뜯어먹으리로다.

3) 그가 사신을 브올의 아들 발람의 고향인 강 가 브돌에 보내어 발람을 부르게 하여 청컨대 와서 나를 위하여 이 백성을 저주하라

3. 발람의 거절(7-14절)

1) 모압 장로들과 미디안 장로들이 손에 복채를 가지고 떠나 발람에게 발락의 말을 그에게 전함.

2) 하나님이 발람에게 이르시되 너는 그들과 함께 가지도 말고 그 백성을 저주하지도 말라 그들은 복을 받은 자들이니라 하심.

3) 발람이 발락의 귀족들에게 여호와께서 내가 너희와 함께 가기를 허락하지 아니하신다 말함. 모압 귀족들이 발락에게로 가서 발람이 함께 오기를 거절했음을 말함.

4. 발락이 발람을 다시 초청하다(15-20절)

1) 발락이 다시 그들보다 더 높은 고관들을 더 많이 보내며 아무것에도 거리끼지 말고 내게로 오라 와서 나를 위하여 이 백성을 저주하라 함.
2) 밤에 하나님이 발람에게 임하여 이르심. 그 사람들이 너를 부르러 왔거든 일어나 함께 가라 그러나 내가 네게 이르는 말만 준행할지니라.

5. 여호와의 사자와 발람의 나귀(21-30절)

1) 발람이 나귀에 안장을 지우고 모압 고관들과 함께 가니 하나님이 진노하시므로 여호와의 사자가 그를 막으려고 길에 섬.
2) 발람은 자기 나귀를 탔고 그의 두 종은 그와 함께 있더니 나귀가 여호와의 사자가 칼을 빼어 손에 들고 길에 선 것을 보고 길에서 벗어나 밭으로 들어감. 발람이 나귀를 길로 돌이키려고 채찍질함.
3) 여호와의 사자는 포도원 사이 좁은 길에 섰고 좌우에는 담이 있었음. 나귀가 여호와의 사자를 보고 몸을 담에 대고 발람의 발을 그 담에 짓누르매 발람이 다시 채찍질함.
4) 여호와의 사자가 더 나아가서 좌우로 피할 데 없는 좁은 곳에 서자 나귀가 여호와의 사자를 보고 발람 밑에 엎드림. 발람이 노하여 자기 지팡이로 나귀를 때림.
5) 여호와께서 나귀 입을 여시니 발람에게 이름, "내가 당신에게 무엇을 하였기에 나를 이같이 세 번을 때리느냐"
6) 발람이 나귀에게 말하되 네가 나를 거역하기 때문이니 내 손에 칼이 있었다면 곧 너를 죽였으리라
7) 나귀가 발람에게 이르되 나는 당신이 오늘까지 당신의 일생 동안 탄 나귀가 아니냐 내가 언제 당신에게 이같이 하는 버릇이 있었더냐 그가 말하되 없었느니라

6. 여호와의 사자와 발람(31-35절)

1) 그 때에 여호와께서 발람의 눈을 밝히시매 여호와의 사자가 손에 칼을 빼들고 길에 선 것을 그가 보고 머리를 숙이고 엎드림.
2) 여호와의 사자가 그에게 이르되 너는 어찌하여 네 나귀를 이같이 세 번 때렸느냐 보라 내 앞에서 네 길이 사악하므로 내가 너를 막으려고 나왔더니 나귀가 나를 보고 이같이 세 번을 돌이켜 내 앞에서 피하였느니라 나귀가 만일 돌이켜 나를 피하지 아니하였더면 내가 벌써 너를 죽이고 나귀는 살렸으리라
3) 발람이 여호와의 사자에게 말하되 내가 범죄하였나이다 당신이 나를 막으려고 길에 서신 줄을 내가 알지 못하였나이다 당신이 이를 기뻐하지 아니하시면 나는 돌아가겠나이다.
4) 여호와의 사자가 발람에게 이르되 그 사람들과 함께 가라 내가 네게 이르는 말만 말할지니라 발람이 발락의 고관들과 함께 감.

7. 발락이 발람을 환대하다(36-41절)

1) 발람이 온다 함을 듣고 발락이 모압 변경의 끝 아르논 가에 있는 성읍까지 가서 그를 영접함.
2) 발락은 발람에게 이르되 그대가 어찌 내게 오지 아니하였느냐 내가 어찌 그대를 높여 존귀하게 하지 못하겠느냐
3) 발람이 발락에게 이르되 내가 오기는 하였으나 무엇을 말할 능력이 있으리이까 하나님이 내 입에 주시는 말씀 그것을 말할 뿐이니이다.
4) 발람이 발락과 동행하여 기럇후솟에 이르러서는 발락이 소와 양을 잡아 발람과 그와 함께 한 고관들을 대접함.

8. 이스라엘 진을 본 발람(41절)

1) 아침에 발락이 발람과 함께 하고 그를 인도하여 바알의 산당에 오르매 발람이 거기서 이스라엘 백성의 진 끝까지 봄.

1. 모압 평지에 도달한 이스라엘(1절)

"이스라엘 자손이 또 길을 떠나 모압 평지에 진을 쳤으니 요단 건너편 곧 여리고 맞은편이더라(1절)." 이스라엘 백성은 다시 행진하여 여리고 맞은편 요단강 동쪽 모압 평야에 진을 쳤다. 싯딤이라 불리는 이곳은 사해와 요단강이 합류하는 지점이다. 여리고 맞은편이었다.

2. 발락, 이스라엘을 저주하라(2-6절)

"십볼의 아들 발락이 이스라엘이 아모리인에게 행한 모든 일을 보았으므로 모압이 심히 두려워하였으니 이스라엘 백성이 많음으로 말미암아 모압이 이스라엘 자손 때문에 번민하더라(2, 3절)."

이스라엘은 모압 땅 동쪽 경계선을 따라 지나갔다. 그러나 모압은 이스라엘을 공격하지 않았다. 오히려 빵과 물을 이스라엘에게 팔았다(신 2:28, 29). 모압은 내심 아모리 왕이 이스라엘을 전멸시키던지 광야로 내쫓기를 바랐다. 하지만 그 기대는 무너지고 말았다. 이스라엘이 아모리 왕과 바산 왕을 무너뜨리고 모압 땅에 바짝 붙어있다. 이에 모압 왕 발락은 두려움을 느끼기 시작했다.

하지만 이 두려움은 사실 하지 않았어야 할 두려움이었다. 왜냐하면 하나님은 이미 친족 나라인 모압을 치지 않도록 했기(신 2:9) 때문이다. 하지만 그들이 그 뜻을 알 리 없다. 이스라엘 또한 모압에 대해 적의를 가지고 있지 않았다. 그저 약속의 땅을 얻기 위해 요단강을 향해 나아갔을 뿐이다. 그러나 모압 족속은 수없이 몰려드는 이스라엘을 보며 겁이 났다.

"미디안 장로들에게 이르되 이제 이 무리가 소가 밭의 풀을 뜯어먹음 같이 우리 사방에 있는 것을 다 뜯어먹으리로다 하니 그 때에 십볼의 아들 발락이 모압 왕이었더라(4절)." 모압 사람들은 미디안(Midian) 지도자들에게 가서 걱정을 털어놓았다. "이 수많은 이스라엘 무리들이 마치 소가 초원에 풀을 뜯어먹듯이 우리 주변의 모든 것을 먹어 치우려고 합니다." 이스라엘이 들어온다면 자기 땅이 초토화 될 것이라는 말이다. 그들은 왜 미디안 장로들을 찾았을까? 미디안은 아브라함의 후처 그두라의 아들 중 하나다. 그 후손들이 모압과 에돔의 동쪽 지역을 비롯해 여러 평지를 돌며 유목생활을 하고 있었다. 그러므로 이 말은 미디안들에게도 위협이 될 것이라는 말이다. 당시 십볼의 아들 발락(Balak)이 모압의 왕이었다. 발락도 미디안 사람으로 왕조 변동에 의해 왕위에 오른 것으로 추측되고 있다. 발락은 '황폐케 하는 자' 라는 뜻을 가지고 있다.

"그가 사신을 브올의 아들 발람의 고향인 강 가 브돌에 보내어 발람을 부르게 하여 이르되 보라 한 민족이 애굽에서 나왔는데 그들이 지면에 덮여서 우리 맞은편에 거주하였고 우리보다 강하니 청하건대 와서 나를 위하여 이 백성을 저주하라 내가 혹 그들을 쳐서 이겨 이 땅에서 몰아내리라 그대가 복을 비는 자는 복을 받고 저주하는 자는 저주를 받을 줄을 내가 앎이니라(5, 6절)."

발락은 유프라테스 강 근처에 있는 메소포타미아 브돌(Pethor) 지방 사람으로 브올의 아들이요 술사인 발람(Balaam)의 도움을 받고자 했다. 무력으로 이스라엘에 대항하는 것보다 선지자의 힘을 빌리는 것이 낫다고 판단한 것이다. 이것은 믿음에 바탕을 둔 것이 아니라 점술을 이용해 상황을 반전시키려 한 종교적 계략이었다. 발람은 '백성을 파멸시키는 자' 라는 뜻을 가지고 있다. 발람은 이방인으로서 이스라엘의 하나님 여호와에 대한 경외심과 두려워하는 마음은 가지고 있었다. 하지만 전체적으로 볼 때 발락이 제공한 물질에 눈이 어두워 이스라엘을 범죄에 빠지게 한 이중인격의 선지자에 속한다.

발락은 발람에게 사람을 보내 이스라엘이 이집트에서 나와 온 땅을 휩쓸며 우리 곁에까지 와 있으며 그들은 우리보다 훨씬 강하니 제발 와서 나를 위해 그들을 저주해 달라 했다. 그러면 자기가 그들을 무찔러 몰아낼 수 있을 것이라 했다. 발락은 발람이 축복하는 자는 복을 받고 저주하는 자는 저주받을 것이라 믿고 있었다.

3. 발람의 거절(7-14절)

"모압 장로들과 미디안 장로들이 손에 복채를 가지고 떠나 발람에게 이르러 발락의 말을 그에게 전하매 발람이 그들에게 이르되 이 밤에 여기서 유숙하라 여호와께서 내게 이르시는 대로 너희에게 대답하리라 모압 귀족들이 발람에게서 유숙 하니라(7, 8절)." 모압 지도자들과 미디안 지도자들은 복채(fee for divination), 곧 복술에 대한 값을 가지고 발람에게 가서 발락의 말을 전했다. 발람은 그들에게 오늘 밤은 여기서 지내도록 하고 "하나님께서 나에게 말씀하시는 대로 당신들에게 대답하겠소." 약속했다. 그들이 내민 복채는 '불의의 삯' 이었다(벧후 2:15). 발람이 참된 선지자였다면 복채를 받을 것이 아니라 오히려 '하나님께서 택하신 백성을 저주할 수 없다' 며 자기를 찾아온 사람들을 내쫓아야 했다.

"하나님이 발람에게 임하여 말씀하시되 너와 함께 있는 이 사람들이 누구냐 발람이 하나님께 아뢰되 모압 왕 십볼의 아들 발락이 내게 보낸 자들이니이다 이르기를 보라 애굽에서 나온 민족이 지면에 덮였으니 이제 와서 나를 위하여 그들을 저주하라 내가 혹 그들을 쳐서 몰아낼 수 있으리라 하나이다(9, 10, 11절)." 그 날 밤 하나님이 발람에게 나타나셔 "너와 함께 있는 이 사람들이 누구냐?" 물으셨다. 몰라서 물으신 것이 아니다. 발람은 발락이 보낸 사람들로, 발락이 이스라엘을 저주해줄 것을 요청했다고 숨김없이 말했다.

"하나님이 발람에게 이르시되 너는 그들과 함께 가지도 말고 그 백성을 저주하지도 말라 그들은 복을 받은 자들이니라(12절)." 하나님이 발람에게 그들과 함께 가지도 말고 그 백성을 저주하지도 말라 하셨다. 그들은 복을 받은 자들이기 때문이다. 하나님은 이스라엘에 정한 뜻을 발람의 한 마디 저주로 바꾸실 분이 아니다. 발람은 발락의 요청과 하나님의 명령 사이에서 갈등을 했을 것이다.

"발람이 아침에 일어나서 발락의 귀족들에게 이르되 너희는 너희의 땅으로 돌아가라 여호와께서 내가 너희와 함께 가기를 허락하지 아니하시느니라 모압 귀족들이 일어나 발락에게로 가서 전하되 발람이 우리와 함께 오기를 거절하더이다(13, 14절)." 다음날 아침 발람은 발락이 보낸 사람들에게 '하나님께서 당신들과 함께 가는 것을 허락하지 않으셨다.' 며 그냥 돌아가도록 했다. 모압의 지도자들은 돌아가 발람이 동행을 거절했노라 보고했다.

4. 발락이 발람을 다시 초청하다(15-20절)

"발락이 다시 그들보다 더 높은 고관들을 더 많이 보내매 그들이 발람에게로 나아가서 그에게 이르되 십볼의 아들 발락의 말씀에 청하건대 아무것에도 거리끼지 말고 내게로 오라 내가 그대를 높여 크게 존귀하게 하고 그대가 내게 말하는 것은 무엇이든지 시행하리니 청하건대 와서 나를 위하여 이 백성을 저주하라 하시더이다(15, 16, 17절)." 발락은 발람의 말을 전해 듣고 그를 설득할 수 있으리라 생각했다. 전보다 더 높은 귀족을 더 많이 보냈다. 또한 유혹의 말도 강해졌다. 그대를 높이고 크게 존귀하게 할 것이니 부디 와서 이스라엘을 저주하라 주문했다.

> "발람이 발락의 신하들에게 대답하여 이르되 발락이 그 집에 가득한 은금을 내게 줄지라도 내가 능히 여호와 내 하나님의 말씀을 어겨 덜하거나 더하지 못하겠노라 그런즉 이제 너희도 이 밤에 여기서 유숙하라 여호와께서 내게 무슨 말씀을 더하실는지 알아보리라(18, 19절)."

발람은 발락 왕이 금은보화가 가득한 궁전을 나에게 준다고 해도 나는 하나님 여호와의 명령을 어기는 일은 그 어떤 것도 할 수 없다 했다. 선지자다운 면모다. 하지만 혹시 여호와께서 나에게 일러 줄 다른 말씀이 있는지 알아보겠다며 여기서 유숙하도록 했다. '혹시 다른 말씀을 하실는지' 내심 유혹을 거둘 수 없다. 겉으로는 하나님의 말씀을 듣는 척 했지만 속으로는 자기와 발락의 소원을 들어주시기를 기대했다.

> "밤에 하나님이 발람에게 임하여 이르시되 그 사람들이 너를 부르러 왔거든 일어나 함께 가라 그러나 내가 네게 이르는 말만 준행할지니라(20절)."

아니나 다를까 그 날 밤 하나님이 발람을 찾으셨다. "그 사람들이 너를 데리러 왔거든 그들과 함께 가거라. 그러나 너는 내가 말하는 대로만 하여라." 처음 발락의 사신들이 왔을 때 하나님은 발람에게 그들과 함께 가지도 말고 이스라엘을 저주하지도 말라 하셨다. 그런데 두 번째에서는 '이스라엘을 저주하지 말라' 는 조건으로 그들과 함께 가는 것을 허락하셨다. 이 허락은 가는 도중에 발람을 가르치려는 목적이 있었다. 하나님이 이스라엘을 택하셨다는 사실을 인지케 하고 발람으로 하여금 하나님을 택하든지 돈을 택하든지 결심하도록 하신 것이다.

5. 여호와의 사자와 발람의 나귀(21-30절)

"발람이 아침에 일어나서 자기 나귀에 안장을 지우고 모압 고관들과 함께 가니 그가 감으로 말미암아 하나님이 진노하시므로 여호와의 사자가 그를 막으려고 길에 서니라 발람은 자기 나귀를 탔고 그의 두 종은 그와 함께 있더니(21, 22절)."

다음 날 아침 발람은 나귀에 안장을 지우고 그들과 함께 갔다. 그러나 하나님께서는 발람이 그들과 함께 가는 것을 보시고 몹시 분노하셨다. 그가 가는 도중에 하나님의 진노가 타올랐다는 말이다. 물론 하나님께서 동행을 허락하셨다. 그러나 그 허락은 기쁜 마음으로 허락한 것이 결코 아니다. 하나님의 분노는 부와 명예에 눈이 어두운 발람의 마음을 이미 아셨음을 의미한다. 발람은 앞으로 받게 될 재물의 유혹을 버리지 못했다. 그래서 일어나자마자 떠날 준비를 한 것이다. 하나님의 분노는 바로 그 욕심에 대한 분노였다. 발람이 두 종을 거느리고 나귀를 타고 가고 있을 때 여호와의 천사가 그의 길을 막아섰다. 여호와의 천사는 광야에서 이스라엘을 인도하던 천사이기도 하고(민 20:16), 하나님과 동일시되기도 한다(창 28:12).

"나귀가 여호와의 사자가 칼을 빼어 손에 들고 길에 선 것을 보고 길에서 벗어나 밭으로 들어간지라 발람이 나귀를 길로 돌이키려고 채찍질하니(23절)." 나귀는 여호와의 천사가 칼을 빼들고 길에 서 있는 것을 보고 길을 벗어나 밭으로 들어갔다. 그러나 그것을 알 리 없는 발람은 나귀를 길로 다시 들어서게 하려고 채찍질하였다. 나귀에겐 여호와의 천사가 보였지만 발람에게는 보이지 않은 것이다.

"여호와의 사자는 포도원 사이 좁은 길에 섰고 좌우에는 담이 있더라 나귀가 여호와의 사자를 보고 몸을 담에 대고 발람의 발을 그 담에 짓누르매 발람이 다시 채찍질하니(24, 25절)." 이번에는 여호와의 천사가 두 포도원 사이에 있는 좁은 길에 칼을 들고 섰다. 양쪽에는 담이 있어 돌아설 공간도 없었다. 여호와의 천사를 본 나귀는 몸을 담에 대고 버텼다. 발람의 발이 담에 짓눌려 상하게 되자 발람이 다시 채찍질했다. 나귀가 왜 그럴까 화가 났을 것이다.

"여호와의 사자가 더 나아가서 좌우로 피할 데 없는 좁은 곳에 선지라 나귀가 여호와의 사자를 보고 발람 밑에 엎드리니 발람이 노하여 자기 지팡이로 나귀를 때리는지라(26, 27절)." 그때 여호와의 천사가 앞으로 더 나아가서 좌우로 빠져 나갈 틈이 없는 좁은 곳에 섰다. 나귀도 어찌할 수 없어

천사를 보고 땅에 엎드렸다. 더 나아갈 수 없어 항복한 것이다. 그러자 발람이 화가 나서 자기 지팡이로 나귀를 때리기 시작했다. 발람은 모든 정신을 자신이 받게 될 반대급부에 집중하고 있었기 때문에 여호와의 사자가 서 있는 것을 볼 수 없었다. 나귀가 평상시와 아주 다른 행동을 해도 그 어떤 것도 깨닫지 못했다. 영적으로 소경이 된 것이다.

"여호와께서 나귀 입을 여시니 발람에게 이르되 내가 당신에게 무엇을 하였기에 나를 이같이 세 번을 때리느냐(28절)." 그때 하나님이 나귀의 입을 열어 말할 수 있게 하셨다. 하나님은 영적으로 그의 눈이 멀었음을 깨닫게 하기 위해 말 못하는 짐승의 입을 여셨다. 하나님의 적극적인 개입이다. 나귀가 발람에게 말했다. "내가 무엇을 잘못했다고 이렇게 세 번씩이나 나를 때리십니까?" 발람도 나귀가 말하는 것뿐 아니라 자신을 공격하는 말에 놀랐을 것이다.

"발람이 나귀에게 말하되 네가 나를 거역하기 때문이니 내 손에 칼이 있었다면 곧 너를 죽였으리라(29절)." 발람은 나귀에게 네가 내 말을 듣지 않았기 때문이라며 내 손에 칼만 있었더라면 벌써 너를 죽였을 것이라 말한다. 사실 말을 듣지 않은 것은 나귀가 아니라 발람이다. 하나님은 천사를 통해서도 그를 꾸짖을 수 있다. 하지만 그로 하여금 더 큰 수치를 느끼도록 하기 위해 하나님은 나귀의 입을 사용하신 것이다.

"나귀가 발람에게 이르되 나는 당신이 오늘까지 당신의 일생 동안 탄 나귀가 아니냐 내가 언제 당신에게 이같이 하는 버릇이 있었더냐 그가 말하되 없었느니라(30절)." 나귀가 발람에게 묻는다. "나는 오늘까지 당신이 평생 타고 다니는 나귀가 아닙니까? 내가 당신에게 이렇게 한 적이 있었습니까?" 그런 일은 없었다. 이것은 발람이 짐승의 입을 통해 훈계를 듣는 수치스러운 순간이었다. 그 수치를 당하고서야 비로소 자신이 뭔가 잘못하고 있음을 깨닫게 되었다. 하나님은 우리가 생각하지 못한 기이한 방법으로 우리를 깨닫게 하신다.

6. 여호와의 사자와 발람(31-35절)

"그 때에 여호와께서 발람의 눈을 밝히시매 여호와의 사자가 손에 칼을 빼들고 길에 선 것을 그가 보고 머리를 숙이고 엎드리니(31절)." 그때 하나님께서 발람의 눈을 열어주셨다. 영적인 일을 보게 하셨다는 말씀이다. 그러자 여호와의 천사가 칼을 빼들고 길에 서 있는 것을 보았다. 그 순간 그는 머리를 숙이며 땅에 엎드렸다.

> "여호와의 사자가 그에게 이르되 너는 어찌하여 네 나귀를 이같이 세 번 때렸느냐 보라 내 앞에서 네 길이 사악하므로 내가 너를 막으려고 나왔더니 나귀가 나를 보고 이같이 세 번을 돌이켜 내 앞에서 피하였느니라 나귀가 만일 돌이켜 나를 피하지 아니하였더면 내가 벌써 너를 죽이고 나귀는 살렸으리라(32, 33절)."

천사가 그에게 말했다. "너는 왜 나귀를 이와 같이 세 번씩이나 때렸느냐?" 나귀가 그런 행동을 했을 때 깨닫지 못했느냐는 말씀이다. 그리고 본뜻을 전했다. "네가 가서는 안 될 길을 가기 때문에 내가 너를 막으려고 왔으나 나귀가 나를 보고 세 번이나 피해갔다." '네 길이 사악하다' 는 것은 가서는 알 될 길이라는 말이다. 그 길은 멸망의 길이기 때문이다. 나귀는 주인에 대한 애정 때문에 주인에게 닥칠 위험을 피하려고 여러 차례 몸을 돌렸다. 하지만 욕심에 눈 먼 발람은 나귀에게 상을 주기는커녕 채찍을 가했다. "만일 나귀가 피하지 않았더라면 내가 벌써 너를 죽이고 나귀만 살려두었을 것이다." 나귀가 오히려 발람의 생명을 구했다는 말이다.

"발람이 여호와의 사자에게 말하되 내가 범죄하였나이다 당신이 나를 막으려고 길에 서신 줄을 내가 알지 못하였나이다 당신이 이를 기뻐하지 아니하시면 나는 돌아가겠나이다(34절)." 영적으로 깨달음을 얻은 발람은 그제서야 고백한다. "내가 죄를 범했습니다." "나는 영적으로 어둔하여 당신이 나를 막으려고 길에 서 있는 것을 몰랐습니다. 내가 가는 것을 기쁘게 여기지 않으신다면 지금이라도 집으로 돌아가겠습니다."

"여호와의 사자가 발람에게 이르되 그 사람들과 함께 가라 내가 네게 이르는 말만 말할지니라 발람이 발락의 고관들과 함께 가니라(35절)." 그러나 하나님의 사자는 가는 길을 막지 않았다. "이 사람들과 함께 가거라." 가는 것이 불쾌한 일은 아니라는 말씀이다. 중요한 것은 발람의 심중이다. 그러나 한 가지 명심할 것이 있다. "너는 내가 너에게 일러 주는 말만 해야 한다." 발람은 그들과 함께 갔다. 하나님의 경고가 있은 후에도 여행을 계속한 것으로 보아 그의 마음이 근본적으로 변한 것은 아니다. 그러나 그가 하나님의 말씀에 얼마나 순종할 지는 두고 볼 일이다.

7. 발락이 발람을 환대하다(36-40절)

"발락은 발람이 온다 함을 듣고 모압 변경의 끝 아르논 가에 있는 성읍까지 가서 그를 영접하고 발락은 발람에게 이르되 내가 특별히 사람을 보내어 그대를 부르지 아니하였느냐 그대가 어찌 내게 오지 아니하였느냐 내가 어찌 그대를 높여 존귀하게 하지 못하겠느냐(36, 37절)."

발람이 온다는 말을 듣자 발락은 모압의 국경 아르논(Arnon border) 강변에 있는 아르성에까지 가서 그를 반갑게 맞았다. 아르 성은 모압 북쪽 국경에 있는 도시다. 그리고 그를 만나 "내가 당신을 급히 불렀는데 왜 속히 오지 않았습니까? 혹시 내가 당신에게 사례하지 않을 줄 알았습니까? 당신을 높이지 않을 줄 알았습니까?" 하였다. 충분히 사례할 터인데 왜 그리 마음을 태우게 만들었느냐는 말이다.

"발람이 발락에게 이르되 내가 오기는 하였으나 무엇을 말할 능력이 있으리이까 하나님이 내 입에 주시는 말씀 그것을 말할 뿐이니이다(38절)." 발락은 발람이 도착하자마자 이스라엘을 기꺼이 저주하리라 기대했을 것이다. 발람은 발락에게 선지자로서의 입장을 표명했다. “이렇게 오기는 하였습니다마는 제가 무엇을 말할 수 있겠습니까? 오직 하나님이 저에게 말씀해 주시는 것만 말할 따름입니다.” 아직까지는 하나님의 경고를 마음에 품고 있었음을 보여준다.

“발람이 발락과 동행하여 기럇후솟에 이르러서는 발락이 소와 양을 잡아 발람과 그와 함께 한 고관들을 대접하였더라(39, 40절).” 발람은 발락을 따라 기럇-후솟(Kiriath Huzoth)으로 갔다. 거기서 발락은 소와 양을 잡았다. ‘잡았다’ 는 것은 그것들로 희생의 제사를 드렸다(sacrificed, NIV/새번역)는 말로 해석하기 한다. 그리고 그 고기 중에 일부를 발람과 그리고 자기와 함께 있는 지도자들을 대접하는 데 사용했다. 약속한 대로 그를 극진히 대접한 것이다.

8. 이스라엘 진을 본 발람(41절)

“아침에 발락이 발람과 함께 하고 그를 인도하여 바알의 산당에 오르매 발람이 거기서 이스라엘 백성의 진 끝까지 보니라(41절).” 다음 날 아침 발락은 발람을 데리고 바못-바알산(Bamoth Baal)으로 올라갔다. 바알 산당이 있는 곳이다. 거기서 발람은 이스라엘 백성이 친 진의 끝부분을 보았다. 이스라엘의 일부(part of the people)를 보았다는 말이다.

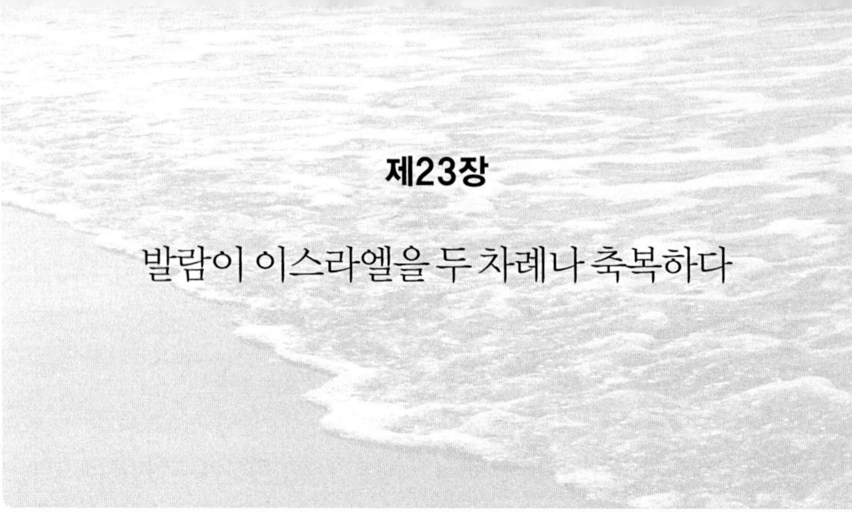

제23장

발람이 이스라엘을 두 차례나 축복하다

요약

1. 발람의 첫 번째 축복: 하나님이 저주하지 않으신 자를 내가 어찌 저주하라(1-10절)

1) 발람이 발락으로 7제단을 쌓고 수송아지 7과 수양 7을 준비케 한 후 발락으로 번제물 곁에 서게 함.

2) 하나님의 말씀을 기다린 발람은 하나님의 말씀을 노래로 지어 말함.

3) "모압 왕 발락이 나로 하여금 이스라엘을 저주하라 하지만 하나님이 저주하지 않은 자를 내 어찌 저주하리. 내 이 작은 산에서 그들을 보니 홀로 처할 백성, 야곱의 티끌을 누가 능히 계산 하리, 나의 죽음이 의인의 죽음과 같기 원하네."

2. 발람의 두 번째 축복: 그가 주신 복을 내가 돌이키지 않으리라(13-26절)

1) 발락이 발람을 데리고 그들을 다 보지 못하고 그 끝만 볼 수 있는 소빔 들 비스가 꼭대기에 이르러 이스라엘을 저주하기 위해 7단을 쌓고 매 단에 수송하지 하나와 수양 하나를 드림.

2) 발람이 발락에게 그 번제물 곁에 서게 한 후 하나님의 말씀을 노래로 지어 말함.

3) "발락이어, 하나님은 인생이 아니니 식언치 않고, 인자가 아니시니 후회가 없으시도다. 그가 하신 축복을 내가 돌이킬 수 없도다.

하나님은 야곱의 허물과 이스라엘의 패역을 보지 않으사 그들을 애굽에서 인도하시니 그 하신 일이 어찌 크뇨. 이 백성이 사자같이 일어나 움킨 것을 먹으리라."

4) 발락이 발람에게 그들을 저주하지도 축복하지도 말라 함. 발람이 발락에게 이름. "여호와의 말씀하신 것을 내가 그대로 하지 않을 수 없다고 하지 아니하더이까."

3. 발락이 발람을 다른 곳으로 인도하다(27-30절)

1) 발락이 발람에게 이름. "내가 너를 다른 곳으로 인도하리니 하나님이 혹시 그들을 저주하기를 기뻐하시리라."
2) 광야가 내려다보이는 브올 산꼭대기에 이르러 7단을 쌓고 단마다 수송아지 하나와 수양 하나를 드림.

---

1. 발람의 첫 번째 축복: 하나님이 저주하지 않으신 자를 내가 어찌 저주하랴(1-10절)

"발람이 발락에게 이르되 나를 위하여 여기 제단 일곱을 쌓고 거기 수송아지 일곱 마리와 숫양 일곱 마리를 준비하소서 하매 발락이 발람의 말대로 준비한 후에 발락과 발람이 제단에 수송아지와 숫양을 드리니라(1, 2절)." 발람이 발락에게 이곳에 7개의 제단을 쌓고 수송아지 7마리와 수양 7마리를 준비해 달라고 했다. 단의 수가 7인 것은 당시 완전함의 숫자, 인간의 운명을 결정하는 알려진 7개의 별의 숫자를 의미하는 것으로 보인다. 하나님이 이스라엘에게 제사를 드릴 때 드리도록 한 수와는 별개다. 따라서 제단과 제물의 수는 이교적인 계산방식이 깔려있다고 할 수 있다. 발락은 발람이 말한 대로 했다. 두 사람은 각 제단마다 수송아지 한 마리와 수양 한 마리씩 바쳤다. 이 제사는 발람이 하나님께 드린 것이었다. 수송아지와 수양은 제물 중에서 값이 가장 비싼 것이었다. 발람은 비싼 제물을 14마리나 드리는 큰 제사를 드림으로써 그의 위상은 더욱 높아지게 되었다.

"발람이 발락에게 이르되 당신의 번제물 곁에 서소서 나는 저리로 가리이다 여호와께서 혹시 오셔서 나를 만나시리니 그가 내게 지시하시는 것은 다 당신에게 알리리이다 하고 언덕길로 가니(3절)." 발람은 발락에게 왕의 번제물 곁에 서도록 했다. 그리고 자신은 산으로 가서 하나님께서 자신을 만나 주실는지 알아볼 것이며 하나님이 보여 주시는 것이 있으면 무엇이든지 말씀드리겠다고 했다. 그리고 그는 혼자 민둥산(a barren height)으로 올라갔다. 이 민둥산은 점을 하기에 적당한 곳으로 여겨지기도 한다. 발람은 그곳에서 어떤 징조가 나타나기를 기대했을 것으로 보인다.

"하나님이 발람에게 임하시는지라 발람이 아뢰되 내가 일곱 제단을 쌓고 각 제단에 수송아지와 숫양을 드렸나이다 여호와께서 발람의 입에 말씀을 주시며 이르시되 발락에게 돌아가서 이렇게 말할지니라(4, 5절)." 하나님이 거기서 발람을 만나셨다. 그러자 발람은 7개의 제단을 쌓고 각 제단마다 수송아지와 수양을 한 마리씩 드렸다고 아뢰었다. 이 말에는 하나님의 말씀을 기다린다는 그의 강한 소원을 담고 있다. 하나님은 발락에게 할 말을 일러 주셨다.

"그가 발락에게로 돌아간즉 발락과 모압의 모든 고관이 번제물 곁에 함께 섰더라(6절)." 발람이 다시 돌아가 보니 발락과 모압의 모든 지도자들이 번제물 곁에 그대로 서 있었다. 그만큼 절실했다.

"발람이 예언을 전하여 말하되 발락이 나를 아람에서, 모압 왕이 동쪽 산에서 데려다가 이르기를 와서 나를 위하여 야곱을 저주하라, 와서 이스라엘을 꾸짖으라 하도다 하나님이 저주하지 않으신 자를 내가 어찌 저주하며 여호와께서 꾸짖지 않으신 자를 내가 어찌 꾸짖으랴(7, 8절)." 발람은 하나님의 전한 말을 읊었다. "모압 왕 발락이 나를 아람(Aram) 땅 동편 산에서 데려와 나를 위해 야곱을 저주하라. 이스라엘을 꾸짖으라 하는구나! 하나님이 저주하시지 않은 자를 내가 어찌 저주하며 여호와께서 꾸짖지 않으신 자를 내가 어찌 꾸짖으랴?" 아람은 메소포타미아로 발락의 고향을 말한다. 그는 하나님이 저주하지 않으신 자를 저주할 수 없다 하였다. 이스라엘에 대한 축복이다.

"내가 바위 위에서 그들을 보며 작은 산에서 그들을 바라보니 이 백성은 홀로 살 것이라 그를 여러 민족 중의 하나로 여기지 않으리로다 야곱의 티끌을 누가 능히 세며 이스라엘 사분의 일을 누가 능히 셀고 나는 의인의 죽음을 죽기 원하며 나의 종말이 그와 같기를 바라노라 하매(9, 10절)."

축복의 말은 계속된다. 그는 높은 바위와 산언덕에서 그들을 바라보았다. 그 순간 그는 이스라엘이 홀로 사는 민족이요 다른 민족과 구별되는 특이한 민족임을 알았다. 홀로 산다는 것은 은둔하며 산다는 것이 아니라 하나님의 보호아래 안전하게 산다는 말이자 다른 나라와는 구별된다는 뜻이다. 성령께서 그의 눈을 여신 것이다. 그는 이스라엘을 다른 민족과는 다르다 했다. '그를 여러 민족 중의 하나로 여기지 않으리로다' 는 말은 이스라엘은 다른 나라들과 같은 최후를 맞지 않는다는 말이다. 이스라엘은 다른 나라와 달리 하나님을 모시고 있고, 하나님이 그들을 보호하시기 때문이다. 이스라엘은 그만큼 다른 민족과 구별된 민족이다.

이스라엘 자손들이 땅의 티끌같이 많다. 티끌을 셀 수 없듯 누가 그 수를 헤아릴 수 있겠는가. '이스라엘 사분의 일을 누가 능히 셀고.' 이스라엘 4분의 1(the fourth part of Israel)은 4개의 진으로 나뉘어 있는 이스라엘 막사 하나하나를 가리킨다. 그는 그 막사를 가리키며 백성의 수가 많아 그 4분의 1도 다 셀 수 없다 했다. 나아가 자신은 의로운 이스라엘 백성처럼 죽기를 원하며 자기의 종말이 그들의 종말과 같기를 원한다 했다. 여기서 의인(the righteous)은 이스라엘을 영적으로 높여 말한 것이다. 하나님을 모시고 사는 백성이기 때문이다. 종말(my end)은 발람 자신의 여생을 의미한다. 자신도 이스라엘처럼 되기를 바란 것이다.

"발락이 발람에게 이르되 그대가 어찌 내게 이같이 행하느냐 나의 원수를 저주하라고 그대를 데려왔거늘 그대가 오히려 축복하였도다(11절)." 발람이 이스라엘을 축복하자 발락은 화가 났다. "어떻게 당신이 나에게 이럴 수 있는가? 원수들을 저주해 달라고 데려왔는데 오히려 그들을 축복하다니." 말도 안 된다는 것이다.

"발람이 대답하여 이르되 여호와께서 내 입에 주신 말씀을 내가 어찌 말하지 아니할 수 있으리이까(12절)." 발람의 답은 단호했다. "하나님께서 나에게 주시는 말씀을 내가 어떻게 말하지 않을 수 있습니까?" 선지자는 하나님의 말씀을 그대로 전하지 않을 수 없다는 말이다.

2. 발람의 두 번째 축복: 그가 주신 복을 내가 돌이키지 않으리라(13-26절)

"발락이 말하되 나와 함께 그들을 달리 볼 곳으로 가자 거기서는 그들을 다 보지 못하고 그들의 끝만 보리니 거기서 나를 위하여 그들을 저주하라 하고 소빔 들로 인도하여 비스가 꼭대기에 이르러 일곱 제단을 쌓고 각 제단에 수송아지와 숫양을 드리니(13, 14절)." 발락은 발람이 이스라엘을 저주하지 않고 축복한 것은 장소 탓이라 생각했다. 그들이 처음 올라간 바알 산당, 곧 바못 바알(Bamoth-baal)에서는 이스라엘 진 끝까지 볼 수 있었다. 그래서 발람이 광대한 진영을 보고 겁이 난 것으로 생각한 것이다. 이번에는 발람이 이스라엘 백성의 일부만 볼 수 있는 비스가 산으로 데리고 갔다. 소빔 들(field of Zophim)은 비스가 산 중턱에 전망이 좋은 장소로 추정되고 있다. 고유명사라기보다 '파수 보는 들'로 해석하기도 한다. '소빔'이 '파수꾼들'이라는 뜻을 가지고 있기 때문이다. 여기서 발락은 전처럼 7제단을 쌓고 각 제단마다 수송아지와 수양을 한 마리씩 바쳤다.

“발람이 발락에게 이르되 내가 저기서 여호와를 만나 뵐 동안에 여기 당신의 번제물 곁에 서소서 하니라 여호와께서 발람에게 임하사 그의 입에 말씀을 주시며 이르시되 발락에게로 돌아가서 이렇게 말할지니라(15, 16절).” 발람은 전처럼 발락에게 자기가 여호와를 만나고 올 때까지 발락 자신의 번제물 곁에 서 있도록 했다. 하나님은 전처럼 발람을 만나주셨고, 발락에게 할 말도 일러 주셨다.

“발람이 가서 본즉 발락이 번제물 곁에 섰고 모압 고관들이 함께 있더라 발락이 발람에게 이르되 여호와께서 무슨 말씀을 하시더냐 발람이 예언하여 이르기를 발락이여 일어나 들을지어다 십볼의 아들이여 내게 자세히 들으라(17, 18절).” 발람이 돌아와 보니 발락은 모압의 지도자들과 함께 번제물 곁에 그대로 서 있었다. 발락은 하나님이 무슨 말씀을 하셨는지 몹시 궁금했다. 다른 메시지를 기대한 것이다. 발람은 발락에서 하나님의 말씀을 듣도록 했다.

“하나님은 사람이 아니시니 거짓말을 하지 않으시고 인생이 아니시니 후회가 없으시도다 어찌 그 말씀하신 바를 행하지 않으시며 하신 말씀을 실행하지 않으시랴 내가 축복할 것을 받았으니 그가 주신 복을 내가 돌이키지 않으리라(19, 20절).” 발람은 전처럼 읊었다. ‘하나님은 사람이 아니시니 거짓말을 하지 않으시고 인생이 아니시니 후회가 없으시다. 어찌 그 말씀하신 바를 행하지 않으시며 하신 말씀을 실행하지 않겠는가.’ 하나님은 인간과 달리 변함이 없고 신실하시다. 한번 정한 것을 변개하지 않는다. 발람은 말한다. ‘내가 이스라엘을 축복하라는 명령을 하나님으로부터 받았다. 하나님이 내리신 복을 내가 어찌 바꾸어 놓을 수 없겠는가.’ 발락은 이스라엘에 대한 발람의 축복이 취소되기를 바랐다. 하지만 그의 기대는 여지없이 깨어졌다.

“야곱의 허물을 보지 아니하시며 이스라엘의 반역을 보지 아니하시는도다 여호와 그들의 하나님이 그들과 함께 계시니 왕을 부르는 소리가 그 중에 있도다 하나님이 그들을 애굽에서 인도하여 내셨으니 그의 힘이 들소와 같도다(21, 22절).”

야곱은 이스라엘을 말한다. ‘야곱의 허물도, 이스라엘의 반역도 보지 않으신다.’ 는 말은 이스라엘이 어떤 불행(misfortune)이나 어떤 시련(misery)을 당하지 않는다는 말이다. 그들의 하나님께서 그들과 함께 하시기 때문이다. 이스라엘은 여호와를 왕(the King)으로 부른다. 이 말은 여호와께서 그들 가운데 왕으로 임재해 계심과 그들을 다스려 주심을 크게 기뻐한다는 뜻을 가지고 있다. 하나님이 그들을 이집트에서 인도해 내어 그들을 위해 들소(wild ox)처럼 싸우신다.

> “야곱을 해할 점술이 없고 이스라엘을 해할 복술이 없도다 이 때에 야곱과 이스라엘에 대하여 논할진대 하나님께서 행하신 일이 어찌 그리 크냐 하리로다 이 백성이 암사자 같이 일어나고 수사자 같이 일어나서 움킨 것을 먹으며 죽인 피를 마시기 전에는 눕지 아니 하리로다 하매(23, 24절).”

이제 야곱을 대적하여 점칠 일(sorcery)이 없고 이스라엘을 해치기 위해 복술을 할 일(divination)도 없다. 점술은 ‘나하쉬(nachash)’ 로 자연현상이나 설명할 수 없는 인간 생활, 동물의 행동 등을 통해 미래를 예견하는 것을 말한다. 복술은 ‘케셈(qesem)’ 으로 거짓된 신의 계시를 받아 예언하는 것을 말한다. 이제 사람들이 이스라엘에 대하여 하나님이 그들을 위해 행하신 놀라운 일을 보라고 말할 것이다. 이스라엘 백성이 사자같이 일어나서 잡은 먹이를 삼키고 그 피를 마시기 전에는 누워 쉬지 않을 것이다.

“발락이 발람에게 이르되 그들을 저주하지도 말고 축복하지도 말라 발람이 발락에게 대답하여 이르되 내가 당신에게 말하여 이르기를 여호와께서 말씀하신 것은 내가 그대로 하지 않을 수 없다고 하지 아니하더이까(25, 26절).” 이에 화가 난 발락이 발람에게 명령한다. “그들을 저주하지 않으려면 축복도 하지 말라." 발람은 이에 응수했다. "하나님께서 말씀하시는 대로 할 수밖에 없다고 이미 당신에게 말하지 않았는가." 자신도 어찌 할 수 없다는 것이다.

3. 발락이 발람을 다른 곳으로 인도하다(27-30절)

"발락이 발람에게 또 이르되 오라 내가 너를 다른 곳으로 인도하리니 네가 거기서 나를 위하여 그들을 저주하기를 하나님이 혹시 기뻐하시리라 하고 발락이 발람을 인도하여 광야가 내려다보이는 브올 산꼭대기에 이르니(27, 28절)." 발락은 다시 전략을 바꾸기로 한다. 다른 곳에서 제사를 드리자는 것이다. 그러면 혹시 거기서는 하나님이 제사를 받으시고 이스라엘을 저주하는 것을 기뻐하실 것이라 했다. 저주에 대한 소망을 버리지 않은 것이다. 왕은 발람을 광야가 바라다 보이는 브올(Peor) 산꼭대기로 데리고 갔다. 브올 산은 벧브올 근처 아바림 산맥 북쪽 부분의 산이다. 당시 이곳은 이스라엘이 진을 치고 있었던 모압 평지 맞은편에 있었다.

"발람이 발락에게 이르되 나를 위하여 여기 일곱 제단을 쌓고 거기 수송아지 일곱 마리와 숫양 일곱 마리를 준비하소서 발락이 발람의 말대로 행하여 각 제단에 수송아지와 숫양을 드리니라(29, 30절)." 발람은 전과 같이 7개의 제단을 쌓고 수송아지 7마리와 수양7마리를 준비하도록 했다. 발락은 발람이 말한 대로 7개 제단을 쌓고 각 제단마다 수송아지와 수양을 한 마리씩 드렸다. 발람은 하나님의 지시대로 이스라엘을 3번째 축복하게 된다. 그 내용이 다음 장에 기록되어 있다.

제24장

발람의 세 번째 축복과 예언

요약

1. 발람의 세 번째 축복: 너를 축복하는 자마다 복을 받을 것이요(1-9절)

1) 발람이 자기가 이스라엘을 축복하는 것을 여호와께서 선히 여기심을 보고 전과 같이 점술을 쓰지 아니하고 노래함.

2) 야곱이여 네 장막들이, 이스라엘이여 네 거처들이 어찌 그리 아름다운고 그 힘이 들소와 같도다 그의 적국을 삼키고 그들의 뼈를 꺾으며 화살로 쏘아 꿰뚫으리로다

3) 너를 축복하는 자마다 복을 받을 것이요 너를 저주하는 자마다 저주를 받을 지로다

2. 발락이 노하다(10-13절)

1) 발락이 발람에게 노하여 손뼉을 치며 말함, '원수를 저주하라는 것이어늘 세 번 그들을 축복하였도다. 그러므로 그대는 이제 그대의 곳으로 달아나라. 내가 그대를 높여 심히 존귀하게 하기로 뜻하였더니 여호와께서 그대를 막아 존귀하지 못하게 하셨도다.'

2) 발람이 발락에게 이름, '당신이 내게 보낸 사신들에게 내가 말하여 이르지 아니하였나이까. 그 집에 가득한 은금을 내게 줄지라도 나는 여호와께서 말씀하신 대로 말하리라 하지 아니하였나이까.'

3. 발람의 예언(14-25절)

1) 이제 나는 내 백성에게로 돌아가거니와 들으소서 내가 이 백성이 후일에 당신의 백성에게 어떻게 할지를 당신에게 말하리이다 하고 노래를 지어 예언함
2) 이스라엘과 모압: 한 별이 야곱에게서 나오며 한 규가 이스라엘에게서 일어나서 모압을 이쪽에서 저쪽까지 쳐서 무찌르고 또 셋의 자식들을 다 멸하리로다.
3) 에돔: 그의 원수 에돔은 그들의 유산이 되며 그의 원수 세일도 그들의 유산이 되고 주권자가 야곱에게서 나서 남은 자들을 그 성읍에서 멸절하리로다.
3) 아말렉: 민족들의 으뜸이나 그의 종말은 멸망에 이르리로다
4) 겐 족속: 네 거처가 견고하고 네 보금자리는 바위에 있도다 그러나 가인이 쇠약하리니 나중에는 앗수르의 포로가 되리로다
5) 슬프다 하나님이 이 일을 행하시리니 그 때에 살 자가 누구이랴 깃딤 해변에서 배들이 와서 앗수르를 학대하며 에벨을 괴롭힐 것이나 그도 멸망하리로다
6) 발람이 일어나 자기 곳으로 돌아가고 발락도 자기 길로 갔더라

---

1. 발람의 세 번째 축복: 너를 축복하는 자마다 복을 받을 것이요(1-9절)

"발람이 자기가 이스라엘을 축복하는 것을 여호와께서 선히 여기심을 보고 전과 같이 점술을 쓰지 아니하고 그의 낯을 광야로 향하여 눈을 들어 이스라엘이 그 지파대로 천막 친 것을 보는데 그 때에 하나님의 영이 그 위에 임하신지라(1, 2절)." 발람은 자기가 이스라엘 백성에게 축복하는 것이 여호와를 기쁘게 하는 것인 줄을 알았다. 그리하여 이번에는 전과 같이 여호

와를 만나러 가지도 않고 곧장 광야 쪽으로 눈길을 돌렸다. '전과 같이 점술을 쓰지 아니하고(not resort to sorcery)' 는 전처럼 점술을 써 하나님을 만나려 하지 않았다는 말이다. 전에는 점술을 하기 좋은 민둥산을 찾았었다. 이번에는 그러지 않았다는 말이다. 그는 광야로 나가 이스라엘 백성이 각 지파별로 진을 치고 있는 것을 바라보았다. 그때 하나님의 영이 그를 사로잡았다.

"그가 예언을 전하여 말하되 브올의 아들 발람이 말하며 눈을 감았던 자가 말하며 하나님의 말씀을 듣는 자, 전능자의 환상을 보는 자, 엎드려서 눈을 뜬 자가 말하기를(3, 4절)." 발람은 자신이 어떤 사람인가를 말했다. 브올의 아들 발람이다. 이전에는 '눈을 감았던 자' 였으나 이제는 엎드려서 눈을 뜬 자, 곧 지금은 눈이 열려 분명히 보는 자다. 하나님의 말씀을 듣고 전능하신 하나님의 환상을 보는 자다. 이제 달라진 눈으로 말한다.

"야곱이여 네 장막들이, 이스라엘이여 네 거처들이 어찌 그리 아름다운고 그 벌어짐이 골짜기 같고 강가의 동산 같으며 여호와께서 심으신 침향목들 같고 물가의 백향목들 같도다(5, 6절)." 야곱의 천막이 아름답구나. 이스라엘의 거처가 정말 훌륭하구나. 그 천막들이 펼쳐져 있는 모습이 골짜기 같고 강변의 동산 같으며 여호와께서 심으신 침향목(aloes) 같고 물가에 심겨진 백향목(cedars) 같다. 침향목은 서향나무의 상록 교목으로, 나무진은 향기가 있어 몰약과 섞어 부패를 막는다. 백향목은 나무의 왕이다. 레바논산맥 눈 덮인 높은 산에 자라는 나무다. 향기롭고 방부력도 뛰어나며 광을 낼 수 있어서 귀한 건축재로 쓰였다. 이 나무들에 견 줄만큼 이스라엘의 모습이 아주 좋다는 말이다.

"그 물통에서는 물이 넘치겠고 그 씨는 많은 물가에 있으리로다 그의 왕이 아각보다 높으니 그의 나라가 흥왕하리로다 하나님이 그를 애굽에서 인도하여 내셨으니 그 힘이 들소와 같도다 그의 적국을 삼키고 그들의 뼈를 꺾으며 화살로 쏘아 꿰뚫으리로다(7, 8절)." 이스라엘에게는 물이 풍성할 것이고 그 자손들은 크게 번성할 것이다. 그들의 왕이 아각(Agag)보다 위대하고 그 나라가 왕성할 것이다. 여기서 아각은 아말렉 왕에 대한 통칭이다. 팔레스타인 왕을 '아비멜렉'이라 하고, 이집트의 왕을 '바로'라 하며, 로마의 황제를 '가이사'라 하는 것과 같다. 하나님이 그들을 이집트에서 인도해 내어 그들을 위해 들소처럼 싸우신다. 이스라엘이 대적하는 나라들을 삼키고 원수들의 뼈를 꺾으며 화살을 쏘아 그들의 심장을 꿰뚫는구나. 발람은 이스라엘의 승리를 예견하고 있다.

"꿇어앉고 누움이 수사자와 같고 암사자와도 같으니 일으킬 자 누구이랴 너를 축복하는 자마다 복을 받을 것이요 너를 저주하는 자마다 저주를 받을지로다(9절)." 이스라엘이 힘 센 수사자와 암사자와 같이 누워있으니 누가 감히 그들을 일으킬 것인가. 이스라엘아, 너를 축복하는 자마다 복을 받을 것이고 너를 저주하는 자마다 저주를 받을 것이다.

2. 발락이 노하다(10-13절)

"발락이 발람에게 노하여 손뼉을 치며 말하되 내가 그대를 부른 것은 내 원수를 저주하라는 것이어늘 그대가 이같이 세 번 그들을 축복하였도다 그러므로 그대는 이제 그대의 곳으로 달아나라 내가 그대를 높여 심히 존귀하게 하기로 뜻하였더니 여호와께서 그대를 막아 존귀하지 못하게 하셨도다(10, 11절)." 발락은 몹시 화가 났다. 그는 손바닥을 치며 발람에게 소리쳤다. "원수를 저주하라고 불러왔는데 오히려 세 번씩이나 축복하다니." 말도 되지 않는다는 말이다. 그리곤 당장 집으로 돌아가라 명령했다. 저주를 하면 큰 사례를 하려고 했는데 여호와가 막아 그것을 받지 못하게 했다며 역정을 냈다.

"발람이 발락에게 이르되 당신이 내게 보낸 사신들에게 내가 말하여 이르지 아니하였나이까 가령 발락이 그 집에 가득한 은금을 내게 줄지라도 나는 여호와의 말씀을 어기고 선악 간에 내 마음대로 행하지 못하고 여호와께서 말씀하신 대로 말하리라 하지 아니하였나이까(12, 13절).” 이에 발람이 대답했다. “당신이 보낸 사람들에게 이미 말하지 않았습니까? 금은보화가 가득한 궁전을 나에게 준다고 해도 나는 여호와의 명령을 어길 수 없습니다. 아무것도 내 마음대로 할 수 없습니다. 나는 오직 하나님께서 나에게 말씀하시는 것만 말할 것이라고 하지 않았습니까? 왕도 더 이상 할 말이 없다.

3. 발람의 예언(14-25절)

“이제 나는 내 백성에게로 돌아가거니와 들으소서 내가 이 백성이 후일에 당신의 백성에게 어떻게 할지를 당신에게 말하리이다하고(14절).” 발람은 이제 내 백성에게 돌아가겠지만 떠나기 전에 앞으로 이스라엘 백성이 당신의 백성에게 행할 일을 말씀드리겠다고 했다.

“예언하여 이르기를 브올의 아들 발람이 말하며 눈을 감았던 자가 말하며 하나님의 말씀을 듣는 자가 말하며 지극히 높으신 자의 지식을 아는 자, 전능자의 환상을 보는 자, 엎드려서 눈을 뜬 자가 말하기를(15, 16절).” 3, 4절의 반복이다. ‘지극히 높으신 자의 지식을 아는 자’ 가 더해졌다. 이것은 ‘가장 높으신 분으로부터 지식을 얻는 자(who has knowledge from the Most High)’ 라는 뜻이다.

“내가 그를 보아도 이 때의 일이 아니며 내가 그를 바라보아도 가까운 일이 아니로다 한 별이 야곱에게서 나오며 한 규가 이스라엘에게서 일어나서 모압을 이쪽에서 저쪽까지 쳐서 무찌르고 또 셋의 자식들을 다 멸하리로다(17절).” 이스라엘과 모압에 대한 예언이다. 이스라엘의 먼 미래를 바라보니 야곱에게서 한 별이 나오며 이스라엘에서 한 왕이 일어나 모압 백성을 치고 셋의 자손들을 멸망시킨다는 것이다. 한 별(a star)은 앞으로 이스라엘로부터 나올 위대한 왕이다. 한 규(a scepter)가 이스라엘에서 일어난다. 규는 홀로 왕권을 상징한다. 이스라엘에 위대한 왕이 출현하여 모압을 치고, 셋(Sheth) 자손을 멸망시킨다는 것이다. 여기서 셋 자손은 아담의 아들 셋 자손이라기보다 모압 지역과 관련된 고대민족으로 추정되고 있다. 그러므로 발람의 이 예언은 모압-셋 자손에 대한 예언이다. 아담의 경건한 셋(Seth) 자손을 멸할 근거가 없다.

"그의 원수 에돔은 그들의 유산이 되며 그의 원수 세일도 그들의 유산이 되고 그와 동시에 이스라엘은 용감히 행동하리로다 주권자가 야곱에게서 나서 남은 자들을 그 성읍에서 멸절하리로다 하고(18, 19절)." 에돔에 대한 예언이다. 이스라엘은 에돔을 정복하고 세일을 정복하여 계속 승리한다. 이스라엘이 그 원수들을 짓밟고 살아남은 자들을 전멸시킨다.

"또 아말렉을 바라보며 예언하여 이르기를 아말렉은 민족들의 으뜸이나 그의 종말은 멸망에 이르리로다 하고(20절)." 아말렉에 대한 예언이다. 아말렉은 모든 민족들 가운데 으뜸이지만 결국은 멸망한다. 아말렉은 사울 왕과 다윗 왕에게 패배했고, 히스기야 왕 때 완전히 멸망했다.

"또 겐 족속을 바라보며 예언하여 이르기를 네 거처가 견고하고 네 보금자리는 바위에 있도다 그러나 가인이 쇠약하리니 나중에는 앗수르의 포로가 되리로다 하고(21, 22절)." 겐 족속(Kenites)에 대한 예언이다. 겐 족속이 사는 곳이 안전하여 절벽 위에 보금자리와 같아 보인다. 하지만 망하여 이웃 부족인 앗수르(Asshur), 곧 앗시리아의 포로가 된다.

"또 예언하여 이르기를 슬프다 하나님이 이 일을 행하시리니 그 때에 살 자가 누구이랴 깃딤 해변에서 배들이 와서 앗수르를 학대하며 에벨을 괴롭힐 것이나 그도 멸망하리로다 하고(23, 24절)." 이 예언을 한 뒤 그는 다시 예언하였다. "하나님이 이 일을 행하실 때 살아남을 자가 누구이겠는가? 깃딤(Kittim), 곧 키프러스 해안에서 침략자들이 배를 타고 와 앗시리아와 에벨(Eber)을 정복할 것이다. 그러나 그들도 결국 멸망할 것이다. 깃딤 해변에서 온 자들은 블레셋 족속을 말한다. 깃딤은 지금의 키프로스로, 성경에서는 '구브로' 라 한다. 에벨은 메소포타미아, 특히 유프라테스 강 서편 지역을 말하는 것으로 추정되고 있다. 앗수르와 에벨은 블레셋이라는 강적을 만나게 될 것이라는 말이다.

"발람이 일어나 자기 곳으로 돌아가고 발락도 자기 길로 갔더라(25절)." 그 후 발람과 발락은 각자 자기 집으로 돌아갔다. 헤어졌다는 말이다. 이스라엘을 저주하려던 발락의 계획이 일단 수포로 돌아갔다.

제25장

바알브올에게 가담한 사람들을 죽이라

요약

1. 바알브올에 가담한 사람들을 죽이라(1-5절)

1) 이스라엘이 싯딤에 머물러 있더니 그 백성이 모압 여자들과 음행하기를 시작함.
2) 그 여자들이 자기 신들에게 제사할 때에 이스라엘 백성이 먹고 그 신들에게 절하므로 이스라엘이 바알브올에게 가담함. 여호와께서 이스라엘에게 진노하심.
3) 여호와께서 모세에게 이르심, "백성의 수령들을 잡아 태양을 향하여 여호와 앞에 목매어 달라."
4) 모세가 이스라엘 재판관들에게 바알브올에게 가담한 사람들을 죽이라 함.

2. 비느하스의 질투심(6-9절)

1) 이스라엘 자손의 온 회중이 회막 문에서 울 때 이스라엘 자손 한 사람이 모세와 온 회중의 눈앞에 미디안의 한 여인을 데리고 그의 형제에게로 옴.
2) 제사장 아론의 손자 엘르아살의 아들 비느하스가 보고 회중 가운데에서 일어나 손에 창을 들고 그 이스라엘 남자를 따라 그의 막사에 들어가 배를 꿰뚫어 두 사람을 죽이니 염병이 이스라엘 자손에게서 그침. 그 염병으로 죽은 자가 이만 사천 명이었음.

3. 미디안인들을 대적하여 그들을 치라(14-18절)

1) 미디안 여인과 함께 죽임을 당한 남자의 이름은 시므리니 시므온인의 조상의 가문 중 한 지도자이며 죽임을 당한 미디안 여인의 이름은 고스비이니 수르의 딸이라 수르는 미디안 백성의 한 조상의 가문의 수령이었음.
2) 여호와께서 모세에게 말씀하여 이르시되 미디안인들을 대적하여 그들을 치라. 이는 그들이 속임수로 너희를 대적하되 브올의 일과 미디안 지휘관의 딸 곧 브올의 일로 염병이 일어난 날에 죽임을 당한 그들의 자매 고스비의 사건으로 너희를 유혹하였음이니라.

---

1. 바알브올에 가담한 사람들을 죽이라(1-5절)

"이스라엘이 싯딤에 머물러 있더니 그 백성이 모압 여자들과 음행하기를 시작하니라(1절)." 이스라엘이 싯딤(Shittim)에 있을 때 우상숭배를 하는 일이 일어났다. 싯딤은 사해 동북쪽 모압 평야에 있는 도시다. 아벨싯딤이다. 모압 여인들과 음행하는 것(sexual immorality)은 일종의 종교적인 것으로 제사에 참석하고 절을 할뿐 아니라 남녀가 성적으로 교섭을 하는 것까지 포함되어 있다. 십계명 중에서 1계명과 2계명을 범한 것이다.

"그 여자들이 자기 신들에게 제사할 때에 이스라엘 백성을 청하매 백성이 먹고 그들의 신들에게 절하므로 이스라엘이 바알브올에게 가담한지라 여호와께서 이스라엘에게 진노하시니라(2, 3절)." 모압 여인들이 이스라엘을 자기 신들의 제사에 초대하였고 이스라엘은 그들의 제물을 먹고 그 신들에게 절했다. 이스라엘 사람들이 모압의 바알 신을 섬기자 하나님께서 몹시 분노하셨다. 바알브올(Baal of Peor)은 모압의 도시로 이스라엘이 여기서 우상을 섬겼다. 벧브올 또는 브올이라기도 한다. 바알브올은 브올의 바알, 곧 브올에 있는 지방신 바알로도 해석된다.

모압 여인들이 제사 때 이스라엘을 청한 것을 '유혹'으로 간주하고, 이를 '발람의 꾀를 좇아(민 31:16)' 계획 된 것으로 본다. 발람은 이스라엘을 저주하고 그 대가로 막대한 이익을 취하고자 한 계획이 실패로 돌아가자 이스라엘을 바알 숭배에 끌어들여 이로 인해 하나님의 진노를 받아 이스라엘이 멸망당하게 하는 간계를 꾸몄다. 따라서 여러 성경 기록자들은 발람을 겉과 속이 다르고 말과 행동이 다른 거짓 선지자로 평가하고 있다(벧후 2:15-16;유 1:11;계 2:14).

"여호와께서 모세에게 이르시되 백성의 수령들을 잡아 태양을 향하여 여호와 앞에 목매어 달라 그리하면 여호와의 진노가 이스라엘에게서 떠나리라(4절)." 하나님은 모세를 통해 이스라엘의 모든 지도자들을 잡아다가 대낮에 하나님 앞에서 처형시키도록 했다. '태양을 향하여'는 '대낮에(in broad daylight)'라는 뜻이다. 그러면 이 백성에 대한 여호와의 분노가 사라질 것이라 하셨다. 이 사건은 이스라엘 전 백성에 관계된 사건으로, 이스라엘 지도자들, 곧 족장들은 자기 관할아래 있는 백성들을 바알제사에 참석하지 못하게 할 책임이 있기 때문이다.

"모세가 이스라엘 재판관들에게 이르되 너희는 각각 바알브올에게 가담한 사람들을 죽이라 하니라(5절)." 모세는 바알에게 절한 사람들을 모두 처형하도록 이스라엘 재판관들(judges)에게 지시하였다.

2. 비느하스의 질투심(6-9절)

"이스라엘 자손의 온 회중이 회막 문에서 울 때에 이스라엘 자손 한 사람이 모세와 온 회중의 눈앞에 미디안의 한 여인을 데리고 그의 형제에게로 온지라(6절)." 하나님이 진노하심으로 인해 모든 이스라엘 사람들이 성막 입구에서 울고 있었다. 그런데 한 이스라엘 사람이 모세와 백성이 보는 앞에서 미디안 여자를 데리고 자기 장막으로 들어갔다. 지금까지는 바알 신전에서만 음행을 했는데 대낮에 모세와 온 이스라엘이 보는 앞에서 미디안 여자를 데려와 음행을 시도한 것이다. 다른 사람들은 슬피 울며 회개하고 있는데, 이를 무시하고 불순한 의도를 가지고 공공연하게 막사에 들어간 행위는 이스라엘의 분노를 자아내기에 충분했다. 18절을 보면 하나님은 이를 공개적인 유혹 행위로 보셨다.

"제사장 아론의 손자 엘르아살의 아들 비느하스가 보고 회중 가운데에서 일어나 손에 창을 들고 그 이스라엘 남자를 따라 그의 막사에 들어가 이스라엘 남자와 그 여인의 배를 꿰뚫어서 두 사람을 죽이니 염병이 이스라엘 자손에게서 그쳤더라 (7, 8절)." 그때 제사장 아론의 손자이자 엘르아살의 아들인 비느하스(Phinehas)가 그 장면을 보았다. 그는 벌떡 일어나 창을 들고 그 사람을 뒤쫓아 그의 천막 안으로 뛰어 들어갔다. 그리고 그 남자의 등에서부터 그 여자의 배까지 한꺼번에 창으로 찔러 죽였다. 음행 중인 두 사람에 대해 즉결 심판한 것이다. 그러자 이스라엘 백성 가운데 퍼진 전염병이 그쳤다.

훗날 유대인들은 이 비느하스의 열심, 곧 질투심을 '열심권(熱心權)' 으로 삼았다. 하나님이 정한 규례를 업신여기거나 하나님을 욕되게 하는 일이 있을 경우 누구든 그런 죄를 범한 자를 벌할 권리를 인정한 것이다. 비느하스의 열심은 길갈에서 아각을 찍어 쪼갠 사무엘(삼상 15:33)에서도 찾아볼 수 있다.

"그 염병으로 죽은 자가 이만 사천 명이었더라(9절)." 전염병으로 죽은 사람이 24,000명이나 되었다. 이것을 막지 못한 이스라엘 지도자들만 죽은 것이 아니었다. 오직 여호와만 섬기기로 약속한 것을 잊고 반역한 죄다. 바울도 간음하다가 하루에 2만3천 명이 죽었다(고전 10:8)고 했다. 바알 숭배는 성적인 문란뿐 아니라 가나안 족속이 이스라엘 사람과 결혼할 경우 이스라엘의 정통성을 더럽히고 상속권을 유린하는 문제를 안고 있다.

3. 미디안인들을 대적하여 그들을 치라(14-18절)

"여호와께서 모세에게 말씀하여 이르시되 제사장 아론의 손자 엘르아살의 아들 비느하스가 내 질투심으로 질투하여 이스라엘 자손 중에서 내 노를 돌이켜서 내 질투심으로 그들을 소멸하지 않게 하였도다(10, 11절)." 비느하스는 백성들이 보는 데서 죄 지은 사람을 죽였다. 하나님은 비느하스가 행한 일로 이스라엘 백성에 대한 분노를 거두셨다. 비느하스가 하나님의 명예를 위해 분개하고 분연히 일어났기 때문에 분노로 이스라엘을 전멸시키려던 뜻을 돌이키셨다는 것이다.

"그러므로 말하라 내가 그에게 내 평화의 언약을 주리니 그와 그의 후손에게 영원한 제사장 직분의 언약이라 그가 그의 하나님을 위하여 질투하여 이스라엘 자손을 속죄하였음이니라(12, 13절)." 하나님은 그에게 '내 평화의 언약(my covenant of peace)'을 주리라 하셨다. 이 약속은 비느하스와 그의 후손에게 영원한 제사장 직분, 곧 대제사장 직분을 주시겠다는 약속의 말씀이다. 비느하스는 하나님을 위해 분개하여 이스라엘 백성을 속죄하였기 때문이다. '속죄하다'는 말은 희생제물을 드릴 때 그 효능을 표시하는 말이다.

4. 미디안인들을 대적하여 그들을 치라(14-18절)

"죽임을 당한 이스라엘 남자 곧 미디안 여인과 함께 죽임을 당한 자의 이름은 시므리니 살루의 아들이요 시므온인의 조상의 가문 중 한 지도자이며 죽임을 당한 미디안 여인의 이름은 고스비이니 수르의 딸이라 수르는 미디안 백성의 한 조상의 가문의 수령이었더라(14, 15절)." 음행을 하다 비느하스에 의해 죽은 이스라엘 사람은 시므온 지파의 한 가장이며 살루의 아들인 시므리(Zimri)였고, 그와 함께 죽은 미디안 여인은 미디안족의 한 족장인 수르의 딸 고스비(Cozbi)였다.

"여호와께서 모세에게 말씀하여 이르시되 미디안인들을 대적하여 그들을 치라 이는 그들이 속임수로 너희를 대적하되 브올의 일과 미디안 지휘관의 딸 곧 브올의 일로 염병이 일어난 날에 죽임을 당한 그들의 자매 고스비의 사건으로 너희를 유혹하였음이니라(16, 17, 18절)." 하나님은 모세에게 미디안 사람들을 원수로 대하고 그들을 쳐서 죽이라 명령하셨다. 미디안사람들이 브올에서 교묘하게 이스라엘을 속여 바알을 섬기게 했기 때문이다. 또 그 일로 전염병이 번졌을 때 죽임을 당한 미디안 족장의 딸 고스비의 사건으로 너희를 유혹하였기 때문이다. 고스비 사건을 공개적인 유혹 행위로 본 것이다. 만일 이스라엘이 이것까지 묵인했다면 하나님의 진노는 더 컸을 것이다.

제26장

모압 평지에서의 두 번째 인구조사

요약

1. 모압 평지에서의 인구조사(1-51절)

1) 염병 후 모세와 엘르아살로 모압 평지에서 20세 이상 싸움에 나갈 수 있는 남자의 종족별 총 계수 601,730명

2) 르우벤 43,730명, 시므온 22,200명, 갓 40,500명, 유다 76,500명, 잇사갈 64,300명, 스블론 60,500명,므낫세 52,700명, 에브라임 32,500명, 베냐민 45,600명, 단 64,400명, 아셀 53,400명, 납달리 45,400명

2. 제비뽑아 나누게 될 기업(52-56절)

1) 이 명수대로, 즉 계수함을 입은 수대로 수가 많으면 많이, 적으면 적게 땅을 나누어 기업을 삼게 한다.

2) 땅은 다소불문하고 제비 뽑아 나누어 그 조상 지파의 이름을 따라 얻게 할 것.

3. 레위인 중 계수된 수(57-62절)

1) 레위인 중 1개월 계수된 남자 총수는 23,000명으로 이스라엘 자손 중 그들에게 준 기업은 없고 그 계수에 들지 않음, 그 종족대로는 게르손, 고핫, 므라리가 있음.

4. 시내 광야에서 계수된 자와 모압 평지에서 계수된 자(63-65절)

1) 모압 평지에서 모세와 엘르아살이 계수한 중에는 모세와 아론이 시내 광야에서 계수한 이스라엘 자손은 갈렙과 여호수아 외에는 한 사람도 들지 못하였음. 이는 하나님께서 그들이 반드시 광야에서 죽으리라 하셨기 때문임.

---

1. 모압 평지에서의 인구조사(1-51절)

"염병 후에 여호와께서 모세와 제사장 아론의 아들 엘르아살에게 말씀하여 이르시되 이스라엘 자손의 온 회중의 총수를 그들의 조상의 가문을 따라 조사하되 이스라엘 중에 이십 세 이상으로 능히 전쟁에 나갈 만한 모든 자를 계수하라 하시니(1, 2절)." 시내 광야에서 인구조사를 한지 약 40년이 지났다. 하나님은 모압 평지에서 제2차 인구조사를 하도록 했다. 이번 조사는 병역을 감당할 수 있는 20세 이상의 남자를 조사하는 군사적 목적과 약속의 땅에 들어가 땅을 분배하기 위한 경제적 목적이 있었다. 제1차 조사 때는 모세와 아론이 주도했지만 제2차 때는 모세와 아론의 아들 엘르아살이 주도했다. 이 조사는 염병 후 얼마 지나지 않아 실시되었다.

"모세와 제사장 엘르아살이 여리고 맞은편 요단 가 모압 평지에서 그들에게 전하여 이르되 여호와께서 애굽 땅에서 나온 모세와 이스라엘 자손에게 명령하신 대로 너희는 이십 세 이상 된 자를 계수하라 하니라(3, 4절)." 하나님의 명령에 따라 인구조사 실시 명령이 내려졌다.

"이스라엘의 장자는 르우벤이라 르우벤 자손은 하녹에게서 난 하녹 종족과 발루에게서 난 발루 종족과 헤스론에게서 난 헤스론 종족과 갈미에게서 난 갈미 종족이니 이는 르우벤 종족들이라 계수된 자가 사만 삼천칠백삼십 명이었더라(5, 6, 7절)." 르우벤 지파에서 계수된 수는 43,730명으로 1차 때보다 2,770명 감소했다. 종족으로는 하녹, 발루, 헤스론, 갈미가 있다.

"발루의 아들은 엘리압이요 엘리압의 아들은 느무엘과 다단과 아비람이라 이 다단과 아비람은 회중 가운데서 부름을 받은 자들이니 고라의 무리에 들어가서 모세와 아론을 거슬러 여호와께 반역할 때에 땅이 그 입을 벌려서 그 무리와 고라를 삼키매 그들이 죽었고 당시에 불이 이백오십 명을 삼켜 징표가 되게 하였으나 고라의 아들들은 죽지 아니하였더라(8-11절)." 고라당 사건 때 르우벤 지파에서 다단과 아비람이 반역하여 죽었음을 밝히고 있다. 11절에서는 고라의 아들들은 죽지 않음을 밝히고 있는데, 그들이 이 사건에 연루되지 않은 때문이다. 사무엘도 고라 가문의 인물이다. 시편 85편을 비롯해 고라 자손의 시가 시편에 여럿 있다. 고라 자손은 레위 지파로 고핫 계통에 속한다.

"시므온 자손의 종족들은 이러하니 느무엘에게서 난 느무엘 종족과 야민에게서 난 야민 종족과 야긴에게서 난 야긴 종족과 세라에게서 난 세라 종족과 사울에게서 난 사울 종족이라 이는 시므온의 종족들이니 계수된 자가 이만 이천이백 명이었더라(12-14절)." 시므온 지파에서 계수된 수는 22,200명이다. 1차 때보다 37,100명이 감소했다. 12지파 중 가장 많은 감소다. 종족으로 느무엘, 야민, 야긴, 세라, 사울이 있다. 여기서 사울은 베냐민 지파의 사울 왕과는 다른 인물이다.

"갓 자손의 종족들은 이러하니 스본에게서 난 스본 종족과 학기에게서 난 학기 종족과 수니에게서 난 수니 종족과 오스니에게서 난 오스니 종족과 에리에게서 난 에리 종족과 아롯에게서 난 아롯 종족과 아렐리에게서 난 아렐리 종족이라 이는 갓 자손의 종족들이니 계수된 자가 사만 오백 명이었더라(15-18절)." 갓 지파에서 계수된 수는 40,500명이다. 1차 때보다 5,150명 줄었다. 종족으로 스본, 학기, 수니, 오스니, 에리, 아롯, 아렐리가 있다.

"유다의 아들들은 에르와 오난이라 이 에르와 오난은 가나안 땅에서 죽었고 유다 자손의 종족들은 이러하니 셀라에게서 난 셀라 종족과 베레스에게서 난 베레스 종족과 세라에게서 난 세라 종족이며 또 베레스 자손은 이러하니 헤스론에게서 난 헤스론 종족과 하물에게서 난 하물 종족이라 이는 유다 종족들이니 계수된 자가 칠만 육천오백 명이었더라(19-22절).” 유다 지파에서 계수된 수는 76,500명으로 1차 때보다 1,900명 증가했다. 12지파에서 가장 많은 수다. 종족으로 셀라, 베레스, 세라, 헤스론, 하몰이 있다.

“잇사갈 자손의 종족들은 이러하니 돌라에게서 난 돌라 종족과 부와에게서 난 부니 종족과 야숩에게서 난 야숩 종족과 시므론에게서 난 시므론 종족이라 이는 잇사갈 종족들이니 계수된 자가 육만 사천삼백 명이었더라(23-25절).” 잇사갈 지파에서 계수된 수는 64,300명으로 1차 때보다 9,900명 증가했다. 종족들로는 돌라, 부니, 야숩, 시므론이 있다.

“스불론 자손의 종족들은 이러하니 세렛에게서 난 세렛 종족과 엘론에게서 난 엘론 종족과 얄르엘에게서 난 얄르엘 종족이라 이는 스불론 종족들이니 계수된 자가 육만 오백 명이었더라(26-27절).” 스불론 지파에서 계수된 수는 60,500명으로 1차 때보다 3,100명 늘었다. 종족으로 세렛, 엘론, 얄르엘이 있다.

“요셉의 아들들의 종족들은 므낫세와 에브라임이요 므낫세의 자손 중 마길에게서 난 자손은 마길 종족이라 마길이 길르앗을 낳았고 길르앗에게서 난 자손은 길르앗 종족이라 길르앗 자손은 이러하니 이에셀에게서 난 이에셀 종족과 헬렉에게서 난 헬렉 종족과 아스리엘에게서 난 아스리엘 종족과 세겜에게서 난 세겜 종족과 스미다에게서 난 스미다 종족과 헤벨에게서 난 헤벨 종족이며 헤벨의 아들 슬로브핫은 아들이 없고 딸뿐이라 그 딸의 이름은 말라와 노아와 호글라와 밀가와 디르사니 이는 므낫세의 종족들이라 계수된 자가 오만 이천칠백 명이었더라(28-34절).” 레위 지파가 군사적 계수에게 빠지는 관계로 요셉 지파는 므낫세와 에브라임 두 지파로 계수되었다. 므낫세 지파에서 계수된 수는 52,700명으로 1차 때보다 20,500명 늘어 가장 많은 증가세를 보였다. 종족으로는 마길, 길르앗, 이에셀, 헬렉, 아스리엘, 세겜, 스미다, 헤벨이 있다. 헤벨의 아들 슬로브핫에겐 아들이 없고 딸들이 있었다. 여기에 딸들의 이름이 나오는데 이것은 민수기 27장의 기업에 관한 판결규례와 36장에 소개되는 여자의 재산상속법과 연관이 있다.

"에브라임 자손의 종족들은 이러하니 수델라에게서 난 수델라 종족과 베겔에게서 난 베겔 종족과 다한에게서 난 다한 종족이며 수델라 자손은 이러하니 에란에게서 난 에란 종족이라 이는 에브라임 자손의 종족들이니 계수된 자가 삼만 이천오백 명이라 이상은 그 종족을 따른 요셉 자손이었더라(35-37절)." 에브라임 지파에서 계수된 수는 32,500명으로, 1차 때보다 8,000명 줄었다. 종족으로 수델라, 베겔, 다한, 에란이 있다.

"베냐민 자손의 종족들은 이러하니 벨라에게서 난 벨라 종족과 아스벨에게서 난 아스벨 종족과 아히람에게서 난 아히람 종족과 스부밤에게서 난 스부밤 종족과 후밤에게서 난 후밤 종족이며 벨라의 아들들은 아룻과 나아만이라 아룻에게서 아룻 종족과 나아만에게서 나아만 종족이 났으니 이는 그들의 종족을 따른 베냐민 자손이라 계수된 자가 사만 오천육백 명이었더라(38-41절)." 베냐민 지파에서 계수된 수는 45,600명으로 1차 때보다 10,200명 증가했다. 종족으로 벨라, 아스벨, 아히람, 스부밤, 후밤,아룻, 나아만이 있다.

"단 자손의 종족들은 이러하니라 수함에게서 수함 종족이 났으니 이는 그들의 종족을 따른 단 종족들이라 수함 모든 종족의 계수된 자가 육만 사천사백 명이었더라(42, 43절)." 단 지파에서 계수된 수는 64,400명으로 1차 때보다 1,700명 늘었다. 종족으로 수함이 있다.

"아셀 자손의 종족들은 이러하니 임나에게서 난 임나 종족과 이스위에게서 난 이스위 종족과 브리아에게서 난 브리아 종족이며 브리아의 자손 중 헤벨에게서 난 헤벨 종족과 말기엘에게서 난 말기엘 종족이며 아셀의 딸의 이름은 세라라 이는 아셀 자손의 종족들이니 계수된 자가 오만 삼천사백 명이었더라(44-47절).” 아셀 지파에서 계수된 수는 53,400명으로 1차 때보다 11,900명 증가했다. 종족으로는 임나, 이스위, 브리아, 헤벨, 말기엘이 있다.

“납달리 자손은 그들의 종족대로 이러하니 야셀에게서 난 야셀 종족과 구니에게서 난 구니 종족과 예셀에게서 난 예셀 종족과 실렘에게서 난 실렘 종족이라 이는 그들의 종족을 따른 납달리 종족들이니 계수된 자가 사만 오천사백 명이었더라(48-50절).” 납달리 지파에서 계수된 수는 45,400명으로 1차 때보다 8,000명 감소했다. 종족으로는 야셀, 구니, 예셀, 실렘이 있다.

“이스라엘 자손의 계수된 자가 육십만 천칠백삼십 명이었더라(51절).” 12지파에서 계수된 총수는 601,730명으로 1차 때보다 1,820명 감소한 수다. 이 수는 레위 지파를 제외한 수다.

2. 제비뽑아 나누게 될 기업(52-56절)

“여호와께서 모세에게 말씀하여 이르시되 이 명수대로 땅을 나눠 주어 기업을 삼게 하라(52, 53절).”

“수가 많은 자에게는 기업을 많이 줄 것이요 수가 적은 자에게는 기업을 적게 줄 것이니 그들이 계수된 수대로 각기 기업을 주되 오직 그 땅을 제비 뽑아 나누어 그들의 조상 지파의 이름을 따라 얻게 할지니라(54, 55절).”

“그 다소를 막론하고 그들의 기업을 제비 뽑아 나눌지니라(56절).”

3. 레위인 중 계수된 수(57-62절)

“레위인으로 계수된 자들의 종족들은 이러하니 게르손에게서 난 게르손 종족과 고핫에게서 난 고핫 종족과 므라리에게서 난 므라리 종족이며(57

절).” 레위 지파는 게르손, 고핫, 므라리 집안사람들로 구성되었다.

“레위 종족들은 이러하니 립니 종족과 헤브론 종족과 말리 종족과 무시 종족과 고라 종족이라 고핫은 아므람을 낳았으며(58절).” 그들의 자손들은 립니, 헤브론, 마흘리, 무시, 고라 가족이었다. 그리고 고핫은 아므람을 낳았다.

“아므람의 처의 이름은 요게벳이니 레위의 딸이요 애굽에서 레위에게서 난 자라 그가 아므람에게서 아론과 모세와 그의 누이 미리암을 낳았고(59절).” 아므람의 아내는 이집트에서 태어난 레위의 딸 요게벳이었으며 아므람과 요게벳 사이에서 아론과 모세와 그들의 누이 미리암이 태어났다. 요게벳은 모세의 어머니다. 요게벳은 엄격히 말해 레위의 딸은 아니다. 하지만 레위의 후손이었기 때문에 이렇게 기록한 것이다.

“아론에게서는 나답과 아비후와 엘르아살과 이다말이 났더니 나답과 아비후는 다른 불을 여호와 앞에 드리다가 죽었더라(60, 61절).” 아론에게는 나답, 아비후, 엘르아살, 이다말 네 아들이 있었다. 나답과 아비후는 하나님께서 명령하시지 않은 다른 불로 분향하다가 죽임을 당했다.

“일 개월 이상으로 계수된 레위인의 모든 남자는 이만 삼천 명이었더라 그들은 이스라엘 자손 중 계수에 들지 아니하였으니 이는 이스라엘 자손 중에서 그들에게 준 기업이 없음이었더라(62절).” 이들 레위 사람들은 분배받을 땅이 없었기 때문에 별도로 인구 조사를 받았는데 그들 가운데 1개월 이상의 남자는 모두 23,000명이었다. 1차 때보다 1,000명 증가했다. 계수를 할 때 다른 지파의 남자는 20세 이상인 것은 병역과 연관이 있기 때문이지만 레위 지파는 병역의 의무가 없이 성막 봉사를 하므로 1개월 이상의 남자로 계수되었다.

4. 시내 광야에서 계수된 자와 모압 평지에서 계수된 자(63-65절)

“이는 모세와 제사장 엘르아살이 계수한 자라 그들이 여리고 맞은편 요단 가 모압 평지에서 이스라엘 자손을 계수한 중에는 모세와 제사장 아론이 시내 광야에서 계수한 이스라엘 자손은 한 사람도 들지 못하였으니(63, 64절)." 이상은 모세와 제사장 엘르아살이 여리고 맞은편에 있는 요단 강변의 모압 평야에서 실시한 인구 조사 내용이다. 여기에는 모세와 제사장 아론이 시내 광야에서 첫 번째 인구 조사를 실시할 당시의 사람들은 하나도 포함되지 않았다.

"이는 여호와께서 그들에게 대하여 말씀하시기를 그들이 반드시 광야에서 죽으리라 하셨음이라 이러므로 여분네의 아들 갈렙과 눈의 아들 여호수아 외에는 한 사람도 남지 아니하였더라(65절)." 하나님께서는 그들이 광야에서 다 죽을 것이라고 말씀하셨기 때문이다. 여분네의 아들 갈렙과 눈의 아들 여호수아 외에는 한 사람도 살아남은 자가 없었다. 하나님 말씀대로 된 것이다.

제27장

유산상속 판결에 관한 규례와 모세 후계자 여호수아 안수

요약

1. 슬로브핫의 딸들과 유산상속 판결에 관한 규례(1-11절)

1) 헤벨의 아들 슬로브핫의 딸들이 찾아왔으니 그의 딸들의 이름은 말라와 노아와 호글라와 밀가와 디르사라

2) 회막 문에서 서서 이름, "우리 아버지가 광야에서 죽었으나 고라의 무리에 들지 아니하고 자기 죄로 죽었고 아들이 없나이다. 아들이 없다고 그의 종족 중에서 삭제되리이까 우리에게 기업을 주소서."

3) 여호와께서 이르시되 슬로브핫 딸들의 말이 옳으니 너는 반드시 그들의 아버지의 형제 중에서 그들에게 기업을 주어 받게 하되 그들의 아버지의 기업을 그들에게 돌릴지니라.

4) 사람이 죽고 아들이 없으면 그의 기업을 그의 딸에게 돌릴 것이요 딸도 없으면 그의 기업을 그의 형제에게 줄 것이요 형제도 없으면 그의 기업을 그의 아버지의 형제에게 줄 것이요 그의 아버지의 형제도 없으면 그의 기업을 가장 가까운 친족에게 주어 받게 할지니라. 이스라엘 자손에게 판결의 규례가 되게 할지니라.

2. 여호수아를 후계자로 세우다(12-23절)

1) 여호와께서 모세에게 이르시되 너는 이 아바림 산에 올라가서 내가 이스라엘 자손에게 준 땅을 바라보라 본 후에는 네 형 아론이 돌아간 것같이 너도 조상에게로 돌아가리라. 이는 신 광야에서 회중이

분쟁할 때에 그 물 가에서 내 거룩함을 그들의 목전에 나타내지 아니하였음이니라.

2) 모세가 여호와께 여짜와 이르되 여호와의 회중이 목자 없는 양과 같이 되지 않게 하옵소서.

3) 눈의 아들 여호수아는 그 안에 영이 머무는 자니 너는 데려다가 그에게 안수하고 이스라엘 자손의 온 회중을 그에게 복종하게 하라.

4) 그는 제사장 엘르아살 앞에 설 것이요 엘르아살은 그를 위하여 우림의 판결로써 여호와 앞에 물을 것이며 그와 온 이스라엘 자손 곧 온 회중은 엘르아살의 말을 따라 나가며 들어올 것이니라.

5) 모세가 여호와께서 명령하신 대로 여호수아를 데려다가 제사장 엘르아살과 온 회중 앞에 세우고 그에게 안수함.

---

1. 슬로브핫의 딸들과 유산상속에 관한 규례(1-11절)

"요셉의 아들 므낫세 종족들에게 므낫세의 현손 마길의 증손 길르앗의 손자 헤벨의 아들 슬로브핫의 딸들이 찾아왔으니 그의 딸들의 이름은 말라와 노아와 호글라와 밀가와 디르사라 그들이 회막 문에서 모세와 제사장 엘르아살과 지휘관들과 온 회중 앞에 서서 이르되 우리 아버지가 광야에서 죽었으나 여호와를 거슬러 모인 고라의 무리에 들지 아니하고 자기 죄로 죽었고 아들이 없나이다(1, 2, 3절)." 민수기 26장 51-53절에 따르면 인구 조사를 통해 아들들에게만 기업(inheritance), 곧 땅을 주게 되어 있다. 슬로브핫에게는 아들이 없었다. 그래서 다섯 딸들이 찾아와 아버지가 광야에서 죽어 아들이 없음을 아뢰고, 자기들에게 기업을 나누어줄 것을 공식적으로 요구했다. 기업 없이는 먹고 살 수 없고 결혼할 수도 없기 때문이다. 딸들은 죽은 아버지가 고라의 반역에 가담하지 않았음을 강조했다. 아버지가 '자기의 죄에 죽었다' 는 것은 모든 사람들이 짓는 그러한 죄일 수도 있고, 이스라엘 백성이 약속의 땅에 들어가는 것을 거부했을 때 하나님이 그들 모두 광야에서 죽으리라 하신 말씀대로 죽은 것일 수도 있다. 후자일 가능성이 높다.

"어찌하여 아들이 없다고 우리 아버지의 이름이 그의 종족 중에서 삭제되리이까 우리 아버지의 형제 중에서 우리에게 기업을 주소서 하매 모세가 그 사연을 여호와께 아뢰니라(4, 5절)." 슬로브핫의 딸들은 아들이 없다는 이유로 아버지의 이름이 가문에서 삭제되어서는 안 되며 자신들도 아버지의 형제들처럼 땅을 분배해 달라고 했다. 모세는 이 건을 하나님께 가져갔다.

"여호와께서 모세에게 말씀하여 이르시되 슬로브핫 딸들의 말이 옳으니 너는 반드시 그들의 아버지의 형제 중에서 그들에게 기업을 주어 받게 하되 그들의 아버지의 기업을 그들에게 돌릴지니라(6, 7절)." 하나님은 슬로브핫의 딸들의 말이 옳다 하시고 그들의 아버지에게 돌아갈 몫을 그들에게 주어 그들도 땅을 소유하도록 하셨다.

"너는 이스라엘 자손에게 말하여 이르기를 사람이 죽고 아들이 없으면 그의 기업을 그의 딸에게 돌릴 것이요 딸도 없으면 그의 기업을 그의 형제에게 줄 것이요 형제도 없으면 그의 기업을 그의 아버지의 형제에게 줄 것이요 그의 아버지의 형제도 없으면 그의 기업을 가장 가까운 친족에게 주어 받게 할지니라 하고 나 여호와가 너 모세에게 명령한 대로 이스라엘 자손에게 판결의 규례가 되게 할지니라(8-11절)." 나아가 아들 없이 죽으면 딸에게 그 재산을 물려주고, 딸도 없으면 그 형제에게, 형제도 없으면 그 죽은 사람의 삼촌에게, 그의 삼촌도 없으면 그 재산을 가장 가까운 친척에게 주도록 했다. 하나님은 이를 유산상속 시 판결 규례(legal requirement)로 삼도록 하셨다.

2. 여호수아를 후계자로 세우다(12-23절)

"여호와께서 모세에게 이르시되 너는 이 아바림 산에 올라가서 내가 이스라엘 자손에게 준 땅을 바라보라 본 후에는 네 형 아론이 돌아간 것같이 너도 조상에게로 돌아가리니 이는 신 광야에서 회중이 분쟁할 때에 너희가 내 명령을 거역하고 그 물 가에서 내 거룩함을 그들의 목전에 나타내지 아니하였음이니라 이 물은 신 광야 가데스의 므리바 물이니라(12, 13, 14절)." 하나님은 모세에게 아바림 산(Abarim range)으로 올라가서 하나님이 이스라엘 백성에게 준 약속의 땅을 바라보도록 했다.

아바림 산은 요단 저편, 곧 요단강과 사해 건너편에 있는 산악을 말한다. 그 땅을 바라본 후에는 형 아론처럼 죽게 될 것이라 하셨다. 그 이유는 이스라엘이 신 광야의 가데스에 있을 때 있었던 므리바 물(waters of Meribah) 사건 때문이다. 신 광야에서 백성들이 물이 없다고 불평할 때 모세와 아론이 하나님의 명령을 거역하고 백성들 앞에서 하나님을 거룩한 자로 높이지 않았기 때문이다.

"모세가 여호와께 여짜와 이르되 여호와, 모든 육체의 생명의 하나님이시여 원하건대 한 사람을 이 회중 위에 세워서 그로 그들 앞에 출입하며 그들을 인도하여 출입하게 하사 여호와의 회중이 목자 없는 양과 같이 되지 않게 하옵소서(15, 16, 17절)."

모세는 하나님께 호소했다. "모든 생명의 근원이신 여호와 하나님, 이 백성을 인도하고 전쟁에서 이들을 지휘할 새로운 지도자를 세워주십시오. 주의 백성이 목자 없는 양과 같이 되지 않게 하옵소서." 이스라엘을 위한 간절한 청원이었다. '모든 육체의 생명의 하나님'은 고라의 죄 때문에 이스라엘 백성이 죽게 되었을 때 모세가 드린 기도문에 나왔던 구절이다(민 16:22).

"여호와께서 모세에게 이르시되 눈의 아들 여호수아는 그 안에 영이 머무는 자니 너는 데려다가 그에게 안수하고 그를 제사장 엘르아살과 온 회중 앞에 세우고 그들의 목전에서 그에게 위탁하여 네 존귀를 그에게 돌려 이스라엘 자손의 온 회중을 그에게 복종하게 하라(18, 19, 20절).” 하나님은 영력이 있는 눈의 아들 여호수아를 데려다가 안수한 다음 그를 제사장 엘르아살과 모든 백성들 앞에 세우고 모세의 후계자로 임명하도록 하셨다. 여호수아에게 모세가 가졌던 권한의 일부를 주어 모든 이스라엘 백성이 그에게 복종하도록 했다. 부분 권한 위임이다.

“그는 제사장 엘르아살 앞에 설 것이요 엘르아살은 그를 위하여 우림의 판결로써 여호와 앞에 물을 것이며 그와 온 이스라엘 자손 곧 온 회중은 엘르아살의 말을 따라 나가며 들어올 것이니라(21절).” 민족으로 중요한 일이 발생하여 어떤 결정을 해야 할 경우 여호수아는 제사장 엘르아살에게 가서 묻도록 했다. 엘르아살은 우림(Urim)과 둠밈(Thummim)으로 하나님의 뜻을 물을 것이다. 여호수아와 이스라엘 백성은 모든 일에 엘르아살의 지시를 받도록 했다.

우림과 둠빔이 정확히 어떤 모양을 하고 있는지는 모른다. 대제사장이 자루 모양의 흉패(breastpiece) 안에 이것을 두었다. 이것은 대제사장이 하나님의 뜻을 묻기 위해 사용하는 도구이다. 여기선 ‘우림의 판결(judgment of Urim)’ 이라 했는데, 우림과 둠빔이 더 정확한 표현이다. 우림과 둠빔은 문자적으로 빛(lights)과 완전함(perfections)을 뜻한다. 제비뽑기나 두 개의 평평한 물체 양면에 가부 표시를 해 던졌을 때 나오는 모습을 통해 가부를 정한다. 두 개 모두 가가 나오면 긍정적인 대답으로, 그 반대면 부정적인 대답으로, 각기 다른 두면이 나오면 대답이 없는 것으로 간주한다. 학자에 따라서는 우림을 히브리어 ‘아라(ara),’ 곧 ‘저주하다’ 와 연관시켜 부정적인 대답으로 간주되고, 둠밈을 ‘타맘(tamam)’ 으로 ‘완전케 되다’ 와 연관시켜 긍정적인 대답으로 해석하기도 한다.

“모세가 여호와께서 자기에게 명령하신 대로 하여 여호수아를 데려다가 제사장 엘르아살과 온 회중 앞에 세우고 그에게 안수하여 위탁하되 여호와께서 모세에게 명령하신 대로 하였더라(22, 23절)." 모세는 하나님의 말씀에 따라 여호수아를 제사장 엘르아살과 모든 백성 앞에 세우고 그에게 안수하여 그를 자기 후계자로 임명하였다.

제28장

상번제, 안식일, 월삭, 무교절, 맥추절의 제물에 관한 규례

요약

1. 날마다 드리는 제물(1-8절): 번제(상번제), 소제, 전제
2. 안식일에 드리는 제물(9, 10절): 번제, 소제, 전제
3. 월삭에 드리는 제물(11-15절): 번제, 소제, 전제, 속죄제
4. 무교절에 드리는 제물(16-25절): 번제, 소제, 전제, 속죄제
5. 맥추절에 드리는 제물(26-31절): 번제, 소제, 전제, 속죄제

1. 날마다 드리는 제물(1-8절)

"여호와께서 모세에게 말씀하여 이르시되 이스라엘 자손에게 명령하여 그들에게 이르라 내 헌물, 내 음식인 화제물 내 향기로운 것은 너희가 그 정한 시기에 삼가 내게 바칠지니라(1, 2절)." 하나님은 모세를 통해 너희가 제단에 태워 바치는 예물은 내가 먹을 양식이자 나에게 불살라 바쳐서 나를 기쁘게 하는 향기이므로 이 희생 제사를 어김없이 정해진 시기에 바치도록 명령하셨다. '내 헌물' 은 '고르반(qareban)' 으로 문자적으로 '가까이 가져온 것' 이라는 뜻이다.

"또 그들에게 이르라 너희가 여호와께 드릴 화제는 이러하니 일 년 되고 흠 없는 숫양을 매일 두 마리씩 상번제로 드리되 어린 양 한 마리는 아침에

드리고 어린 양 한 마리는 해 질 때에 드릴 것이요(3, 4절).” 먼저 번제(olah, burnt offering)를 드린다. 불로 태워 드리는 화제(offering made by fire)로 1년 된 흠 없는 수양 두 마리를 상번제(regular burnt offering)로 드린다. 상번제는 문자적으로 ‘올라 타미드(olah tamid)’로 ‘계속 드리는 번제’란 말이다. ‘매일 드리는 번제,’ ‘항상 드리는 번제,’ ‘끊임없이 드리는 번제’ 등으로 불린다. 한 마리는 아침에 드리고, 한 마리는 저녁에 드려야 한다.

“또 고운 가루 십분의 일 에바에 빻아 낸 기름 사분의 일 힌을 섞어서 소제로 드릴 것이니 이는 시내 산에서 정한 상번제로서 여호와께 드리는 향기로운 화제며(5, 6절).” 곡식으로 드리는 소제(grain offering)로는 어린 양 한 마리에 고운 밀가루 한 에바(ephah)의 10분의 1, 곧 2.2리터와 감람기름 4분의 1 힌(hin), 곧 약 1리터를 섞어 드린다. 이것은 시내 산에서 처음 시작된 것으로 매일 불로 태워 바치는 번제이며 여호와를 기쁘게 하는 향기(a pleasing aroma)이다.

“또 그 전제는 어린 양 한 마리에 사분의 일 힌을 드리되 거룩한 곳에서 여호와께 독주의 전제를 부어 드릴 것이며(7절).” 술로 바치는 전제(drink offering)로 어린 양 한 마리에 독주 약 1리터를 거룩한 곳에서 나 여호와에게 부어 바친다.

“해 질 때에는 두 번째 어린 양을 드리되 아침에 드린 소제와 전제와 같이 여호와께 향기로운 화제로 드릴 것이니라(8절).” 저녁에도 아침에 바칠 때와 마찬가지로 어린 양 한 마리에 소제와 전제를 함께 드린다. 이것도 태워 바치는 화제이며 나 여호와를 기쁘게 하는 향기이다.

2. 안식일에 드리는 제물(9, 10절)

“안식일에는 일 년 되고 흠 없는 숫양 두 마리와 고운 가루 십분의 이에 기름 섞은 소제와 그 전제를 드릴 것이니 이는 상번제와 그 전제 외에 매 안식일의 번제니라(9. 10절).” 안식일(Sabbath day)에는 일 년 된 흠 없는 수양 두 마리와 고운 밀가루 4.4리터에 감람기름을 섞은 소제와 여기에 따르는 전제를 바친다. 이것은 매일 바치는 번제와 전제 외에 안식일마다 바치는 번제이다

3. 월삭에 드리는 제물(11-15절)

“초하루에는 수송아지 두 마리와 숫양 한 마리와 일 년 되고 흠 없는 숫양 일곱 마리로 여호와께 번제를 드리되(11절).” 매월 초하루(the first of every month), 곧 월삭(月朔)에는 수송아지 두 마리와 수양 한 마리와 일 년 된 흠 없는 수양 일곱 마리를 하나님께 번제로 바친다.

“매 수송아지에는 고운 가루 십분의 삼에 기름 섞은 소제와 숫양 한 마리에는 고운 가루 십분의 이에 기름 섞은 소제와 매 어린 양에는 고운 가루 십분의 일에 기름 섞은 소제를 향기로운 번제로 여호와께 화제를 드릴 것이며(12, 13절).” 소제로는 수송아지 한 마리마다 고운 밀가루 6.6리터에 기름을 섞어 바친다. 수양 한 마리에는 고운 밀가루 4.4리터에 기름을 섞어 바친다. 그리고 어린 양 한 마리에는 고운 밀가루 2.2리터를 기름에 섞어 불로 태워 바친다. 이것은 하나님에게 향기로운 번제이다.

“그 전제는 수송아지 한 마리에 포도주 반 힌이요 숫양 한 마리에 삼분의 일 힌이요 어린 양 한 마리에 사분의 일 힌이니 이는 일 년 중 매월 초하루의 번제며(14절).” 전제로 드리는 포도주는 수송아지 한 마리에 약 1.8리터, 수양 한 마리에 약 1.2리터, 어린 양 한 마리에 약 1리터씩 바친다. 이것은 일 년 내내 매월 초하루에 불로 태워 바치는 번제이다.

“또 상번제와 그 전제 외에 숫염소 한 마리를 속죄제로 여호와께 드릴 것이니라(15절).” 월삭에는 매일 바치는 번제와 그 전제 외에 수염소 한

마리를 속죄제로 하나님께 바친다.

4. 무교절에 드리는 제물(16-25절)

"첫째 달 열넷째 날은 여호와를 위하여 지킬 유월절이며 또 그 달 열다섯째 날부터는 명절이니 이레 동안 무교병을 먹을 것이며 그 첫날에는 성회로 모일 것이요 아무 일도 하지 말 것이며(16, 17, 18절)." 1월 14일은 여호와를 기념하는 유월절(the LORD's Passover)이다. 5일부터는 7일 동안에 명절인 무교절(Feast of Unleavened Bread)이 시작된다. 이 기간 동안 너희는 누룩 넣지 않은 빵을 먹는다. 이 명절 첫날에는 거룩한 모임을 갖고 아무 일도 하지 않는다.

"수송아지 두 마리와 숫양 한 마리와 일 년 된 숫양 일곱 마리를 다 흠 없는 것으로 여호와께 화제를 드려 번제가 되게 할 것이며(19절)." 수송아지 두 마리와 수양 한 마리와 일 년 된 수양 일곱 마리를 다 흠 없는 것으로 하나님께 번제로 드린다.

"그 소제로는 고운 가루에 기름을 섞어서 쓰되 수송아지 한 마리에는 십분의 삼이요 숫양 한 마리에는 십분의 이를 드리고 어린 양 일곱에는 어린 양 한 마리마다 십분의 일을 드릴 것이며(20, 21절)." 그 소제는 고운 밀가루에 기름을 섞어서 바친다. 밀가루는 수송아지 한 마리에 6.6리터, 수양 한 마리에 4.4리터, 어린 양 한 마리에 2.2리터씩 소제로 바친다.

"또 너희를 속죄하기 위하여 숫염소 한 마리로 속죄제를 드리되 아침의 번제 곧 상번제 외에 그것들을 드릴 것이니라(22, 23절)." 그리고 너희 죄를 속하기 위해 수염소 한 마리를 속죄 제물로 바치도록 하라. 이것은 매일 아침 드리는 번제 외에 바치는 것이다.

"너희는 이 순서대로 이레 동안 매일 여호와께 향기로운 화제의 음식을 드리되 상번제와 그 전제 외에 드릴 것이며 일곱째 날에는 성회로 모일 것이요 아무 일도 하지 말 것이니라(24, 25절)." 이와 똑같은 방법으로 7일 동안 매일 이 제물들을 하나님께 바친다. 내가 받을 음식을, 나 여호와께 불살라 바치는 제사, 곧 기쁘게 하는 향기로 바쳐라. 이것은 나의 음식이며 나를 기쁘게 하는 향기로운 화제이다. 너희는 이것을 매일 바치는 번제와 전제 외에 따로 바쳐야 한다. 7일째 되는 날에는 성회(a sacred assembly)로 거룩한 모임을 가지고 아무 일도 하지 말라.

5. 맥추절에 드리는 제물(26-31절)

"칠칠절 처음 익은 열매를 드리는 날에 너희가 여호와께 새 소제를 드릴 때에도 성회로 모일 것이요 아무 일도 하지 말 것이며(26절)." 처음 익은 열매(first fruits)를 드리는 날, 햇곡식(new grain)의 날, 곧 새 곡식제물을 여호와께 가져오는 칠칠절(Feast of Weeks)에는 거룩한 모임을 열고, 생업을 위한 일(regular work)은 아무것도 하지 말라.

칠칠절은 무교절 첫날 보리의 첫 이삭을 하나님께 요제로 드리고 난 7주를 말한다. 그 때가 보리의 마지막 시기여서 맥추절(Feast of Harvest)이라 하고, 보리 첫 이삭을 드린 날로부터 50일째 되는 날이어서 오순절(Pentecost)이라 한다. 신약에서는 오순절 성령강림 후 성령강림절로 지켰다.

"수송아지 두 마리와 숫양 한 마리와 일 년 된 숫양 일곱 마리로 여호와께 향기로운 번제를 드릴 것이며(27절)." 너희는 하나님께 수송아지 두 마리와 숫양 한 마리와 일 년 된 어린 숫양 일곱 마리를 향기로운 번제로 바쳐라.

"그 소제로는 고운 가루에 기름을 섞어서 쓰되 수송아지 한 마리마다 십분의 삼이요 숫양 한 마리에는 십분의 이요 어린 양 일곱 마리에는 어린 양 한 마리마다 십분의 일을 드릴 것이며(28, 29절)." 여기에 따르는 소제는 고운 밀가루에 기름을 섞어서 바친다. 밀가루는 수송아지 한 마리에 6.6리터, 수양 한 마리에 4.4리터, 어린 양 한 마리에 2.2리터씩 바친다.

"또 너희를 속죄하기 위하여 숫염소 한 마리를 드리되 너희는 다 흠 없는 것으로 상번제와 그 소제와 전제 외에 그것들을 드릴 것이니라(30, 31절)." 너희 죄를 속하기 위해 수염소 한 마리를 바친다. 매일 드리는 번제와 소제와 전제 외에 이 제물들을 흠이 없는 것으로 드려야 한다.

제29장

나팔절, 속죄일, 초막절의 제물에 관한 규례

요약

1. 나팔절의 제물(1-6절)
   1) 7월 1일. 번제, 소제, 속죄제

2. 대속죄일의 제물(7-11절)
   1) 7월 10일. 번제, 소제, 속죄제

3. 초막절의 제물(12-40절)
   1) 7월 15일, 성회, 번제, 소제, 속죄제
   2) 둘째 날(7월 16일)에서 여덟째 날(끝날, 7월 22일)까지 드릴 제물(17-38절)
   3) 이 절기에는 서원제나 낙헌제 외에 번제, 소제, 전제, 화목제를 드릴 것

1. 나팔절의 제물(1-6절)

"일곱째 달에 이르러는 그 달 초하루에 성회로 모이고 아무 노동도 하지 말라 이는 너희가 나팔을 불 날이니라(1절)." 본래 매월 첫날은 새달이라

하여 특별히 번제, 화목제, 속죄제를 드리며 그 제물 위에 나팔을 불어야 했다. 그런데 특별히 큰 절기인 7월 1일은 성회로 모이는 나팔절(Feast of Trumpets)로, 보통 매월 첫날에 드리는 제물보다 더 많은 번제물과 속죄제물을 드려야 했다. 이른바 나팔절이다. 이 절기는 새해를 기념하는 신년제로 유대 절기중 하나이다. 그 날은 노동을 하지 않고 성회로 모이며 안식해야 한다. 레위기 23장에 따르면 하나님은 이스라엘이 지켜야할 7절기를 주셨다. 봄에 지킬 네 절기로 유월절, 무교절, 초실절, 칠칠절이 있고, 가을에 지키는 세 절기로 나팔절, 대속죄일, 초막절이 있다. 나팔을 부는 일은 매 월삭마다 행해졌지만 이 날을 나팔절이라 한 것은 나팔 부는 것을 특별히 나타낸 것이다. 이스라엘이 사용한 나팔에는 수양이나 염소의 뿔로 만든 나팔(Shofar)과 제사장이 부는 은나팔(chatsotsrah, hazozerah)이 있다.

"너희는 수송아지 한 마리와 숫양 한 마리와 일 년 되고 흠 없는 숫양 일곱 마리를 여호와께 향기로운 번제로 드릴 것이며(2절)." 수송아지 한 마리와 수양 한 마리와 일 년 된 어린 수양 일곱 마리를 흠이 없는 것으로 하나님께 향기로운 번제로 드린다.

"그 소제로는 고운 가루에 기름을 섞어서 쓰되 수송아지에는 십분의 삼이요 숫양에는 십분의 이요 어린 양 일곱 마리에는 어린 양 한 마리마다 십분의 일을 드릴 것이며(3, 4절)." 그에 따르는 소제는 고운 밀가루에 기름을 섞어서 바친다. 밀가루는 수송아지에 6.6리터, 수양에 4.4리터, 어린 양 한 마리에 대해 2.2리터씩 드린다.

"또 너희를 속죄하기 위하여 숫염소 한 마리로 속죄제(sin offering)를 드리되 그 달의 번제와 그 소제와 상번제와 그 소제와 그 전제 외에 그 규례를 따라 향기로운 냄새로 화제를 여호와께 드릴 것이니라(5, 6절)." 너희 죄를 속하기 위해 수염소 한 마리를 속죄 제물로 바친다. 매월 초하루와 날마다 드리는 번제, 소제, 전제 외에 이 제물들을 바쳐야 한다. 이것은 하나님을 기쁘게 하는 향기로운 화제이다.

2. 대속죄일의 제물(7-11절)

"일곱째 달 열흘날에는 너희가 성회로 모일 것이요 너희의 심령을 괴롭게 하며 아무 일도 하지 말 것이니라(7절)." 대속죄일(Day of Atonement)인 7월 10일에는 거룩한 모임을 갖고 금식하며 아무 일도 하지 않는다. 대제사장이 자신과 온 백성의 죄를 속하기 위해 속죄의 피를 들고 1년에 한번 지성소에 들어갈 수 있는 유일한 날이다. 이 날은 온 백성이 안식을 하면서도 자기 스스로 몸을 괴롭게 하는 날이다. 몸을 괴롭게 한다는 것은 주로 금식을 의미한다. 자신을 살피고 회개하는 일에 마음을 쏟는 것이다. 자기 몸을 괴롭게 하며 지키도록 한 날은 속죄일뿐이다. 따라서 이 날은 1년 중 가장 중요한 날 중의 하나다.

"너희는 수송아지 한 마리와 숫양 한 마리와 일 년 된 숫양 일곱 마리를 다 흠 없는 것으로 여호와께 향기로운 번제를 드릴 것이며(8절)." 수송아지 한 마리와 수양 한 마리와 일 년 된 어린 수양 일곱 마리 모두 다 흠이 없는 것으로 하나님께 향기로운 번제로 바친다.

"그 소제로는 고운 가루에 기름을 섞어서 쓰되 수송아지 한 마리에는 십분의 삼이요 숫양 한 마리에는 십분의 이요 어린 양 일곱 마리에는 어린 양 한 마리마다 십분의 일을 드릴 것이며(9, 10절)." 그에 따른 소제는 고운 밀가루에 기름을 섞어서 바친다. 밀가루는 수송아지에 6.6리터, 수양에 4.4리터, 어린 양 한 마리에 대해 2.2리터씩 바친다. "속죄제와 상번제와 그 소제와 그 전제 외에 숫염소 한 마리를 속죄제로 드릴 것이니라(11절)." 수염소 한 마리를 속죄 제물로 바친다. 이것은 매년 속죄일에 드리는 속죄제와 날마다 드리는 번제와 소제와 전제 외에 별도로 바친다.

3. 초막절의 제물(12-40절)

"일곱째 달 열다섯째 날에는 너희가 성회로 모일 것이요 아무 일도 하지 말 것이며 이레 동안 여호와 앞에 절기를 지킬 것이라(12절).” 7월 15일부터 22일까지 7일 동안 하나님 앞에서 초막절(Feast of Booths, Feast of Tabernacles)로 지킨다. 15일 첫날에는 거룩한 모임을 갖고 아무 일도 하지 않는다. 초막절은 이스라엘이 이집트에서 인도함을 받아 광야에서 장막생활을 한 일을 기념한다. 초막절은 1년 동안 수고한 모든 곡식을 다 거두고 나서 지키는 절기이므로 수장절이라 한다. 풍성한 수확을 감사하며 기쁨으로 지킨다.

“너희 번제로 여호와께 향기로운 화제를 드리되 수송아지 열세 마리와 숫양 두 마리와 일 년 된 숫양 열네 마리를 다 흠 없는 것으로 드릴 것이며(13절).” 이 명절의 첫날에는 하나님을 기쁘게 하는 향기로운 번제로 수송아지 13마리와 수양 2마리와 일 년 된 어린 수양 14마리를 다 흠 없는 것으로 드린다.

“소제로는 고운 가루에 기름을 섞어서 수송아지 열세 마리에는 각기 십분의 삼이요 숫양 두 마리에는 각기 십분의 이요 어린 양 열네 마리에는 각기 십분의 일을 드릴 것이며(14, 15절).” 이에 따르는 소제는 고운 밀가루에 기름을 섞어서 바친다. 밀가루는 수송아지 한 마리에 6.6리터, 수양 한 마리에 4.4리터, 어린 양 한 마리에 2.2리터씩 드린다.

“상번제와 그 소제와 그 전제 외에 숫염소 한 마리를 속죄제로 드릴 것이니라(16절).” 수염소 한 마리를 속죄 제물로 바친다. 이것은 매일 드리는 번제와 소제와 전제 외에 바친다.

“둘째 날에는 수송아지 열두 마리와 숫양 두 마리와 일 년 되고 흠 없는 숫양 열네 마리를 드릴 것이며 그 소제와 전제는 수송아지와 숫양과 어린 양의 수효를 따라서 규례대로 할 것이며 상번제와 그 소제와 그 전제 외에 숫염소 한 마리를 속죄제로 드릴 것이니라(17, 18, 19절).” 그 명절의 둘째 날에는 수송아지 12마리와 수양 2마리와 일 년 된 어린 수양 14마리를 다 흠 없는 것으로 바치고 이에 따르는 소제와 전제, 그리고 수염소의 속죄제도 첫날의 규정대로 드린다. 첫날보다 수송아지 수 하나가 줄어들었다.

"셋째 날에는 수송아지 열한 마리와 숫양 두 마리와 일 년 되고 흠 없는 숫양 열네 마리를 드릴 것이며 그 소제와 전제는 수송아지와 숫양과 어린 양의 수효를 따라서 규례대로 할 것이며 상번제와 그 소제와 그 전제 외에 숫염소 한 마리를 속죄제로 드릴 것이니라(20, 21, 22절)." 셋째 날에는 수송아지 11마리와 수양 2마리와 일 년 된 어린 수양 14마리를 다 흠 없는 것으로 바치고 이에 따른 소제와 전제, 그리고 수염소의 속죄제도 첫날의 규정대로 바친다. 수송아지 수가 전날보다 하나 줄어들었다.

"넷째 날에는 수송아지 열 마리와 숫양 두 마리와 일 년 되고 흠 없는 숫양 열네 마리를 드릴 것이며 그 소제와 전제는 수송아지와 숫양과 어린 양의 수효를 따라 규례대로 할 것이며 상번제와 그 소제와 그 전제 외에 숫염소 한 마리를 속죄제로 드릴 것이니라(23, 24, 25절)." 내용은 셋째 날과 같지만 드리는 수송아지 수가 하나 적은 10마리다.

"다섯째 날에는 수송아지 아홉 마리와 숫양 두 마리와 일 년 되고 흠 없는 숫양 열네 마리를 드릴 것이며 그 소제와 전제는 수송아지와 숫양과 어린 양의 수효를 따라서 규례대로 할 것이며 상번제와 그 소제와 그 전제 외에 숫염소 한 마리를 속죄제로 드릴 것이니라(26, 27, 28절)." 내용은 넷째 날과 같지만 드리는 수송아지 수가 하나 적은 9마리다.

"여섯째 날에는 수송아지 여덟 마리와 숫양 두 마리와 일 년 되고 흠 없는 숫양 열네 마리를 드릴 것이며 그 소제와 전제는 수송아지와 숫양과 어린 양의 수효를 따라서 규례대로 할 것이며 상번제와 그 소제와 그 전제 외에 숫염소 한 마리를 속죄제로 드릴 것이니라(29, 30, 31절)." 내용은 다섯째 날과 같지만 드리는 수송아지 수가 하나 적은 8마리다.

"일곱째 날에는 수송아지 일곱 마리와 숫양 두 마리와 일 년 되고 흠 없는 숫양 열네 마리를 드릴 것이며 그 소제와 전제는 수송아지와 숫양과 어린 양의 수효를 따라 규례대로 할 것이며 상번제와 그 소제와 그 전제 외에 숫염소 한 마리를 속죄제로 드릴 것이니라(32, 33, 34절).” 내용은 여섯째 날과 같지만 드리는 수송아지 수가 하나 적은 7마리다. 7마리까지 내려간 것은 완전을 의미하는 7과도 연관이 있어 보인다.

“여덟째 날에는 장엄한 대회로 모일 것이요 아무 일도 하지 말 것이며 번제로 여호와께 향기로운 화제를 드리되 수송아지 한 마리와 숫양 한 마리와 일 년 되고 흠 없는 숫양 일곱 마리를 드릴 것이며 그 소제와 전제는 수송아지와 숫양과 어린 양의 수효를 따라 규례대로 할 것이며 상번제와 그 소제와 그 전제 외에 숫염소 한 마리를 속죄제로 드릴 것이니라(35-38절).” 여덟째 날(제8일), 곧 명절의 마지막 날로 축제를 마감하는 날이다. 이 날에는 마감을 위한 성회(closing assembly)를 가지고 아무 일도 하지 않는다. 하나님을 기쁘게 하는 향기로운 번제로 수송아지 1마리와 수양 1마리와 일 년 된 어린 수양 7마리를 다 흠 없는 것으로 엄선하여 드린다. 수송아지 수와 수양의 수가 다른 날과 다르다. 이에 따른 소제와 전제와 수염소의 속죄제도 첫날의 규정대로 드린다. 초막절의 제물 총수는 수송아지 70마리, 수양 14마리, 어린 양 98마리로 1년 중 가장 큰 절기였다. 이 제물들은 매일 드리는 상번제와 소제와 전제의 제물을 뺀 것이다. 이 제물을 드림에 있어서 흠 없는 것이야 함을 강조하고 있다. 상처가 없는 완전한 것을 드리는 것은 그만큼 완전한 제사를 드려야 한다는 것을 말해준다.

“너희가 이 절기를 당하거든 여호와께 이같이 드릴지니 이는 너희의 서원제나 낙헌제로 드리는 번제, 소제, 전제, 화목제 외에 드릴 것이니라(39절).” 이상의 제물들은 보통 때 자진해서 드리는 낙헌제(freewill offering)와 서약(vow)을 지키는 서원제 외에 명절 때마다 하나님께 드려야 할 번제, 소제, 전제, 화목제에 관한 규정이다.

“모세가 여호와께서 모세에게 명령하신 모든 일을 이스라엘 자손에게 말하니라(40절).” 모세는 하나님이 말씀하신 절기에 관한 모든 사항을 이스라엘 백성에게 그대로 전하고 약속의 땅에 가서 실행하도록 했다.

제30장

여성의 서원에 관한 규례

요약

1. 결혼 전 딸의 서원에는 아버지의 허락이 필요하다(1-5절)

1) 사람이 하나님께 서원했거나 마음을 제어하기로 서약했을 경우 그 입에서 나온 대로 다 행할 것.

2) 그러나 여자가 어려 아비 집에 있을 때 서원한 것은 아비가 듣고 제어하면 아비가 허락지 아니했으니 하나님이 사하리라.

2. 결혼 후 아내의 서원에는 남편의 허락이 필요하다(6-16절)

1) 남편을 맞을 때 경솔히 서원한 것을 남편이 듣고 허락지 아니한 경우나 아내가 남편의 집에 있어 서원한 것을 남편이 듣고 허락지 아니한 경우 남편이 무효케 했은즉 사하리라.

2) 남편이 듣고도 말이 없으면 그 서원을 지키고, 남편이 듣고 얼마 후 그것을 무효케 하면 그가 아내의 죄를 담당한다.

1. 결혼 전 딸의 서원에는 아버지의 허락이 필요하다(1-5절)

"모세가 이스라엘 자손 지파의 수령들에게 말하여 이르되 여호와의 명령이 이러하니라 사람이 여호와께 서원하였거나 결심하고 서약하였으면 깨뜨리지 말고 그가 입으로 말한 대로 다 이행할 것이니라(1, 2절).” 모세가 각 지파의 지도자들을 모아 놓고 서원에 관한 하나님의 명령을 전했다. 어떤 사람이 여호와께 무엇을 하겠다고 서약하거나(make a vow) 어떤 일을 하지 않겠다고 맹세(pledge)한 경우 그는 자기가 한 말을 어기지 말고 반드시 지켜야 한다. 서약 준수가 기본이다.

‘입으로 말한 대로 다 이행할 것이니라(he must do everything he said).’ 히브리인들은 말을 중시한다. 이미 입 밖으로 나온 말은 무시될 수 없다. 하나님 앞에서 책임져야 할 말이기 때문이다. 그러나 여성의 경우 서원을 했다 해도 결혼 전에는 아버지의 허락이 필요하고, 결혼 후에는 남편의 동의가 필요하다. 허락을 얻지 못하면 서약은 무효화된다.

“또 여자가 만일 어려서 그 아버지 집에 있을 때에 여호와께 서원한 일이나 스스로 결심하려고 한 일이 있다고 하자 그의 아버지가 그의 서원이나 그가 결심한 서약을 듣고도 그에게 아무 말이 없으면 그의 모든 서원을 행할 것이요 그가 결심한 서약을 지킬 것이니라(3, 4절).” 시집가지 않은 딸이 하나님을 향해 무엇을 하겠다고 서약하거나 어떤 일을 하지 않겠다고 맹세할 때 그녀의 아버지가 그것을 듣고도 아무 말이 없으면 허락한 것으로 간주하고 그 서약이나 맹세를 지켜야 한다.

“그러나 그의 아버지가 그것을 듣는 날에 허락하지 아니하면 그의 서원과 결심한 서약을 이루지 못할 것이니 그의 아버지가 허락하지 아니하였은즉 여호와께서 사하시리라(5절).” 그러나 아버지가 허락하지 않은 경우 그것을 지키지 않아도 된다. 딸을 보호할 책임이 있는 아버지가 허락하지 않았기 때문에 하나님께서도 용서하실 것이다. 여호와께서 사하신다는 것은 서원하여 지켜야 하는 책임을 면제시켜주며, 그 서원을 행하지 않아도 아무런 해를 받지 않게 된다는 것이다.

2. 결혼 후 아내의 서원에는 남편의 허락이 필요하다(6-16절)

"또 혹시 남편을 맞을 때에 서원이나 결심한 서약을 경솔하게 그의 입술로 말하였으면 그의 남편이 그것을 듣고 그 듣는 날에 그에게 아무 말이 없으면 그 서원을 이행할 것이요 그가 결심한 서약을 지킬 것이니라(6, 7절)." 여자가 결혼하게 되면 아버지의 보호아래 있다가 남편으로 넘어간다. 어떤 여성이 처녀 시절에 무슨 서약을 하거나 경솔한 약속을 했는데 결혼한 후에 남편이 그것을 듣고도 아무 말이 없으면 그녀는 자기의 서약이나 약속을 지켜야 한다. 남편이 허락한 것으로 간주한다.

'남편을 맞을 때(if she marries after she makes a vow)' 는 결혼하게 될 경우로 실질적인 결혼뿐 아니라 약혼기간까지 포함되어 있다. 이스라엘에서 여인이 약혼을 하게 되면 결혼할 때까지 비록 아비의 집에서 살고 있다 해도 그녀의 소유는 모두 남편에게 귀속되는 것으로 여겨졌고, 이 기간의 부정도 간음으로 간주되어 돌에 맞아 죽게 되었다(신 22:23, 24). 따라서 남편은 약혼 기간에 행해진 약혼녀의 서원에 대해 책임을 져야 했다.

"그러나 그의 남편이 그것을 듣는 날에 허락하지 아니하면 그 서원과 결심하려고 경솔하게 입술로 말한 서약은 무효가 될 것이니 여호와께서 그 여자를 사하시리라(8절)." 그러나 그 남편이 반대하면 그녀는 그 서약이나 약속을 지키지 않아도 된다. 하나님께서 그녀를 용서해 주실 것이다.

"과부나 이혼 당한 여자의 서원이나 그가 결심한 모든 서약은 지킬 것이니라(9절)." 과부나 이혼한 여자가 어떤 서약이나 맹세를 한 경우 그녀는 반드시 그것을 지켜야 한다. 어느 남자에게도 속하지 않은 독립된 존재이기 때문이다. 과부가 되거나 이혼한 경우 보통 아버지의 집으로 돌아오거나 자식 중 하나에 몸을 의탁하게 된다. 그런 경우라 할지라도 아비나 아들이 그녀의 서원을 취소시킬 수 없었다.

"부녀가 혹시 그의 남편의 집에서 서원을 하였다든지 결심하고 서약을 하였다 하자 그의 남편이 그것을 듣고도 아무 말이 없고 금하지 않으면 그 서원은 다 이행할 것이요 그가 결심한 서약은 다 지킬 것이니라(10, 11절).” 아내가 어떤 서약이나 맹세를 할 때 남편이 그 말을 듣고도 아무 말이 없거나 반대하지 않으면 그녀는 그것을 반드시 지켜야 한다.

“그러나 그의 남편이 그것을 듣는 날에 무효하게 하면 그 서원과 결심한 일에 대하여 입술로 말한 것을 아무것도 이루지 못하나니 그의 남편이 그것을 무효하게 하였은즉 여호와께서 그 부녀를 사하시느니라(12절).” 하지만 남편이 반대하면 그 서약이나 맹세는 무효다. 남편이 그것을 지키지 못하게 했기 때문에 하나님께서도 용서해 주실 것이다.

“모든 서원과 마음을 자제하기로 한 모든 서약은 그의 남편이 그것을 지키게도 할 수 있고 무효하게도 할 수 있으니(13절).” 남편은 이처럼 아내의 서약이나 맹세를 지키게(confirm) 할 수도 있고 무효가 되게(nullify) 할 수도 있다. ‘마음을 자제하기로 한 모든 서약(any sworn pledge to deny herself)’ 은 속죄일과 관련해 금식일 가능성도 있다. 하지만 단지 금식만 가리킨다기보다 어떤 행동이든 정신적인 일에서든 스스로 자제하기로 서약하는 경우일 수 있다.

“그의 남편이 여러 날이 지나도록 말이 없으면 아내의 서원과 스스로 결심한 일을 지키게 하는 것이니 이는 그가 그것을 들을 때에 그의 아내에게 아무 말도 아니하였으므로 지키게 됨이니라 그러나 그의 남편이 들은 지 얼마 후에 그것을 무효하게 하면 그가 아내의 죄를 담당할 것이니라(14, 15절).” 남편이 아내의 서원 내용을 듣고도 여러 날 아무 말이 없으면 그것에 동의한 것으로 보고 아내는 그것을 다 지켜야 한다. 그런데 남편이 그 말을 듣고 얼마쯤 있다가 강압적이든 아니든 그것을 반대해 지키지 못하게 할 수 있다. 그런 경우 남편은 그 서약이나 맹세를 어기게 된 아내의 죄에 대해 책임을 져야(responsible for her guilt) 한다. 처음에 말이 없었던 것은 동의했기 때문이다. 그럼에도 불구하고 서원을 취소시킨 경우 서원 불이 행으로 인해 아내에게 내려질 죄에 대한 징벌을 남편이 대신 받아야 한다.

"이는 여호와께서 모세에게 명령하신 규례니 남편이 아내에게, 아버지가 자기 집에 있는 어린 딸에 대한 것이니라(16절)." 민수기 30장은 서약이나 맹세에 대해 남편과 아내, 아버지와 시집가지 않은 딸과의 관계에 관하여 하나님께서 모세에게 주신 규례다.

제31장

미디안 정복과 전리품 분배

요약

1. 미디안을 정복하다(1-12절)

1) 하나님이 모세로 이스라엘 자손의 원수를 미디안에게 갚으라 하니 각 지파에서 1,000명씩 도합 12,000명을 무장시키고 엘르아셀의 아들 비느하스로 성소의 기구와 신호나팔을 들려 싸움터에 보냄.
2) 미디안의 남자와 그 다섯 왕 또 브올의 아들 발람을 죽이고 미디안의 부녀자들과 짐승을 다 취해 모압 평지로 돌아옴.

2. 살려둔 자에 대한 조치(13-18절)

1) 모세가 군대장관에게 여자들을 다 살려둠에 노함(이들이 발람의 꾀를 좇아 이스라엘 자손으로 하나님 앞에 범죄케 하여 하나님의 회중에 염병이 일어나게 했느니라).
2) 아이 중 남자는 다 죽이고 여자 중 사내와 접촉하지 않은 여자 외에는 다 죽이게 함.

3. 참전병사들에게 결례를 명령하다(19-24절)

1) 살인자나 시체를 만진 자는 제3일과 7일에 몸을 깨끗하게 할 것. 포로, 의복, 가죽, 염소털, 나무로 만든 것을 다 깨끗케 할 것.
2) 불에 견딜만한 물건은 불을, 불에 견디지 못할 것은 물을 지나가게 하여 깨끗하게 한 후에 진에 들어올 것.

4. 전리품을 분배하다(25-54절)

1) 탈취한 사람과 물건을 계수하여 그 반은 싸움에 나간 군인에게, 그 반은 회중에게 분배.
2) 군인은 500분의 1을 거제로 드려 제사장에게 주고, 회중은 50분의 1을 레위인에게 주도록 함.
3) 싸움에 나간 군인을 계수한 즉 하나도 죽지 아니했으므로 각 사람이 얻은바 금패물을 하나님께 거제로 드리니 금의 합이 16,750세겔이었음.

---

1. 미디안을 정복하다(1-12절)

"여호와께서 모세에게 말씀하여 이르시되 이스라엘 자손의 원수를 미디안에게 갚으라 그 후에 네가 네 조상에게로 돌아가리라(1, 2절)." 하나님은 모세에게 미디안을 공격하도록 하셨다. 이 명령은 이미 민수기 25:16-18에서 주신 바 있다. 미디안 사람들은 초기 광야생활 때 이스라엘과의 관계가 좋았다. 그럼에도 불구하고 그들을 치라고 하신 것은 싯딤에 있을 때 이스라엘이 그들로 인해 바알브올 사건에 휘말려 많은 사람이 죽었기 때문이다. 미디안을 치는 것은 원수를 갚는 것이다. 그 후에 모세를 그의 조상에게 돌아가도록 하겠다(gathered to your people) 하셨다. 조상에게 돌아간다는 것은 그의 죽게 될 것을 의미한다.

"모세가 백성에게 말하여 이르되 너와 함께 있는 사람들 가운데서 전쟁에 나갈 사람들을 무장시키고 미디안을 치러 보내어 여호와의 원수를 갚되 이스라엘 모든 지파에게 각 지파에서 천 명씩을 전쟁에 보낼지니라 하매 각 지파에서 천 명씩 이스라엘 백만 명 중에서 만 이천 명을 택하여 무장을 시킨지라(3, 4, 5절)." 모세가 백성들에게 미디안과 싸울 사람들을 무장시켜 여호와의 원수를 갚자며 각 지파마다 1,000명씩 뽑도록 했다. 각 지파에서 1,000명씩 뽑아 모두 12,000명을 무장시켰다.

미디안을 '여호와의 원수(the LORD's vengeance)' 라 한 것은 미디안 족속이 이스라엘을 유혹하여 우상숭배를 하게 했고, 결국 하나님과 이스라엘 백성 사이의 관계를 깨뜨렸기 때문이다. 바알브올의 우상숭배는 육적인 음행은 물론 영적으로도 하나님을 배반한 음행이었다. 따라서 미디안 공격은 이스라엘이 원수를 갚는 것이기도 하지만 여호와의 원수를 갚는 것이기도 하다. 성전이다.

"모세가 각 지파에 천 명씩 싸움에 보내되 제사장 엘르아살의 아들 비느하스에게 성소의 기구와 신호나팔을 들려서 그들과 함께 전쟁에 보내매(6절)." 모세는 그들을 전쟁터로 내보냈다. 동시에 제사장 엘르아살의 아들 비느하스로 하여금 성소의 기구와 신호나팔을 가지고 따라가도록 했다. 고스비 사건(민 25장)에서 용감하게 행동했던 비느하스가 진군 때 제사장으로서 거룩한 나팔을 불고 군대의 사기를 드높였을 것이다.

"그들이 여호와께서 모세에게 명령하신 대로 미디안을 쳐서 남자를 다 죽였고 그 죽인 자 외에 미디안의 다섯 왕을 죽였으니 미디안의 왕들은 에위와 레겜과 수르와 후르와 레바이며 또 브올의 아들 발람을 칼로 죽였더라(7, 8절)." 이스라엘 군대가 미디안을 쳐서 남자들을 모조리 죽였고, 미디안의 다섯 왕 에위, 레겜, 수르, 후르, 레바를 죽였다. 여호수아 13:21에 따르면 이 다섯 왕은 시혼의 방백들로 시혼이 다스리던 나라의 일부 영토를 맡아 통치했다. 미디안 사람은 원래 유목민이었지만 이로 인해 성읍에 거하게 되었다. 죽은 왕 중 수르(Zur)는 고스비의 아비였다(민 25:15). 나아가 브올의 아들 발람도 칼로 죽였다. 그는 민수기 22-24장의 주인공이었으나 미디안 족속에게 충고해 이스라엘을 우상숭배와 음행에 빠지게 하고, 결국 이스라엘을 멸망시키려 한 이중적 인물이었다.

“이스라엘 자손이 미디안의 부녀들과 그들의 아이들을 사로잡고 그들의 가축과 양 떼와 재물을 다 탈취하고 그들이 거처하는 성읍들과 촌락을 다 불사르고 탈취한 것, 노략한 것, 사람과 짐승을 다 빼앗으니라(9-11절).” 이스라엘 군대는 미디안 여자들과 아이들을 사로잡고 가축을 포함한 그들의 모든 재산을 전리품으로 삼았으며 그들의 성과 마을을 모조리 불태웠다. ‘양 떼’는 ‘미크네헴(miqnehem)’으로 ‘그들의 (소나 양) 떼(their flocks)’라는 뜻이다.

“그들이 사로잡은 자와 노략한 것과 탈취한 것을 가지고 여리고 맞은편 요단 강 가 모압 평지의 진영에 이르러 모세와 제사장 엘르아살과 이스라엘 자손의 회중에게로 나아오니라(12절).” 이스라엘 군대는 전리품을 가지고 짐승들과 사로잡은 자들을 끌고 모세와 제사장 엘르아살과 백성들이 진을 치고 있는 모압 평야를 향해 출발하였다.

2. 살려둔 자에 대한 조치(13-18절)

“모세와 제사장 엘르아살과 회중의 지도자들이 다 진영 밖에 나가서 영접하다가 모세가 군대의 지휘관 곧 싸움에서 돌아온 천부장들과 백부장들에게 노하니라 모세가 그들에게 이르되 너희가 여자들을 다 살려두었느냐(13, 14, 15절).” 모세와 엘르아살과 백성의 지도자들이 개선하는 이스라엘 군을 환영하러 진 밖으로 나갔다. 모세는 전쟁터에서 돌아온 지휘관들에게 화를 내며 말했다. “귀관들은 왜 여자들을 모두 살려 두었는가?” 모세가 화난 이유는 16절에 있다.

“보라 이들이 발람의 꾀를 따라 이스라엘 자손을 브올의 사건에서 여호와 앞에 범죄하게 하여 여호와의 회중 가운데에 염병이 일어나게 하였느니라(16절).” 모세가 화난 이유는 간단했다. 이들이 바로 발람의 조언에 따라 브올에서 이스라엘 백성을 유혹하여 여호와께 죄를 범하게 하고 그들 가운데 전염병이 퍼지게 한 장본인들이기 때문이다. 따라서 미디안 여인들을 산채로 잡아온 것은 복수의 본질을 변질시키는 행위에 해당한다. 그 여인들은 마땅히 죽었어야 했다.

"그러므로 아이들 중에서 남자는 다 죽이고 남자와 동침하여 사내를 아는 여자도 다 죽이고 남자와 동침하지 아니하여 사내를 알지 못하는 여자들은 다 너희를 위하여 살려둘 것이니라(17절)." 남자아이들과 남자와 성관계를 가진 여자들 모두 죽이도록 했다. 남자와 성관계를 갖지 않은 여자들은 귀관들을 위해 살려 두도록 했다. '사내를 안다'에서 '안다'는 '야다(yada)'로 성 관계를 의미한다.

3. 참전병사들에게 결례를 명령하다(19-24절)

"너희는 이레 동안 진영 밖에 주둔하라 누구든지 살인자나 죽임을 당한 사체를 만진 자는 셋째 날과 일곱째 날에 몸을 깨끗하게 하고 너희의 포로도 깨끗하게 할 것이며 모든 의복과 가죽으로 만든 모든 것과 염소털로 만든 모든 것과 나무로 만든 모든 것을 다 깨끗하게 할지니라(19, 20절)." 참전한 군인들은 사람을 죽이고 시체를 만졌기 때문에 정결 규례에 따라 7일 동안 진 밖에 있도록 했다. 그리고 3일째 되는 날과 7일째 되는 날에는 군인들과 사로잡혀온 자들 모두 몸을 깨끗이 하도록 명령했다. 나가 사람뿐 아니라 모든 의복과 가죽 제품, 염소털이나 나무로 만든 물건도 모두 정결하게 하도록 했다.

"제사장 엘르아살이 싸움에 나갔던 군인들에게 이르되 이는 여호와께서 모세에게 명령하신 율법이니라 금, 은, 동, 철과 주석과 납 등의 불에 견딜 만한 모든 물건은 불을 지나게 하라 그리하면 깨끗하려니와 다만 정결하게 하는 물로 그것을 깨끗하게 할 것이며 불에 견디지 못할 모든 것은 물을 지나게 할 것이니라(21, 22, 23절)." 그 다음 제사장 엘르아살이 참전 군인들에게 하나님이 모세에게 주신 규례라며 금, 은, 동, 철, 주석, 납과 같이 불에 타지 않는 것은 먼저 불에 통과시키도록 했다. 불에 넣었다 꺼내면 깨끗해지지만 다시 정결하게 하는 물(water of cleansing)로 깨끗하게 씻는다. 부정을 벗기는 것이다. 불에 타는 물건인 경우 불에 넣지 않고 정결하게 하는 물에 담갔다(또는 뿌려) 정결하게 하도록 했다. 전리품도 마찬가지다.

"너희는 일곱째 날에 옷을 빨아서 깨끗하게 한 후에 진영에 들어올지니라(24절)." 7일째 되는 날에는 옷을 빤다. 그러면 깨끗하게 되어 진 안으로 들어올 수 있다.

4. 전리품을 분배하다(25-54절)

"여호와께서 모세에게 말씀하여 이르시되 너는 제사장 엘르아살과 회중의 수령들과 더불어 이 사로잡은 사람들과 짐승들을 계수하고 그 얻은 물건을 반분하여 그 절반은 전쟁에 나갔던 군인들에게 주고 절반은 회중에게 주고(25, 26, 27절)." 하나님은 포로와 전리품을 조사해 모든 전리품을 반으로 나누어 절반은 전쟁에 나갔던 군인들에게 주고 절반은 백성들에게 주도록 했다.

"전쟁에 나갔던 군인들은 사람이나 소나 나귀나 양 떼의 오백분의 일을 여호와께 드릴지니라 곧 이를 그들의 절반에서 가져다가 여호와의 거제로 제사장 엘르아살에게 주고(28, 29절)." 군인들의 경우 분배받은 사람과 소와 나귀와 양떼 중에서 500분의 1은 여호와의 몫으로 떼어 거제, 곧 하나님께 올려 바치는 특별한 예물로 드려 엘르아살에게 주도록 했다. 이것은 대제사장에 대한 하나님의 배려다.

"또 이스라엘 자손이 받은 절반에서는 사람이나 소나 나귀나 양 떼나 각종 짐승 오십분의 일을 가져다가 여호와의 성막을 맡은 레위인에게 주라(30절)." 백성들이 경우 분배받은 사람과 소와 나귀와 양떼 중에서 50분의 1을 떼어 성막 봉사를 하는 레위인들에게 주도록 했다.

"모세와 제사장 엘르아살이 여호와께서 모세에게 명령하신 대로 하니라(31절)." 모세와 제사장 엘르아살은 하나님의 명령을 그대로 따랐다. 그 수행 내용은 다음 절에 자세히 소개된다.

"그 탈취물 곧 군인들의 다른 탈취물 외에 양이 육십칠만 오천 마리요 소가 칠만 이천 마리요 나귀가 육만 천 마리요 사람은 남자와 동침하지 아니하여서 사내를 알지 못하는 여자가 도합 삼만 이천 명이니(32-35절)." 군인들이 개인적으로 가진 전리품 외에 그들이 백성들에게 끌고 온 짐승은 양이 675,000마리, 소가 72,000마리, 나귀가 61,000마리였다. 그들이 잡아 온 포로로 남자와 성관계를 하지 않은 여자는 32,000명이었다.

"그 절반 곧 전쟁에 나갔던 자들의 소유가 양이 삼십삼만 칠천오백 마리라 여호와께 공물로 드린 양이 육백칠십오요 소가 삼만 육천 마리라 그 중에서 여호와께 공물로 드린 것이 칠십이 마리요 나귀가 삼만 오백 마리라 그 중에서 여호와께 공물로 드린 것이 육십일 마리요 사람이 만 육천 명이라 그 중에서 여호와께 공물로 드린 자가 삼십이 명이니 여호와께 거제의 공물로 드린 것을 모세가 제사장 엘르아살에게 주었으니 여호와께서 모세에게 명령하심과 같았더라(36-41절)." 그리고 그것의 절반, 곧 군인들이 분배받은 것은 양 337,500마리, 소 36,000마리, 나귀 30,500마리, 사람 16,000명이었으며 그 중에서 여호와께 드린 것은 양 675마리, 소 72마리, 나귀 61마리, 사람 32명이었다. 모세는 여호와께서 명령하신 대로 여호와의 몫으로 거둔 것을 다 제사장 엘르아살에게 주었다.

"모세가 전쟁에 나갔던 자에게서 나누어 이스라엘 자손에게 준 절반 곧 회중이 받은 절반은 양이 삼십삼만 칠천오백 마리요 소가 삼만 육천 마리요 나귀가 삼만 오백 마리요 사람이 만 육천 명이라 이스라엘 자손의 그 절반에서 모세가 사람이나 짐승의 오십분의 일을 취하여 여호와의 장막을 맡은 레위인에게 주었으니 여호와께서 모세에게 명령하심과 같았더라(42-47절)." 모세는 참전한 군인들에게 나누어 주고 남은 절반은 이스라엘 백성에게 주었는데 그것은 양 337,500마리, 소 36,000마리, 나귀 30,500마리, 사람 16,000명이었다. 모세는 백성들이 분배받은 것 중에서 50분의 1을 거두어 성막을 맡은 레위인들에게 주었다. 이로써 하나님이 전리품에 대해 명령하신 것을 그대로 수행했다.

"군대의 지휘관들 곧 천부장과 백부장들이 모세에게 나아와서 모세에게 말하되 당신의 종들이 이끈 군인을 계수한즉 우리 중 한 사람도 축나지 아니하였기로 우리 각 사람이 받은바 금패물 곧 발목 고리, 손목 고리, 인장 반지, 귀 고리, 목걸이들을 여호와께 헌금으로 우리의 생명을 위하여 여호와 앞에 속죄하려고 가져왔나이다(48-50절)." 그 후 군 지휘관들이 부하들의 인원을 점검한 결과 희생자가 한 사람도 없음을 모세에게 보고했다. 그것에 감사해 각 사람이 전리품으로 받은 것 가운데 금패물을 우리 생명에 대한 감사예물로 하나님께 드린다 했다. 감당할 수 없는 무한한 은총에 대한 감사 표시다.

"모세와 제사장 엘르아살이 그들에게서 그 금으로 만든 모든 패물을 취한즉 천부장과 백부장들이 여호와께 드린 거제의 금의 도합이 만 육천칠백오십 세겔이니 군인들이 각기 자기를 위하여 탈취한 것이니라 모세와 제사장 엘르아살이 천부장과 백부장들에게서 금을 취하여 회막에 드려 여호와 앞에서 이스라엘 자손의 기념을 삼았더라(51-54절)." 군지휘관들이 하나님께 헌금으로 드린 금의 전체 무게는 약 190킬로그램이었다. 이것은 군인들이 개인적으로 가지고 온 전리품이었다. 모세와 제사장 엘르아살은 그 금을 성막으로 가지고 가서 이스라엘 백성의 기념물로 여호와 앞에 두었다.

제32장

요단 동편 땅에 대한 분배

요약

1. 르우벤과 갓 지파의 청원(1-5절)

1) 르우벤 자손과 갓 자손은 요단 동편 야셀과 길르앗 땅을 기업으로 얻고자 함.

2) 르우벤과 갓 자손은 가축 떼가 많았다. 그들이 이 땅을 보니 가축에 적당한 곳이라

3) 그들이 이 땅을 산업으로 주사 요단을 건너지 않게 하라 함.

2. 청원에 대한 모세의 반응(6-27절)

1) 모세는 너희 열조가 하나님 목전에 악을 행하여 그 세대가 40년 동안 광야에서 유리, 필경 다 소멸되었거늘 그 열조의 후예로 하나님의 노를 일으켜 너희가 이 모든 백성을 멸망시키리라

2) 그들이 대답하되, 가축을 위해 우리를 짓고 유아를 위해 성읍을 건축한 후 무장하여 하나님 앞서 싸워 요단을 건너 하나님이 그 원수를 자기 앞에서 쫓아내시고 이스라엘 자손이 각기 기업을 얻기까지 우리 집으로 돌아오지 아니하며 우리는 요단 동편에 기업을 얻었으니 요단 저편에는 기업을 얻지 않겠노라 함.

3. 모세의 결정(28-33절)

1) 모세가 이에 응하되 무장하고 건너지 아니하는 경우 하나님께 범죄

함이니 너희 죄가 정녕 너희를 찾아낼 것이요 가나안 땅에서 산업을 얻을 것이라 함

2) 모세가 므낫세 반지파, 갓 자손, 르우벤 자손에게 아모리 시혼 왕국토와 바산 왕 옥의 국토와 그 성읍과 땅을 줌.

4. 그들이 세운 성읍들(34-38절)

1) 갓 자손은 디본, 아다롯, 아로엘, 아다롯소반, 야셀, 욕브하, 벧니므라, 벧하란 성읍들과 양 우리를 지음.

2) 르우벤 자손은 헤스본, 엘르알레, 기랴다임, 느보, 바알므온을 건축 그 이름을 고쳤고 또 십마를 건축.

5. 므낫세 반 지파가 차지한 땅들(39-42절)

1) 므낫세의 마길 자손은 길르앗의 아모리인을 쫓아내니 모세가 그 땅을 마길 자손에게 주었으며

2) 므낫세의 아들 야일은 가서 그 촌락들을 빼앗고 하봇야일이라 불렀으며 노바는 가서 그낫과 그 마을들을 빼앗고 자기 이름을 따라서 노바라 부름.

---

1. 르우벤과 갓 지파의 청원(1-5절)

"르우벤 자손과 갓 자손은 심히 많은 가축 떼를 가졌더라 그들이 야셀 땅과 길르앗 땅을 본즉 그 곳은 목축할 만한 장소인지라 갓 자손과 르우벤 자손이 와서 모세와 제사장 엘르아살과 회중 지휘관들에게 말하여 이르되 아다롯과 디본과 야셀과 니므라와 헤스본과 엘르알레와 스밤과 느보와 브온 곧 여호와께서 이스라엘 회중 앞에서 쳐서 멸하신 땅은 목축할 만한 장소요 당신의 종들에게는 가축이 있나이다(1-4절)."

르우벤 자손과 갓 자손에게는 가축이 많았다. 그들은 야셀 땅과 길르앗 땅이 가축을 기르기에 적합한 곳임을 알고 모세와 제사장 엘르아살과 백성의 지도자들을 찾아가 하나님이 이스라엘을 도와 정복한 아다롯, 디본, 야셀, 니므라, 헤스본, 엘르알레, 스밤, 느보, 브온 지역은 가축을 기르기에 적합하고, 자기들에게는 가축이 많다고 했다. 그들이 요구한 땅은 요단 계곡 동쪽, 이른바 트랜스요르단(Transjordan)으로 약속의 땅 밖에 있었다. 이것은 자신들의 유익을 좇아 하나님의 말씀에 무관심했음을 알 수 있다. 트랜스요르단은 바산, 길르앗, 암몬, 모압, 에돔 동부를 말한다.

"또 이르되 우리가 만일 당신에게 은혜를 입었으면 이 땅을 당신의 종들에게 그들의 소유로 주시고 우리에게 요단강을 건너지 않게 하소서(5절)." 그들은 이 땅을 자신들의 몫으로 주어 요단강을 건너가지 않게 해 달라 청원했다. 이 청원만을 놓고 보면 하나님의 말씀을 무시하고 자신들은 가나안 정복에 참여하지 않겠다는 것이고, 다른 지파의 이익에는 관심이 없다는 것을 보여준다. 이스라엘 공동체 일원으로서 있을 수 없는 일이다.

2. 청원에 대한 모세의 반응(6-27절)

"모세가 갓 자손과 르우벤 자손에게 이르되 너희 형제들은 싸우러 가거늘 너희는 여기 앉아 있고자 하느냐 너희가 어찌하여 이스라엘 자손에게 낙심하게 하여서 여호와께서 그들에게 주신 땅으로 건너갈 수 없게 하려 하느냐(6, 7절)." 모세는 분개했다. 형제들은 지금 싸우러 가는데 여기 눌러 앉을 생각을 하다니. 왜 형제들을 낙심하게 만들어 하나님께서 그들에게 약속하신 땅으로 건너가지 못하게 하는 것인가. 하나님의 진노가 임할 수 있다는 말이다.

"너희 조상들도 내가 가데스바네아에서 그 땅을 보라고 보냈을 때에 그리 하였었나니 그들이 에스골 골짜기에 올라가서 그 땅을 보고 이스라엘 자손을 낙심하게 하여서 여호와께서 그들에게 주신 땅으로 갈 수 없게 하였었느니라 그 때에 여호와께서 진노하사 맹세하여 이르시되 애굽에서 나온 자들이 이십 세 이상으로는 한 사람도 내가 아브라함과 이삭과 야곱에게 맹세한 땅을 결코 보지 못하리니 이는 그들이 나를 온전히 따르지 아니하였음이니라 그러나 그나스 사람 여분네의 아들 갈렙과 눈의 아들 여호수아는 여호와를 온전히 따랐느니라 하시고 여호와께서 이스라엘에게 진노하사 그들에게 사십 년 동안 광야에 방황하게 하셨으므로 여호와의 목전에 악을 행한 그 세대가 마침내는 다 끊어졌느니라(8-13절)."

모세는 가데스바네아에서 이스라엘이 반역했던 일을 꺼냈다. 땅을 탐지해 오라고 보냈을 때 그들도 이런 짓을 했다. 그들이 에스골 골짜기로 들어가서 그 땅을 보고 돌아와 이스라엘 백성을 낙심하게 하며 하나님께서 주신 땅으로 들어가지 못하게 한 것이다. 이 일로 하나님께서 분노하셔서 이집트에서 나온 자들 가운데 20세 이상 된 자들은 한 사람도 약속한 땅을 보지 못할 것이고, 오직 갈렙과 여호수아만 그 땅에 들어갈 것이라 하셨다. 40년 동안 광야에서 방황하게 하셨고, 결국 하나님 앞에서 악을 행한 그 세대는 다 죽고 말았다.

"보라 너희는 너희의 조상의 대를 이어 일어난 죄인의 무리로서 이스라엘을 향하신 여호와의 노를 더욱 심하게 하는도다 너희가 만일 돌이켜 여호와를 떠나면 여호와께서 다시 이 백성을 광야에 버리시리니 그리하면 너희가 이 모든 백성을 멸망시키리라(14, 15절)." 이제 그 후손인 너희들이 조상들과 똑같은 짓을 하여 여호와의 분노를 더욱 가중시키고 있다. 만일 여호와를 따르지 않으면 하나님께서 이 백성을 다시 광야에 버리실 것이고 너희들은 그들의 멸망에 대하여 책임을 져야 할 것이다.

"그들이 모세에게 가까이 나아와 이르되 우리가 이 곳에 우리 가축을 위하여 우리를 짓고 우리 어린 아이들을 위하여 성읍을 건축하고 이 땅의 원주민이 있으므로 우리 어린 아이들을 그 견고한 성읍에 거주하게 한 후에 우리는 무장하고 이스라엘 자손을 그 곳으로 인도하기까지 그들의 앞에서 가고 이스라엘 자손이 각기 기업을 받기까지 우리 집으로 돌아오지 아니하겠사오며 우리는 요단 이쪽 곧 동쪽에서 기업을 받았사오니 그들과 함께 요단 저쪽에서는 기업을 받지 아니하겠나이다(16-19절)."

모세의 강한 질책에 그들도 달라졌다. 이 곳에 가축을 위해 우리를 만들고 아이들을 위해 성읍을 건축하려고 하는 것뿐이다. 먼저 아이들을 안전한 성에 살도록 한 후 무장하고 이스라엘 백성이 정착지에 도착할 때까지 선두에서 싸울 것이다. 다른 지파의 형제들이 가나안에서 땅을 분배받을 때까지는 우리가 집으로 돌아오지 않겠다. 우리가 이 곳 요단 동편에서 땅을 얻게 되면 요단 저편에서는 그들과 함께 땅을 분배받지 않겠다고 약속했다. 그들의 이 말이 본래의 생각이었는지, 모세의 질책으로 달라졌는지는 알 수 없다. 하지만 이 말은 모세의 분노를 누그러뜨리기에 충분했다.

"모세가 그들에게 이르되 너희가 만일 이 일을 행하여 무장하고 여호와 앞에서 가서 싸우되 너희가 다 무장하고 여호와 앞에서 요단을 건너가서 여호와께서 그의 원수를 자기 앞에서 쫓아내시고 그 땅이 여호와 앞에 복종하게 하시기까지 싸우면 여호와 앞에서나 이스라엘 앞에서나 무죄하여 돌아오겠고 이 땅은 여호와 앞에서 너희의 소유가 되리라마는 너희가 만일 그같이 아니하면 여호와께 범죄함이니 너희 죄가 반드시 너희를 찾아낼 줄 알라 너희는 어린 아이들을 위하여 성읍을 건축하고 양을 위하여 우리를 지으라 그리하고 너희의 입이 말한 대로 행하라(20-24절)."

모세는 그들의 대답에 긍정적으로 반응했다. 무장을 하고 요단강을 건너 여호와께서 원수들을 다 쫓아내실 때까지 앞장 서 싸우라. 그 땅을 완전히 정복하면 하나님 앞과 이스라엘 앞에서 의무를 다한 것이므로 이곳에 돌아와 이 땅을 소유하게 될 것이다. 그러나 만일 그렇게 하지 않을 경우 하나님께 죄를 범한 것이므로 그 죄의 대가를 치러야 할 것이다. 모세가 경고하는 죄는 해야 할 것을 하지 않아 지은 죄다. 이제 아이들을 위해 성읍을 건축하고 가축을 위해 우리를 만들라. 하지만 약속한 것은 반드시 이행해야 한다.

"갓 자손과 르우벤 자손이 모세에게 대답하여 이르되 주의 종들인 우리는 우리 주의 명령대로 행할 것이라 우리의 어린 아이들과 아내와 양 떼와 모든 가축은 이곳 길르앗 성읍들에 두고 종들은 우리 주의 말씀대로 무장하고 여호와 앞에서 다 건너가서 싸우리이다(25-27절)."

갓 자손과 르우벤 자손은 모세에게 당신의 명령대로 하겠다고 약속했다. 처자와 양떼와 모든 가축은 이 곳 길르앗 여러 성에 두고 자신들은 무장한 채 요단강을 건너가 여호와를 위해 싸우겠다고 했다. '여호와 앞에서' 는 본래 '여호와의 궤 앞' 을 의미한다. 법궤를 앞세우고 싸울 것이기 때문이다.

3. 모세의 결정(28-33절)

"이에 모세가 그들에 대하여 제사장 엘르아살과 눈의 아들 여호수아와 이스라엘 자손 지파의 수령들에게 명령 하니라 모세가 그들에게 이르되 갓 자손과 르우벤 자손이 만일 각각 무장하고 너희와 함께 요단을 건너가서 여호와 앞에서 싸워서 그 땅이 너희 앞에 항복하기에 이르면 길르앗 땅을 그들의 소유로 줄 것이니라 그러나 만일 그들이 너희와 함께 무장하고 건너지 아니하면 그들은 가나안 땅에서 너희와 함께 땅을 소유할 것이니라(28-30절)."

모세는 제사장 엘르아살과 눈의 아들 여호수아와 이스라엘의 지도자들에게 지시했다. 만일 갓 자손과 르우벤 자손이 무장하고 함께 요단강을 건너가서 여호와를 위해 싸워 그 땅이 정복되면 길르앗 땅을 그들에게 주라. 그러나 만일 그러하지 않을 경우 그들이 가나안 땅에서 여러분과 함께 땅을 분배받도록 하라. 모세가 이 문제를 공식화한 것이다.

"갓 자손과 르우벤 자손이 대답하여 이르되 여호와께서 당신의 종들에게 명령하신 대로 우리가 행할 것이라 우리가 무장하고 여호와 앞에서 가나안 땅에 건너가서 요단 이쪽을 우리가 소유할 기업이 되게 하리이다(31, 32절).” 갓 자손과 르우벤 자손은 하나님께서 명령하신 대로 하겠으며, 자신들이 무장을 하고 가나안 땅에 들어가 여호와를 위해 싸워 요단강 동편 땅을 자신들의 소유가 되게 하겠다고 했다.

“모세가 갓 자손과 르우벤 자손과 요셉의 아들 므낫세 반 지파에게 아모리인의 왕 시혼의 나라와 바산 왕 옥의 나라를 주되 곧 그 땅과 그 경내의 성읍들과 그 성읍들의 사방 땅을 그들에게 주매(33절).”

모세는 갓 자손과 르우벤 자손과 므낫세 반 지파에게 아모리인의 왕 시혼의 땅과 바산 왕 옥의 땅과 그 성들을 주었다. 므낫세 반(半) 지파는 므낫세 지파의 반을 말하며, 여기서는 마길 가족을 가리키는 것으로 보인다. 청원을 한 것은 갓 자손과 르우벤 자손인데 왜 갑자기 므낫세 반 지파가 나왔을까 궁금할 것이다. 모세는 갓과 르우벤 지파의 청원을 받아들이면서 당시 길르앗과 바산을 정복한 므낫세 반 지파의 공헌을 그냥 둘 수 없었던 것으로 보인다.

4. 그들이 세운 성읍들(34-38절)

“갓 자손은 디본과 아다롯과 아로엘과 아다롯소반과 야셀과 욕브하와 벧니므라와 벧하란들의 견고한 성읍을 건축하였고 또 양을 위하여 우리를 지었으며(34-36절).” 갓 자손은 디본, 아다롯, 아로엘, 아다롯소반, 야셀, 욕브하, 벧니므라, 벧하란 등 여러 성을 복구하였고 가축을 위해 우리를 만들었다.

“르우벤 자손은 헤스본과 엘르알레와 기랴다임과 느보와 바알므온들을 건축하고 그 이름을 바꾸었고 또 십마를 건축하고 건축한 성읍들에 새 이름을 주었고(37, 38절).” 르우벤 자손도 헤스본, 엘르알레, 기랴다임, 느보, 바알므온, 십마 등 여러 성을 복구하였다. 후에 이 성들의 이름은 일부 바뀌어졌다.

5. 므낫세 반 지파가 차지한 땅들(39-42절)

"므낫세의 아들 마길의 자손은 가서 길르앗을 쳐서 빼앗고 거기 있는 아모리인을 쫓아내매 모세가 길르앗을 므낫세의 아들 마길에게 주매 그가 거기 거주하였고(39, 40절)." 므낫세의 아들 마길(Makir)의 자손들은 길르앗에 침입해 그 땅을 정복하고 아모리 사람들을 쫓아냈다. 모세는 길르앗을 마길의 자손에게 주었고, 그들은 그곳에 정착했다.

"므낫세의 아들 야일은 가서 그 촌락들을 빼앗고 하봇야일이라 불렀으며 노바는 가서 그낫과 그 마을들을 빼앗고 자기 이름을 따라서 노바라 불렀더라(41, 42절)."

므낫세의 후손인 야일(Jair)은 많은 부락을 점령하고 그것을 '야일의 부락'이란 뜻으로 하봇야일(Havvoth Jair)이라 불렀다. 또 노바(Nobah)는 그낫과 그 주변 부락들을 점령하고 자기 이름을 따서 그 곳을 노바라고 불렀다.

제33장

이집트에서 요단까지의 이동경로와 가나안 정복 명령

요약

1. 이집트에서 요단까지의 이동경로(1-49절)

1) 제1기(1-15절): 라암셋에서 시내 광야까지 12곳
2) 제2기(16, 17절): 기브롯핫다아와에서 하세롯까지 2곳
3) 제3기(18-36절): 릿마에서 가데스까지 19곳
4) 제4기(37-49절): 호르 산에서 모압평지까지 9곳

2. 가나안 정복 명령(50-56절)

1) 하나님이 모압 평지에서 명령하심. 가나안 땅에 들어가거든 그 땅 거민을 다 몰아내라.
2) 석상과 우상 산당을 헐라.
3) 그 땅을 취하여 너희 산업으로 삼되 제비뽑아 지파를 따라 기업을 얻으라.

1. 이집트에서 요단까지의 이동경로(1-49절)

1) 제1기: 라암셋에서 시내 광야까지 12곳(1-15절)

“모세와 아론의 인도로 대오를 갖추어 애굽을 떠난 이스라엘 자손들의

노정은 이러하니라 모세가 여호와의 명령대로 그 노정을 따라 그들이 행진한 것을 기록하였으니 그들이 행진한 대로의 노정은 이러하니라(1, 2절).” 민수기 33장은 모세와 아론의 리더십아래 이집트의 라암셋에서부터 시작하여 모압평지에 도착할 때까지 이스라엘 백성이 진을 쳤던 42개소의 들을 소개하고 있다. 그곳에 진을 친 것뿐 아니라 그곳에서 일어났던 중요한 사건도 소개하고 있다. 이런 면에서 이 장은 출애굽기와 민수기에 나타난 주요 주제를 요약해 놓은 것이라 말할 수 있다.

전체 여정을 4기로 나누어 보았다. 제1기는 1-15절로, 이스라엘 민족에 대한 하나님의 돌보심과 인도하심의 성격을 가지고 있다. 제2기는 16절과 17절로, 상황에 따라 변하는 인간의 완악함과 하나님의 변치 않는 사랑을 담고 있다. 제3기는 18-36절로 순종과 반역의 반복을, 제4기는 37-49절로 약속의 땅을 위한 준비다. 이 대목들은 이스라엘의 광야사이기도 하고, 하나님은 이스라엘의 불순종과 반역에도 불구하고 약속하신 목적지 가나안 땅까지 반드시 인도하시는 분이심을 보여주고 있다.

“그들이 첫째 달 열다섯째 날에 라암셋을 떠났으니 곧 유월절 다음 날이라 이스라엘 자손이 애굽 모든 사람의 목전에서 큰 권능으로 나왔으니 애굽인은 여호와께서 그들 중에 치신 그 모든 장자를 장사하는 때라 여호와께서 그들의 신들에게도 벌을 주셨더라(3, 4절).” 이스라엘은 유월절 다음 날인 1월 15일에 모든 이집트인들이 지켜보는 가운데 라암셋(Rameses)을 떠났다. 그때는 이집트 사람들이 여호와께서 죽인 그들의 장남을 매장하고 있을 때였다. ‘여호와께서 그들의 신들에게도 벌을 주셨더라(the LORD had brought judgment on their gods)’ 는 하나님께서 10가지 재앙을 이집트와 바로에게 내리셨을 때 이집트인들이 섬기고 있었던 신들도 포함되어 있었음을 말한다. 하나님께서는 이집트의 모든 우상들을 깨뜨려버리셨다.

“이스라엘 자손이 라암셋을 떠나 숙곳에 진을 치고 숙곳을 떠나 광야 끝 에담에 진을 치고 에담을 떠나 바알스본 앞 비하히롯으로 돌아가서 믹돌 앞에 진을 치고 하히롯 앞을 떠나 광야를 바라보고 바다 가운데를 지나 에담 광야로 사흘 길을 가서 마라에 진을 치고 마라를 떠나 엘림에 이르니 엘림에는 샘물 열둘과 종려 칠십 그루가 있으므로 거기에 진을 치고 엘림을 떠나 홍해 가에 진을 치고(5-10절).” 라암셋을 떠나 숙곳, 에담, 믹돌, 마라, 엘림, 홍해 가에 진을 쳤다. 엘림(Elim)에는 12샘물과 종려나무 70주가 있던 곳이었다. 왜 12이고 70인가에 대해서는 여러 해석이 있다. 12는 이스라엘의 12지파를, 70은 이스라엘의 장로 수를 상징하는 것으로 해석하기도 한다.

“홍해 가를 떠나 신 광야에 진을 치고 신 광야를 떠나 돕가에 진을 치고 돕가를 떠나 알루스에 진을 치고 알루스를 떠나 르비딤에 진을 쳤는데 거기는 백성이 마실 물이 없었더라 르비딤을 떠나 시내 광야에 진을 치고(11-15절).” 홍해 가를 떠나 신 광야, 돕가, 알루스, 르비딤, 시내 광야에 진을 쳤다. 르비딤(Rephidim)에서는 마실 물이 없어 불평을 하자 반석을 쳐 물이 나오도록 했다.

2) 제2기: 기브롯핫다아와에서 하세롯까지 2곳(16, 17절)

“시내 광야를 떠나 기브롯핫다아와에 진을 치고 기브롯핫다아와를 떠나 하세롯에 진을 치고(16, 17절).” 시내 광야를 떠나 기브롯핫다아와, 하세롯에 진을 쳤다. 기브롯핫다아와(Kibroth Hattaavah)에서는 만나가 지겨우므로 하나님이 고기를 주셔야 한다고 불평을 터뜨린 곳이다. 메추라기를 그들에게 보내셨지만 그들의 입에 고기가 아직 있을 때에 하나님께서 그들 중 많은 사람들을 치셔 죽게 되었다. 하세롯(Hazeroth)은 미리암과 아론이 모세의 아내의 일로 인해서 모세를 비난하다가 문둥병에 걸렸던 곳이다. 제2기에는 두 곳이 소개되지만 인간의 완악함이 드러났고, 그럼에도 불구하고 하나님의 사랑은 변치 않았음을 보여준 곳들이다.

3) 제3기: 릿마에서 가데스까지 19곳(18-36절)

"하세롯을 떠나 릿마에 진을 치고 릿마를 떠나 림몬베레스에 진을 치고 림몬베레스를 떠나 립나에 진을 치고 립나를 떠나 릿사에 진을 치고 릿사를 떠나 그헬라다에 진을 치고 그헬라다를 떠나 세벨 산에 진을 치고 세벨 산을 떠나 하라다에 진을 치고 하라다를 떠나 막헬롯에 진을 치고 막헬롯을 떠나 다핫에 진을 치고 다핫을 떠나 데라에 진을 치고 데라를 떠나 밋가에 진을 치고(18-28절)." 하세롯을 떠나 릿마, 릿몬베레스, 립나, 릿사. 그헬라다, 세벨 산, 하라다, 막헬롯, 다핫, 데라, 밋가에 진을 쳤다. 제3기에서는 진만 소개하고 있다. 순종과 반역이 반복되던 곳이다.

"밋가를 떠나 하스모나에 진을 치고 하스모나를 떠나 모세롯에 진을 치고 모세롯을 떠나 브네야아간에 진을 치고 브네야아간을 떠나 홀하깃갓에 진을 치고 홀하깃갓을 떠나 욧바다에 진을 치고 욧바다를 떠나 아브로나에 진을 치고 아브로나를 떠나 에시온게벨에 진을 치고 에시온게벨을 떠나 신 광야 곧 가데스에 진을 치고(29-36절)." 밋가를 떠나 하스모나, 모세롯, 브네야아간, 홀하깃갓, 욧바다. 아브로나, 에시온게벨, 신 광야 가데스(Kadesh)에 진을 쳤다.

4) 제4기: 호르 산에서 모압평지까지 9곳(37-49절)

"가데스를 떠나 에돔 땅 변경의 호르 산에 진을 쳤더라 이스라엘 자손이 애굽 땅에서 나온 지 사십 년째 오월 초하루에 제사장 아론이 여호와의 명령으로 호르 산에 올라가 거기서 죽었으니 아론이 호르 산에서 죽던 때의 나이는 백이십삼 세였더라(37-39절)." 가데스에서 떠나 호르 산(Mount Hor)에 진을 쳤다. 이 때 아론이 호르 산에서 123세 나이로 죽었다. 이스라엘 백성이 이집트에서 나온 지 40년째 되는 5월 1일, 가나안 입성 약 8개월을 앞둔 때였다. 하나님은 그에게 금송아지 우상을 만들고, 미리암과 함께 모세의 리더십에 도전했으며, 가데스 므리바 반석 사건에서 모세와 함께 하나님의 말씀을 불신하고 거역한 죄를 물었다.

"가나안 땅 남방에 살고 있는 가나안 사람 아랏 왕은 이스라엘 자손이 온다는 소식을 들었더라 그들이 호르 산을 떠나 살모나에 진을 치고 살모나를 떠나 부논에 진을 치고 부논을 떠나 오봇에 진을 치고 오봇을 떠나 모압 변경 이예아바림에 진을 치고 이임을 떠나 디본갓에 진을 치고 디본갓을 떠나 알몬디블라다임에 진을 치고 알몬디블라다임을 떠나 느보 앞 아바림 산에 진을 치고 아바림 산을 떠나 여리고 맞은편 요단 강 가 모압 평지에 진을 쳤으니 요단 강 가 모압 평지의 진영이 벧여시못에서부터 아벨싯딤에 이르렀더라(40-50절)." 가나안의 아랏 왕이 소개되고 있다. 그는 이스라엘에 도전하다 대패했다. 이스라엘이 가나안에 대항해 이긴 첫 전쟁이다. 호르산을 떠나 살모나, 부논, 오봇, 이예아바림, 디본갓, 알몬디블라다임, 아바림 산, 그리고 마침내 여리고 건너 편 모압 평지(the plains of Moab)에 진을 쳤다.

2. 가나안 정복 명령(50-56절)

"여리고 맞은편 요단 강 가 모압 평지에서 여호와께서 모세에게 말씀하여 이르시되 이스라엘 자손에게 말하여 그들에게 이르라 너희가 요단강을 건너 가나안 땅에 들어가거든 그 땅의 원주민을 너희 앞에서 다 몰아내고 그 새긴 석상과 부어 만든 우상을 다 깨뜨리며 산당을 다 헐고 그 땅을 점령하여 거기 거주하라 내가 그 땅을 너희 소유로 너희에게 주었음이라(50-53절)." 모압 평지에서 하나님은 모세를 통해 이스라엘에 3가지를 명령했다. 첫째는 요단강을 건너 가나안 땅에 들어가거든 가나안 사람들을 다 쫓아내라는 것이다. 둘째는 가나안 백성들이 섬기던 우상을 척결하라는 것이다. 돌에 새겨 만든 것이든 쇳물을 부어 만든 것이든 우상은 모조리 부숴

버리고 그들의 모든 산당을 파괴하라. 셋째는, 내가 그 땅을 너희에게 주었으니 그 곳을 점령하여 거기서 살라는 것이다.

"너희의 종족을 따라 그 땅을 제비 뽑아 나눌 것이니 수가 많으면 많은 기업을 주고 적으면 적은 기업을 주되 각기 제비 뽑은 대로 그 소유가 될 것인즉 너희 조상의 지파를 따라 기업을 받을 것이니라(54절)." 이스라엘이 가나안 땅을 점령하여 살 때 각 지파와 집안별로 제비를 뽑아(by lot) 그 땅을 분배하도록 했다. 그리고 분배 원칙을 정해주셨다. 즉, 인원수가 많은 지파는 넓은 땅을 주고(To a larger group give a larger inheritance), 인원수가 적은 지파는 좁은 땅을 주는 방식으로(to a smaller group a smaller one) 분배하도록 하라는 것이다.

"너희가 만일 그 땅의 원주민을 너희 앞에서 몰아내지 아니하면 너희가 남겨둔 자들이 너희의 눈에 가시와 너희의 옆구리에 찌르는 것이 되어 너희가 거주하는 땅에서 너희를 괴롭게 할 것이요 나는 그들에게 행하기로 생각한 것을 너희에게 행하리라(55, 56절)." 하나님은 가나안 백성들을 쫓아내도록 명령하셨다. 그러나 만일 그 사람들을 쫓아내지 않으면 남아있는 자들이 너희 눈과 옆구리를 찌르는 가시와 같이 너희를 괴롭힐 것이라 하셨다. 나아가 하나님이 그들을 멸망시키려고 계획한 것처럼 그들이 오히려 이스라엘을 멸망시키려 들 것이다. 그러므로 가나안 원주민을 내쫓으라는 것이다.

제34장

가나안 땅의 사방 경계와 그 땅을 나눌 지도자들

요약

1. 가나안 땅의 사방 경계와 기업분배(1-15절)

1) 남쪽 경계: 에돔 곁 신 광야
2) 서쪽 경계: 지중해
3) 북쪽 경계: 지중해서 호르 산까지. 하맛 어구에서 스닷, 시브론을 지나 하살에난까지.
4) 동쪽 경계: 하살에난에서 스밤, 리블라, 갈릴리, 사해까지
5) 르우벤 자손, 갓 자손, 므낫세 반 지파는 여리고 맞은 편 요단 건너 해 돋는 편을 그 종족대로 기업을 받았으므로 가나안의 사방은 9지파와 므낫세 반지파로 제비를 뽑아 기업을 삼는다.

2. 가나안 땅을 나눌 지도자들(16-29절)

1) 가나안 땅을 기업으로 나눌 자는 엘르아살과 여호수아이며
2) 가나안 땅을 나누기까지 매 지파에 한 족장을 택함

1. 가나안 땅의 사방 경계와 기업분배(1-15절)

"여호와께서 모세에게 말씀하여 이르시되 너는 이스라엘 자손에게 명령

하여 그들에게 이르라 너희가 가나안 땅에 들어가는 때에 그 땅은 너희의 기업이 되리니 곧 가나안 사방 지경이라(1, 2절).” 하나님은 모세를 통해 가나안 땅에 들어갈 때 하나님이 이스라엘에게 줄 그 땅의 사방 경계를 정하셨다. 이 땅은 이스라엘이 기업, 곧 산업으로 받을 땅이다. 그 경계는 다음과 같다.

1) 남쪽 경계

“너희 남쪽은 에돔 곁에 접근한 신 광야니 너희의 남쪽 경계는 동쪽으로 염해 끝에서 시작하여 돌아서 아그랍빔 언덕 남쪽에 이르고 신을 지나 가데스바네아 남쪽에 이르고 또 하살아달을 지나 아스몬에 이르고 아스몬에서 돌아서 애굽 시내를 지나 바다까지 이르느니라(3, 4, 5절).” 남쪽 경계 지역은 에돔 국경에 접해 있는 신 광야이다. 그 경계선은 동쪽으로 사해 남단에서 시작하여 아그랍빔 비탈 남쪽을 지나 신 광야를 통과하여 가데스바네아 남쪽까지 이르고 거기서 하살아달과 아스몬까지 이어진다. 또 그 경계선은 아스몬에서 돌아서 이집트 국경 지역의 시내를 따라 바다, 곧 지중해 연안에서 끝난다.

2) 서쪽 경계

“서쪽 경계는 대해가 경계가 되나니 이는 너희의 서쪽 경계니라(6절).” 서쪽 경계는 대해, 곧 지중해이다.

3) 북쪽 경계

“북쪽 경계는 이러하니 대해에서부터 호르 산까지 그어라 호르 산에서 그어 하맛 어귀에 이르러 스닷에 이르고 그 경계가 또 시브론을 지나 하살에난에 이르나니 이는 너희의 북쪽 경계니라(7, 8, 9절).” 북쪽 경계는 지중해에서 호르 산(Mount Hor)에 이른다. 이 산은 아론이 죽은 에돔 땅 곁에 있는 호르 산이 아니라 팔레스타인 북부에 있는 산이다. 지중해와 하맛 사이에 있다. 아직 확실한 위치는 알려져 있지 않다. 거기서 하맛 고개와 스닷과 시브론을 거쳐 하살에난까지 이른다.

4) 동쪽 경계

"너희의 동쪽 경계는 하살에난에서 그어 스밤에 이르고 그 경계가 또 스밤에서 리블라로 내려가서 아인 동쪽에 이르고 또 내려가서 긴네렛 동쪽 해변에 이르고 그 경계가 또 요단으로 내려가서 염해에 이르나니 너희 땅의 사방 경계가 이러하니라(10, 11, 12절)." 동쪽 경계는 하살에난에서 남쪽으로 스밤에 이르고 거기서 다시 아인의 동쪽 리블라에 이른다. 거기서 다시 서쪽으로 꺾어 갈릴리 바다 동편 해변에 이르고 거기서 요단강을 따라 사해에 이른다.

"모세가 이스라엘 자손에게 명령하여 이르되 이는 너희가 제비 뽑아 받을 땅이라 여호와께서 이것을 아홉 지파 반쪽에게 주라고 명령하셨나니(13절)." 이 땅은 이스라엘이 제비 뽑아 분배받을 땅으로, 하나님은 이 땅을 9지파와 므낫세 지파 절반에게 나누어 주라 하셨다. 나머지 지파는 요단 동편 땅을 기업으로 받았기 때문이다.

"이는 르우벤 자손의 지파와 갓 자손의 지파가 함께 그들의 조상의 가문에 따라 그들의 기업을 받을 것이며 므낫세의 반쪽도 기업을 받았음이니라 이 두 지파와 그 반 지파는 여리고 맞은편 요단 건너편 곧 해 돋는 쪽에서 그들의 기업을 받으리라(14, 15절)." 르우벤 지파와 갓 지파와 므낫세 지파 절반은 이미 여리고 맞은편 요단강 동쪽에서 이미 땅을 분배받았기 때문이다. 이 지파들은 요단 저편 땅 분배에서 제외된다.

2. 가나안 땅을 나눌 지도자들(16-29절)

"여호와께서 또 모세에게 말씀하여 이르시되 너희에게 땅을 기업으로 나눌 자의 이름은 이러하니 제사장 엘르아살과 눈의 아들 여호수아니라(16, 17절)." 하나님은 그 땅을 분배해 줄 지도자로 제사장 엘르아살과 눈의 아들 여호수아를 택하셨다.

"너희는 또 기업의 땅을 나누기 위하여 각 지파에 한 지휘관씩 택하라 그 사람들의 이름은 이러하니 유다 지파에서는 여분네의 아들 갈렙이요 시므온 지파에서는 암미훗의 아들 스므엘이요 베냐민 지파에서는 기슬론의 아들 엘리닷이요 단 자손 지파에서는 지휘관 요글리의 아들 북기요 요셉 자손 중 므낫세 자손 지파에서는 지휘관 에봇의 아들 한니엘이요 에브라임 자손 지파에서는 지휘관 십단의 아들 그므엘이요 스불론 자손 지파에서는 지휘관 바르낙의 아들 엘리사반이요 잇사갈 자손 지파에서는 지휘관 앗산의 아들 발디엘이요 아셀 자손 지파에서는 지휘관 슬로미의 아들 아히훗이요 납달리 자손 지파에서는 지휘관 암미훗의 아들 브다헬이니라 하셨느니라 이들이 여호와께서 명령하사 가나안 땅에서 이스라엘 자손에게 기업을 받게 하신 자들이니라(18-29절)." 또한 가나안 땅을 분배하는 데 도와 줄 사람들로 각 지파에서 지휘관 한 명씩 뽑도록 했다. 각 지파에서 뽑힌 지도자들은 다음과 같다. 갈렙이 눈에 띈다.

유다 지파(갈렙), 시므온 지파(스므엘), 베냐민 지파(엘리닷), 단 지파(북기요), 므낫세 지파(한니엘), 에브라임 지파(그므엘). 스불론 지파(엘리사반), 잇사갈 지파(발디엘), 아셀 지파(아히훗). 납달리 지파(브다헬).

제35장

레위인의 거주지와 도피성 및 살인자 판단에 관한 규례

요약

1. 레위인들이 분할 받을 거주지(1-8절)

1) 이스라엘 자손이 얻은 기업에서 그 산업을 따라 레위인에게 거할 48성읍을 주고 그 성읍 사면 들(목축지)을 주어 가축, 짐승을 두게 하라.
2) 그 성읍은 성벽에서 밖으로 사면 2천 규빗, 성을 중앙에 두고 성 밖 동쪽으로 2천 규빗, 남, 서, 북쪽으로 각각 2천 규빗 측량하라. 이것이 그들의 성읍들이 됨.
3) 48성읍 중 6성읍은 살인자의 도피성으로 할 것이며 각기 얻은 산업을 따라 그 성읍을(많이 얻은 자는 많이) 레위인에게 줄 것.

2. 도피성과 살인자 판단에 관한 규례(9-28절)

1) 그릇 살인한 자로 피하게 하여 복수할 자에게서 도피, 살인자가 회중 앞에 서서 판결을 받기까지 죽지 않게 하기 위함.
2) 6도피성 중 요단 동편에 3, 가나안 땅에 3을 둘 것.
3) 너희 거하는 땅을 더럽히지 말라. 피는 땅을 더럽히나니 피 묻은 땅은 피를 흘리게 한 자의 피로써 속할 수 있다.
4) 고의로 살인한 경우는 살인자를 반드시 죽일 것.
5) 고의 없이 잘못 살인한 경우 도피성으로 돌려보내되 대제사장이 죽기까지 그 성에 거할 것.

3. 피 흘림에 관한 규례(29-34절)

1) 살인한 경우 증인의 말을 따라 한 증인의 증거만 따르지 말 것.
2) 살인자의 생명의 속전을 받지 말고 죽일 것.
3) 도피성에 피한 경우 대제사장이 죽기 전 속전을 받고 그 땅으로 돌아가게 하지 말 것.

---

1. 레위인들이 분할 받을 거주지(1-8절)

"여호와께서 여리고 맞은편 요단 강 가 모압 평지에서 모세에게 말씀하여 이르시되 이스라엘 자손에게 명령하여 그들이 받은 기업에서 레위인에게 거주할 성읍들을 주게 하고 너희는 또 그 성읍들을 두르고 있는 초장을 레위인에게 주어서 성읍은 그들의 거처가 되게 하고 초장은 그들의 재산인 가축과 짐승들을 둘 곳이 되게 할 것이라(1, 2, 3절)."

제사장과 레위인은 다른 지파와 달리 땅을 기업으로 받지 못했다. 이스라엘 백성을 대신하여 오직 하나님을 섬기기 위해 선택되었기 때문이다. 따라서 다른 지파들이 레위인의 생활을 책임져야 했다. 민수기 18장에서는 다른 지파 사람들이 레위인들에게 십일조를 가져오도록 했고, 본 장에서는 여러 지파의 땅에서 그들이 거할 약간의 성읍(towns)과 그들의 가축을 기르기 위한 성읍 사면의 목초지(pasture lands)를 주도록 했다. 이것을 다 합해도 레위인에게 주어지는 땅은 매우 작아 다른 지파의 도움을 받지 않으면 안 되었다. 하나님은 레위인을 12지파 가운데 흩어져 살게 하셨는데 이것은 하나님이 이스라엘 백성을 하나님의 거룩한 백성으로 부르셨다는 것을 기억하게 하기 위함이었다.

"너희가 레위인에게 줄 성읍들의 들은 성벽에서부터 밖으로 사방 천 규빗이라 성을 중앙에 두고 성 밖 동쪽으로 이천 규빗, 남쪽으로 이천 규빗, 서쪽으로 이천 규빗, 북쪽으로 이천 규빗을 측량할지니 이는 그들의 성읍의 들이며(4, 5절)." 레위인에게 줄 성 주변 목초지는 성벽으로부터 사방 900미터 이내의 땅이다. 성을 중앙에 두고 성 밖으로 동서남북 각각 900미터씩 측량하여 그들의 목초지가 되게 한다. 규빗(cubit)은 길이를 재는 단위로, 1규빗은 약 45cm이다. 이 목초지를 다 주어도 가나안 땅의 0.1%에 불과하다. 1천 규빗은 가축을 위한 것이고, 나머지 1천 규빗은 포도원을 위한 것이었다는 주장도 있다.

"너희가 레위인에게 줄 성읍은 살인자들이 피하게 할 도피성으로 여섯 성읍이요 그 외에 사십이 성읍이라 너희가 레위인에게 모두 사십팔 성읍을 주고 그 초장도 함께 주되 너희가 이스라엘 자손의 소유에서 레위인에게 너희가 성읍을 줄 때에 많이 받은 자에게서는 많이 떼어서 주고 적게 받은 자에게서는 적게 떼어 줄 것이라 각기 받은 기업을 따라서 그 성읍들을 레위인에게 줄 지니라(6, 7, 8절)." 하나님은 과실로 사람을 죽인 자가 피신할 수 있도록 도피성 6개와 주변에 목초지가 딸린 42개의 성을 레위인에게 주도록 했다. 도피성(cities of refuge)은 실수로 살인한 자를 보호하기 위한 것이다. 레위인에게 주어야 할 성은 모두 48개 성읍이다. 각 지파가 레위인에게 줄 성읍의 수는 각 지파가 분배받은 땅의 크기에 따라 결정된다. 땅을 많이 분배받은 지파는 성을 많이 내고, 땅을 적게 분배받은 지파는 적게 낸다. 여호수아 21장에 따르면 유다, 시므온 지파에서 7개, 납달리 지파에서 3개, 그 외의 지파에서 4개씩 냈다.

2. 도피성과 살인자 판단에 관한 규례(9-28절)

1) 도피성에 관한 규례(9-12절)

"여호와께서 또 모세에게 말씀하여 이르시되 이스라엘 자손에게 말하여 그들에게 이르라 너희가 요단강을 건너 가나안 땅에 들어가거든 너희를 위하여 성읍을 도피성으로 정하여 부지중에 살인한 자가 그리로 피하게 하라 이는 너희가 복수할 자에게서 도피하는 성을 삼아 살인자가 회중 앞에 서서 판결을 받기까지 죽지 않게 하기 위함이니라(9-12절).” 하나님은 이스라엘이 몇 개의 성을 도피성으로 선정하여 과실로(accidentally), 곧 비고의적으로 사람을 죽인 자가 피신할 수 있도록 했다. 살인자가 사람들 앞에서 정당한 재판을 받기도 전에 복수하려는 자들에게 죽임을 당하는 일이 없도록 하기 위함이다.

“너희가 줄 성읍 중에 여섯을 도피성이 되게 하되 세 성읍은 요단 이쪽에 두고 세 성읍은 가나안 땅에 두어 도피성이 되게 하라 이 여섯 성읍은 이스라엘 자손과 타국인과 이스라엘 중에 거류하는 자의 도피성이 되리니 부지중에 살인한 모든 자가 그리로 도피할 수 있으리라(13, 14, 15절).” 6개 도피성 가운데 3개는 요단강 동쪽에, 3개는 가나안 땅에 두도록 했다. 그리고 도피성까지 가는 길을 잘 닦아 놓도록 했다. 이 도피성은 이스라엘 사람뿐 아니라 이스라엘 가운데 영주한 사람이나 잠시 머무는 외국인에게도 피신처가 된다. 과실로 사람을 죽인 자는 누구든지 이곳으로 도피할 수 있다. 여호수아 21장에 따르면 이스라엘은 세겜, 헤브론, 갈릴리 게데스, 바산 골란, 길르앗 라못, 베셀 등 6개 도피성을 두었다(수 21:8-41). 앞의 세 성이 가나안 땅에 둔 도피성이고, 나머지 셋은 요단 동편에 둔 도피성이다.

2) 살인자 판단에 관한 규례(16-28절)

“만일 철 연장으로 사람을 쳐 죽이면 그는 살인자니 그 살인자를 반드시 죽일 것이요 만일 사람을 죽일 만한 돌을 손에 들고 사람을 쳐 죽이면 이는 살인한 자니 그 살인자는 반드시 죽일 것이요 만일 사람을 죽일 만한 나무 연장을 손에 들고 사람을 쳐 죽이면 그는 살인한 자니 그 살인자는 반드시 죽일 것이니라(16-18절).” 고의적 살인의 경우다. 만일 쇠(iron object)나돌(stone)이나 나무로 된 물건(wooden object)으로 사람을 쳐 죽인 경우 그는 고의로 사람을 죽였기 때문에 죽임을 당하는 것이 마땅하다.

"피를 보복하는 자는 그 살인한 자를 자신이 죽일 것이니 그를 만나면 죽일 것이요 만일 미워하는 까닭에 밀쳐 죽이거나 기회를 엿보아 무엇을 던져 죽이거나 악의를 가지고 손으로 쳐 죽이면 그 친 자는 반드시 죽일 것이니 이는 살인하였음이라 피를 보복하는 자는 살인자를 만나면 죽일 것이니라(19-21절)." 미워하여(with malice) 밀어 넘어뜨리거나 숨어 있다가 무엇을 던지거나 앙심을 품고 주먹으로 쳐서 죽인 경우 살인의도를 가지고 사람을 죽였으므로 살인자는 반드시 죽임을 당해야 한다. 죽은 사람을 위해 복수하려는 자가 그를 만나면 직접 죽인다. 여기서 죽인다는 것은 복수하려는 자가 그를 즉결처분한다는 뜻이 아니다. 규례에 따라 재판을 거쳐야 하고 재판 때 증인이 있어야 한다. 고의성 여부를 가리는 것이다. 재판 결과 고의성이 인정되어 재판 마당에서 법에 따라 사형을 집행할 때 피를 보수하려는 자에게 우선권을 준다. 먼저 손을 댈 수 있도록 하는 것이다. 이것이 바로 피의 보수자에 의해 사형이 실행되는 첫 단계라 할 수 있다.

"악의가 없이 우연히 사람을 밀치거나 기회를 엿봄이 없이 무엇을 던지거나 보지 못하고 사람을 죽일 만한 돌을 던져서 죽였을 때에 이는 악의도 없고 해하려 한 것도 아닌즉 회중이 친 자와 피를 보복하는 자 간에 이 규례대로 판결하여 피를 보복하는 자의 손에서 살인자를 건져내어 그가 피하였던 도피성으로 돌려보낼 것이요 그는 거룩한 기름 부음을 받은 대제사장이 죽기까지 거기 거주할 것이니라(22-25절)." 그러나 살인의도가 전혀 없었는데, 실수로 사람을 죽인 경우는 다르다. 아무런 악의 없이 우연히 사람을 밀어 넘어뜨리거나 무엇을 던지거나 보지 않고 돌을 던져 사람이 죽은 경우 백성은 그것이 과실인지 아닌지 규례에 따라 결정한다. 과실로 판명되면 그가 피신해 있던 도피성으로 돌려보내 복수하려는 사람으로부터 죽임을 당하지 않도록 한다. 죽임을 당하면 땅을 더럽히는 결과를 낳기 때문이다.

비고의적 살인자는 대제사장이 죽을 때까지 거기서 살아야 한다.

"그러나 살인자가 어느 때든지 그 피하였던 도피성 지경 밖에 나가면 피를 보복하는 자가 도피성 지경 밖에서 그 살인자를 만나 죽일지라도 피 흘린 죄가 없나니 이는 살인자가 대제사장이 죽기까지 그 도피성에 머물러야 할 것임이라 대제사장이 죽은 후에는 그 살인자가 자기 소유의 땅으로 돌아갈 수 있느니라(26-28절)." 대제사장이 죽을 때까지 도피성에 머물러 있어야 할 비고의적 살인자가 도피성 밖으로 나갔을 때 복수자가 그를 만나 죽인 경우 그것은 살인죄가 되지 않는다. 그가 규례를 지키지 않고 도피성을 떠났기 때문이다. 그러나 대제사장이 죽은 후에는 해방이 되어 자기 고향으로 돌아갈 수 있다.

3. 피 흘림에 관한 규례(29-34절)

"이는 너희의 대대로 거주하는 곳에서 판결하는 규례라 사람을 죽인 모든 자 곧 살인한 자는 증인들의 말을 따라서 죽일 것이나 한 증인의 증거만 따라서 죽이지 말 것이요(29, 30절)." 이것은 이스라엘 백성이 대대로 지켜야 할 규례(legal requirements), 곧 법적 요구사항이다. 고의로 사람을 죽인 자는 반드시 처형되어야 한다. 하지만 두 사람 이상의 증인(testimony of witnesses)이 있어야 한다. 한 사람의 증인만으로는 처형할 수 없다.

"고의로 살인죄를 범한 살인자는 생명의 속전을 받지 말고 반드시 죽일 것이며 또 도피성에 피한 자는 대제사장이 죽기 전에는 속전을 받고 그의 땅으로 돌아가 거주하게 하지 말 것이니라(31, 32절)." 살인자로 확정되면 반드시 죽여야 하며 그의 형벌을 생명의 속전(ransom), 곧 벌금으로 대신해서는 안 된다. 속전은 '코페르(koper)'로, 생명의 보상으로 지불되는 값을 말한다. 또한 대제사장이 죽기도 전에 도피성에 피신해 있는 자에게서 돈을 받고 그를 자기 고향으로 돌아가 살게 해서도 안 된다.

“너희는 너희가 거주하는 땅을 더럽히지 말라 피는 땅을 더럽히나니 피 흘림을 받은 땅은 그 피를 흘리게 한 자의 피가 아니면 속함을 받을 수 없느니라 너희는 너희가 거주하는 땅 곧 내가 거주하는 땅을 더럽히지 말라 나 여호와는 이스라엘 자손 중에 있음이니라(33, 34절).” 살인은 땅을 더럽히는(pollute) 것이므로 살인으로 인해 너희가 살고 있는 땅을 더럽혀서는 안 된다. 살인자를 처형하지 않고는 피로 더럽혀진 그 땅을 깨끗하게 할 수가 없다. 피를 흘리는 죄와 그에 따른 땅의 오염은 반드시 죄값을 갚아야 한다. 하나님이 자기 백성가운데 계시므로 이스라엘은 그 땅을 부정한 것에서 깨끗하게 보존해야 할 책임이 있다. 그러므로 하나님이 너희 가운데 살고 있음을 기억하고 그 땅을 더럽히지 말라.

제36장

여자의 재산 상속에 관한 규례

요약

1. 슬로브핫 딸들의 상속문제(1-4절)

1) 요셉 자손의 종족 중 마길의 아들 길르앗 자손 수령들이 나아와 이르되 여호와께서 또 우리 주에게 명령하사 우리 형제 슬로브핫의 기업을 그의 딸들에게 주게 하셨음.

2) 그들이 만일 이스라엘 자손의 다른 지파들의 남자들의 아내가 되면 그들의 기업은 우리 조상의 기업에서 떨어져 나가고 그들이 속할 그 지파의 기업에 첨가되리니 그러면 그들의 기업은 우리 조상 지파의 기업에서 아주 삭감되리이다.

2. 자신의 지파 안에서만 결혼하라(5-13절)

1) 요셉 자손 지파의 말이 옳도다 슬로브핫의 딸들에게 대한 여호와의 명령이 이러하니라 이르시되 슬로브핫의 딸들은 마음대로 시집가려니와 오직 그 조상 지파의 종족에게로만 시집갈지니

2) 그리하면 이스라엘 자손의 기업이 이 지파에서 저 지파로 옮기지 않고 이스라엘 자손이 다 각기 조상 지파의 기업을 지킬 것이니라.

3) 슬로브핫의 딸들이 여호와께서 모세에게 명령하신 대로 행하니라. 슬로브핫의 딸들 모두 그들의 숙부의 아들들의 아내가 되니라. 그들이 요셉의 아들 므낫세 자손의 종족 사람의 아내가 되었으므로 그들의 종족 지파에 그들의 기업이 남아 있었더라.

1. 슬로브핫 딸들의 상속문제(1-4절)

"요셉 자손의 종족 중 므낫세의 손자 마길의 아들 길르앗 자손 종족들의 수령들이 나아와 모세와 이스라엘 자손의 수령 된 지휘관들 앞에 말하여 이르되 여호와께서 우리 주에게 명령하사 이스라엘 자손에게 제비 뽑아 그 기업의 땅을 주게 하셨고 여호와께서 또 우리 주에게 명령하사 우리 형제 슬로브핫의 기업을 그의 딸들에게 주게 하셨은즉 (1, 2절)." 요셉 자손 중에서 므낫세의 손자이며 마길의 아들인 길르앗 집안 가장들이 찾아왔다. 그리고 모세와 이스라엘 지도자들 앞에서 아들 없이 죽은 슬로브핫(Zelophehad)의 딸들의 상속문제를 언급했다. 하나님께서 제비를 뽑아 이스라엘 백성에게 땅을 나누어 주라 하셨고, 또 자기들의 형제 슬로브핫의 땅을 그의 딸들에게 주라고 명령하셨음을 확인했다. 그런데 한 가지 문제가 있다는 것이다. 그 문제를 들고 나온 것이다. 그 문제는 다음 두 절에 나온다. 2절의 '우리 주(lord)' 는 모세를 가리켜 한 말이다.

"그들이 만일 이스라엘 자손의 다른 지파들의 남자들의 아내가 되면 그들의 기업은 우리 조상의 기업에서 떨어져 나가고 그들이 속할 그 지파의 기업에 첨가되리니 그러면 우리가 제비 뽑은 기업에서 떨어져 나갈 것이요 이스라엘 자손의 희년을 당하여 그 기업이 그가 속한 지파에 첨가될 것이라 그런즉 그들의 기업은 우리 조상 지파의 기업에서 아주 삭감되리이다(3, 4절)." 만일 그 딸들이 다른 지파 사람과 결혼하게 되면 그 땅이 시집 지파의 재산이 되어 자기 지파의 땅은 줄어들게 될 것이고, 일단 다른 지파에게 넘어간 땅은 희년이 되어도 다시 자신의 지파에게 돌아오지 않게 되므로 문제가 있다는 것이다. 일리가 있다. 희년(Year of Jubilee)은 50년 주기의 마지막 해로 종 되었던 자들에게 자유를 주고, 그 이전에 팔렸던 땅 모두 원주인이나 자손에게 돌려주어야 한다. 하나님은 자기의 백성이 다른 사람의 노예가 되는 것을 원치 않으셨고, 땅의 소유권은 오직 하나님께 있기 때문이다.

2. 자신의 지파 안에서만 결혼하라(5-13절)

"모세가 여호와의 말씀으로 이스라엘 자손에게 명령하여 이르되 요셉 자손 지파의 말이 옳도다 슬로브핫의 딸들에게 대한 여호와의 명령이 이러하니라 이르시되 슬로브핫의 딸들은 마음대로 시집가려니와 오직 그 조상 지파의 종족에게로만 시집갈지니 그리하면 이스라엘 자손의 기업이 이 지파에서 저 지파로 옮기지 않고 이스라엘 자손이 다 각기 조상 지파의 기업을 지킬 것이니라 하셨나니(5, 6, 7절)." 모세는 그 문제를 하나님께 아뢰었고, 그는 하나님의 지시를 받아 말했다. 므낫세 지파 사람들의 말이 옳으며 하나님께서는 슬로브핫의 딸들이 자기가 원하는 사람과 결혼할 수 있지만 이 문제를 선히 해결하기 위해서는 자기 지파 안에서만 결혼해야 한다. 이렇게 하면 이스라엘 각 지파의 재산이 줄어드는 일 없이 자기 지파 재산으로 유지된다.

"이스라엘 자손의 지파 중 그 기업을 이은 딸들은 모두 자기 조상 지파의 종족 되는 사람의 아내가 될 것이라 그리하면 이스라엘 자손이 각기 조상의 기업을 보전하게 되어 그 기업이 이 지파에서 저 지파로 옮기게 하지 아니하고 이스라엘 자손 지파가 각각 자기 기업을 지키리라(8, 9절)." 각 지파에서 재산을 상속받은 딸들은 반드시 자기 지파 사람과 결혼해야 하며 그래야 그 조상의 유산을 보존하고 기업으로 받은 땅이 다른 지파로 이전되지 않고 그 땅을 계속 지키게 된다. 이로써 딸도 상속할 수 있다는 규정 외에 땅을 상속한 딸들은 자기 지파의 남자와만 결혼해야 한다는 규정이 첨가되었다.

"슬로브핫의 딸들이 여호와께서 모세에게 명령하신 대로 행하니라 슬로브핫의 딸 말라와 디르사와 호글라와 밀가와 노아가 다 그들의 숙부의 아들들의 아내가 되니라 그들이 요셉의 아들 므낫세 자손의 종족 사람의 아내가 되었으므로 그들의 종족 지파에 그들의 기업이 남아 있었더라(10-12절).” 슬로브핫의 딸 말라와 디르사와 호글라와 밀가와 노아는 하나님이 모세에게 명령하신 새로운 규례에 순응해 같은 므낫세 지파 안에서 그들의 사촌과 결혼했다. 그 결과 그들의 재산이 그 아버지의 지파에 그대로 남아 있게 되었다.

“이는 여리고 맞은편 요단 가 모압 평지에서 여호와께서 모세를 통하여 이스라엘 자손에게 명령하신 계명과 규례니라(13절).” 이상은 하나님께서 여리고 맞은편 요단 강변 모압 평지에서 모세를 통해 이스라엘 백성에게 주신 여러 명령(commands)과 규례(regulations)다. 명령과 규례라는 말은 이스라엘이 반드시 지켜야 할 것들이라는 말씀이다.